编委会成员

主　编：周海燕

副主编：朱红娟　王　凯

撰稿人：周海燕　朱红娟　王　凯

张东霞　徐　耀　李忠玲

戚永鑫　刘雅洁　周小雯

Acquisition of Real Estate Projects

Operation Guide and Case Analysis

房地产项目收购

操作指南与实例评析

周海燕 / 主编

中国法制出版社
CHINA LEGAL PUBLISHING HOUSE

序 言

房地产项目并购是目前获取房地产项目的重要途径和主要方式，需要律师对于专业的交易架构和法律技能的高度融合，是专业性、综合性的高端非诉讼法律服务。并购项目的合规及法律风险防范直接关系到项目并购的成败及并购完成后的开发建设。该领域涉及法律问题繁多，法律关系复杂，需要综合运用公司法、合同法、物权法、土地法、房地产法、税法等方面的法律知识和技能方能有效地控制法律风险，合法依规地促成交易。

上海段和段（青岛）律师事务所是一家专注于高端商事法律服务的律所。房地产并购项目法律服务是城市运营与发展团队的优势和传统的法律服务。该团队在并购领域有着骄人的业绩和丰富的实操经验。本书是该团队以数十年并购实操案例提炼编撰而成，针对各类不同交易模式的房地产并购项目，分别阐释了交易模式、交易结构、主要交易风险及解决方案，为房地产项目并购提供了详实的操作指南及法律风险的有效解决方案。

本书实用性强，内容丰富，编排合理，针对不同的房地产项目并购模式分别对其法律风险进行深度解析，令人耳目一新。这既需要对房地产行业的整体把握，也需要对项目并购各细分领域的深刻洞察，还需要经过大量实践熟练掌握投资并购领域的法律知识和技能。相信本书一定会为从业者有效地规避房地产项目并购的法律风险提供帮助，最大程度地实现并购的交易目的，值得从业者参考借鉴！

段和段律师事务所首席管理合伙人

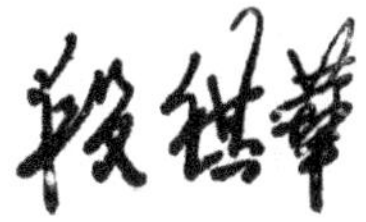

2020 年 9 月 18 日

前　言

随着房地产市场的发展，房地产项目收购日益成为开发商获取开发项目的主要方式，相应的交易量也呈激增态势。如何在房地产项目并购交易中最大限度地降低交易风险，成为开发商亟待解决的一个问题。

上海段和段（青岛）律师事务所城市运营与发展律师团队常年专注于房地产与建设工程领域的诉讼及非诉讼法律服务，在房地产项目收购领域具有丰富的项目经验及大量的成功案例。城市运营与发展律师团队于2016年10月在中国法制出版社出版《房地产案件办案策略与技巧》一书，获得了良好的市场反响。该书呈现了团队在诉讼领域的一些服务经验和心得，而本书将呈现团队在非诉讼领域的服务经验总结。

较市面上关于房地产项目收购类的法律图书不同，本书不仅拘泥于对房地产项目收购流程的梳理及相应环节的风险提示，而是从实践角度出发，根据不同的房地产项目收购交易类型，分别对常见的股权交易型收购、资产交易型收购、契约合作型收购、不良债权收购、司法拍卖、破产重整的交易模式、交易结构、主要交易风险及解决方案进行了详实的介绍，提供了实践操作指南。同时，结合团队在为客户提供法律服务过程中实际操作的上述各交易类型的案例，进行实例评析，通过生动形象的案例进一步深化读者对交易架构及交易风险解决方案的理解和认识。

另外，本书关于房地产项目收购的尽职调查部分也本着从问题角度出发的原则，分别针对上述不同的房地产项目收购交易类型，有针对性地提出尽职调查的关注要点，而非对尽职调查流程的泛泛而谈。而且，本书的附录部分，也针对不同的交易类型分别梳理了常用的法律法规，以充分体现本书的实用性。

总之，本书作为城市运营与发展律师团队为客户提供房地产项目收购法律服务的阶段性经验总结，注重提炼实务操作要点，提供实务操作指南，并结合实例进行相应评析。本着“从实践中来、到实践中去”的原则，本书积极回应交易实践中出现的问题及法律风险解决的需求，以期对房地产项目收购的合规及风险防控工作有一定助益。

目　录

第一章　房地产项目收购概述 …… 1

第一节　房地产项目收购形势 …… 1

一、调控政策频繁 …… 1

二、抱团发展 …… 2

三、强者恒强 …… 2

四、市场依然前景广阔 …… 2

第二节　房地产项目收购方式 …… 2

一、传统房地产项目收购方式的新发展 …… 3

二、新型房地产项目收购方式 …… 4

第二章　房地产项目收购法律尽职调查 …… 5

第一节　房地产项目法律尽职调查流程概述 …… 5

一、尽职调查的定义及目的 …… 5

二、尽职调查的参与主体 …… 6

三、尽职调查原则 …… 7

四、法律尽职调查流程概述 …… 8

第二节　内部调查 …… 10

一、内部调查概述 …… 10

二、内部调查方法 …… 11

三、内部调查内容 …… 13

四、内部调查技巧 …… 25

第三节　外部调查 …… 26

一、外部调查概述 …… 26

二、外部调查方法 …… 26

三、外部调查主要内容 …… 27

四、外部调查技巧 …… 36
第四节 法律尽职调查关注的要点 …… 38
一、资产收购 …… 38
二、股权收购及合作 …… 41
三、房地产不良债权收购 …… 43
第五节 法律尽职调查报告撰写 …… 44
一、法律尽职调查报告的撰写原则 …… 44
二、法律尽职调查报告撰写的体例 …… 45

第三章 房地产项目股权交易型收购 …… 48

第一节 股权转让 …… 48
一、直接转让 …… 49
二、间接转让 …… 61
第二节 增资收购 …… 67
一、增资收购模式简介 …… 67
二、增资收购模式交易结构 …… 71
三、增资收购模式主要交易风险及解决方案 …… 74
四、增资收购模式实例评析 …… 76
第三节 复合型股权交易 …… 79
一、先投再转 …… 80
二、先分再转 …… 89
第四节 股权交易型收购中的特殊问题 …… 98
一、明股实债 …… 98
二、小股操盘 …… 105

第四章 房地产项目资产交易型收购 …… 112

第一节 资产收购模式简介 …… 112
一、房地产资产收购概述 …… 112
二、房地产资产收购特点 …… 112
三、房地产资产收购的适用情形 …… 114
第二节 资产收购模式交易结构 …… 114
一、资产收购条件 …… 114
二、资产收购程序 …… 115
三、资产收购所涉交易税费 …… 116

四、资产收购的特殊情形 …… 119
第三节 资产收购模式主要交易风险及解决方案 …… 123
一、资产收购的法律尽职调查 …… 123
二、资产收购的主要交易风险及解决方案 …… 125
第四节 资产收购模式实例评析 …… 127
一、案例简介 …… 127
二、项目特点 …… 127
三、法律尽职调查 …… 128
四、项目的收购 …… 129

第五章 房地产项目契约型合作 …… 132

第一节 联建式合作 …… 132
一、联建式合作模式简介 …… 132
二、联建模式交易结构 …… 134
三、联建模式主要交易风险及解决方案 …… 139
四、联建模式实例评析 …… 141
第二节 代建管理 …… 145
一、代建管理模式简介 …… 145
二、代建管理模式交易结构 …… 147
三、代建管理模式主要交易风险及解决方案 …… 152
四、代建管理模式实例评析 …… 156

第六章 房地产项目不良债权收购 …… 159

第一节 不良债权收购模式简介 …… 159
一、房地产项目不良债权概述 …… 159
二、房地产项目不良债权收购 …… 161
第二节 不良债权收购模式交易结构 …… 162
一、房地产项目不良债权的收购 …… 162
二、房地产项目不良债权的处置 …… 163
第三节 不良债权收购模式主要交易风险及解决方案 …… 165
一、房地产项目不良债权的法律尽职调查 …… 165
二、房地产项目不良债权的主要交易风险及解决方案 …… 166
第四节 不良债权收购模式实例评析 …… 169
一、某在建工程烂尾项目收购案 …… 169

二、某困境集团地产项目收购案 …… 172
三、某经济适用房项目收购案 …… 175

第七章 房地产项目司法拍卖 …… 181

第一节 司法拍卖模式简介 …… 181
一、司法拍卖模式概述 …… 181
二、司法拍卖模式特点 …… 181
第二节 司法拍卖模式交易结构 …… 183
一、司法拍卖模式的一般流程 …… 183
二、房地产项目拍卖财产的法律尽职调查 …… 185
三、影响司法拍卖顺利进行的特殊情况 …… 187
四、在建工程项目司法拍卖 …… 190
五、司法拍卖优先权问题 …… 191
第三节 司法拍卖模式主要交易风险及解决方案 …… 191
一、拍卖财产实际价值评估问题 …… 191
二、竞买成功后的资产过户问题 …… 192
三、司法拍卖的闲置土地能否办理过户登记手续 …… 193
四、拍卖财产为划拨用地的，需补缴出让金 …… 193
五、竞拍后的交割问题 …… 194
六、税费问题 …… 194
七、执行回转问题 …… 195
第四节 司法拍卖模式实例评析 …… 196
一、案例简介 …… 196
二、项目特点 …… 196
三、法律尽职调查 …… 197
四、项目收购 …… 198

第八章 房地产项目破产重整 …… 200

第一节 破产重整模式简介 …… 200
一、房地产项目破产重整概述 …… 200
二、破产重整项目类型 …… 201
第二节 破产重整模式交易结构 …… 203
一、重整计划的形成 …… 203
二、重整投资人的选任 …… 205

三、重整投资人的尽职调查 …… 206
四、重整计划的执行 …… 207
第三节 破产重整项目的主要交易风险及解决方案 …… 208
一、重整资金的法律性质 …… 208
二、合并破产重整完成后关联企业之间的债务确认与分割 …… 209
三、未申报债权的继续清偿 …… 210
四、项目成本的确认 …… 210
五、土地闲置及相关政府处罚风险 …… 210
六、用地、建设手续缺失或瑕疵 …… 211
七、欠缴税款 …… 211
八、信用降级影响经营 …… 212
九、已售物业的纠纷处理 …… 212
十、项目用地的除权及清理 …… 213
第四节 破产重整模式实例评析 …… 213
一、案例简介 …… 213
二、项目特点 …… 214
三、重整投资人的尽职调查 …… 215
四、重整计划的确定 …… 215

附录

1. 中华人民共和国公司法（2018 修订）（节选） …… 217
（2018 年 10 月 26 日）
2. 中华人民共和国企业破产法（节选） …… 231
（2006 年 8 月 27 日）
3. 最高人民法院关于适用《中华人民共和国公司法》若干问题的规定（三）（2014 修订） …… 247
（2014 年 2 月 17 日）
4. 最高人民法院关于适用《中华人民共和国公司法》若干问题的规定（四） …… 253
（2017 年 8 月 25 日）
5. 最高人民法院关于审理涉及金融资产管理公司收购、管理、处置国有银行不良贷款形成的资产的案件适用法律若干问题的规定 …… 258
（2001 年 4 月 11 日）

6. 最高人民法院关于审理涉及金融不良债权转让案件工作座谈会纪要（节选） …… 259
（2009 年 3 月 30 日）
7. 最高人民法院 国土资源部 建设部关于依法规范人民法院执行和国土资源房地产管理部门协助执行若干问题的通知 …… 266
（2004 年 2 月 10 日）
8. 最高人民法院关于人民法院民事执行中查封、扣押、冻结财产的规定 …… 270
（2004 年 11 月 4 日）
9. 最高人民法院关于人民法院网络司法拍卖若干问题的规定 …… 276
（2016 年 8 月 2 日）
10. 最高人民法院关于人民法院民事执行中拍卖、变卖财产的规定 …… 283
（2004 年 11 月 15 日）
11. 最高人民法院关于人民法院执行设定抵押的房屋的规定 …… 289
（2005 年 12 月 14 日）
12. 最高人民法院关于适用《中华人民共和国民事诉讼法》执行程序若干问题的解释（节选） …… 290
（2008 年 11 月 3 日）
13. 财政部关于进一步规范金融资产管理公司不良债权转让有关问题的通知 …… 292
（2005 年 7 月 4 日）
14. 金融资产管理公司资产处置管理办法（修订）（节选） …… 293
（2008 年 7 月 9 日）
15. 金融企业不良资产批量转让管理办法（节选） …… 299
（2012 年 1 月 18 日）
16. 国家税务总局关于人民法院强制执行被执行人财产有关税收问题的复函 …… 304
（2005 年 9 月 12 日）

后 记 …… 305

第一章
房地产项目收购概述

第一节　房地产项目收购形势

近几年来，受地产调控及金融政策的影响，房地产行业的发展进入一个新的局面，实力较强的开发商更强，而中小型开发商则举步维艰，市场两极分化的趋势日益明显。就房地产收并购市场而言，一些中小型开发商虽然持有的项目本体不错，但由于其自身的开发资质问题、融资问题，导致其无法凭借自身能力完成整个项目的开发建设，最终不得不转让项目，或者引入合作方共同开发项目，由此导致房地产项目的收购日趋活跃，交易频繁。现就房地产项目收购市场的特点总结如下。

一、调控政策频繁

在过去几年里，有关房地产行业的调控政策及融资政策频发，尤其是融资政策方面，金融监管政策不断收紧，各金融机构纷纷收紧房地产融资的条件和额度等，加之经济形势的变化，使得中小型开发商的项目开发日益艰难。

融资环境的变化，一方面是政策使然，一方面也是市场使然。总体来说，融资环境突变主要表现在如下几个方面：

1. 银行、信托、私募、保险等监管政策频发，限制资金流向房地产行业，高杠杆、走通道、多层嵌套等融资方式已经没有太大的操作空间。

2. 房地产前期融资需求大，但因政策调控导致资金无法及时供应，两者矛盾加大；另外，因金融机构融资条件收紧，导致开发商面临融资成本激增和担保措施不断加码的双重困难。优质项目虽然相对容易融资，但却竞争激烈，成交困难；次级项目竞争虽小，但却融资艰难。

3. 基于融资政策的变化，开发商也在调整融资或合作策略，如设立创新融资部门，加大融资渠道；开放合作方式，灵活处理融资难题，如让利的股权合作、代建合作、引入前期公司进行一二级联合开发等；积极拓展海外融资渠道，通过有效渠道引入境外资金。

二、抱团发展

寒冬必须抱团，这是所有行业的一般商业逻辑，房地产行业亦然。目前，很多中小型开发商主动引入百强开发商进行同股同权合作或者融资代建合作，一方面可以解决资金难题，另一方面也可以利用百强开发商的品牌优势实现加速项目去化的效应。抱团发展是近年来房地产行业讨论较多的话题，各取优势，共同发展，必然胜过单独作战，也更为明智。

三、强者恒强

因资金链断裂导致无奈转让房地产项目，是近年来市场上的常见现象。实力强的开发商根基稳固，以大吃小，逐步扩大市场规模，其中尤其以资金充裕的国有房地产企业更为明显，这已是不争的事实，也是行业发展的必然规律。

四、市场依然前景广阔

基于当前城镇化发展、人口流入、土地财政依赖性等因素，可以判断房地产行业未来仍然有十足的发展空间。虽然目前国家的调控政策未见松动迹象，融资也不断收紧，房价亦频繁波动，但这正体现了房地产行业正从粗放型向有序型方向理性发展的趋势，房地产收购市场的前景依然广阔。但开发商仍应秉持谨慎不冒进、乐观不盲目、长远不短视、集中不片面的原则，积极有效地开展房地产项目的收购工作。

第二节　房地产项目收购方式

传统的房地产项目收购方式包括房地产项目公司股权转让、房地产项目资产转让及房地产项目合作开发。如上所述，随着房地产行业的发展以及房地产调控政策、融资政策的变化，传统的收购方式与时俱进有了新的发展，同时又催生了一些新型的房地产项目收购方式，使得收购方可以通过多元化的方式实现其房地产项目收购的交易目的，交易选择的空间更大。

一、传统房地产项目收购方式的新发展

（一）房地产项目股权交易型收购的新发展

传统的房地产项目股权收购通常采取的方式是收购方直接收购房地产项目公司的股权，或者通过收购房地产项目公司股东所持有的股权实现对房地产项目公司股权的间接收购。此外，收购方也可通过对房地产项目公司增资的方式实现股权收购的目的。

基于项目转让的客观需要，实践中又出现了复合型的股权收购方式，如开发商名下有多个房地产项目，但其只对外转让其中一个或特定的几个房地产项目，此时就无法采取直接或间接的股权收购方式。开发商可以先通过公司分立的方式，将拟对外转让的房地产项目相关的资产及负债划转至分立的公司，再由收购方通过收购分立的公司股权的方式实现对房地产项目的收购。再如，开发商也可将其拟对外转让的房地产项目，作为其出资单独或者与收购方共同设立新的项目公司，再由收购方通过收购新的项目公司股权的方式实现对房地产项目的收购。

另外，传统的股权交易型收购还衍生出明股实债、小股操盘等变种的方式，以满足各方在股权收购中特定的交易目的，由此引发的问题也值得深入研究。

（二）房地产项目契约合作型收购的新发展

传统的房地产项目契约合作型收购通常采取的是一方出地、一方出资，双方通过签订房地产合作开发协议的方式，对合作开发的各项事宜及收益分配等进行约定，从而实现合作方对于房地产项目的收购。

如开发商名下有多个房地产项目，且无法通过股权交易型收购实现其交易目的，则其也可通过合作开发的方式引入合作方，并在房地产合作开发协议中约定合作方仅就开发商名下的一个或特定的几个房地产项目进行合作并参与收益分配，而对于开发商名下的其他项目则仍由其自行开发，不在双方的合作范围内。

此外，为解决中小型开发商品牌溢价能力不足及开发能力不足的问题，亦可通过代建管理的方式引入知名品牌开发商进行合作，双方签订代建管理协议

对代建期间的相关事宜及收益分配等进行约定，从而实现知名品牌开发商对房地产项目的收购。

二、新型房地产项目收购方式

除上述传统的房地产项目收购方式以外，随着房地产行业发展形势的变化，各地出现越来越多因资金链断裂导致的烂尾项目。烂尾项目本身往往并非毫无价值，仅仅是因为某些特定的问题（主要是项目资金问题）导致项目的开发建设陷入僵局。在此情形下，收购方仍可采取特定的方式实现对房地产项目收购的目的，由此出现了新型的房地产项目收购方式。

（一）房地产项目不良债权收购

破解资金链断裂房地产项目的困局并达到对项目进行收购的目的，一个有效的方式是对房地产项目不良债权的收购。与传统的房地产项目股权收购或资产收购方式不同，房地产项目不良债权的收购是通过收购附着于该房地产项目上的不良债权并结合其他的处置手段从而实现对房地产项目的收购。收购方通过对不良债权的收购，进而取得对房地产项目的抵押担保或查封等权益，从而获得对整个房地产项目的实质掌控，使得收购方实现其项目收购的目的。

（二）房地产项目司法拍卖

对于某些资不抵债的房地产项目，通过司法拍卖的方式予以处置往往是房地产项目债权人实现退出的有效方式。而收购方亦可通过参与房地产项目的司法拍卖，以最经济的方式实现其对意向房地产项目的收购。虽然房地产项目司法拍卖面临效率较低、历时较长、结果存在不确定性等问题，但其仍不失为收购方对于某些特定房地产项目的最优收购方式。

（三）房地产项目破产重整

对于某些资不抵债的开发商，越来越多的通过进入破产程序的方式申请破产保护，解决公司的债务问题。如开发商名下拥有某些优质的房地产项目，则完全可以通过破产重整程序对其予以挽救。在破产重整过程中，收购方可以作为重整投资方参与到开发商的破产重整程序中，通过注入资金等方式，实现对优质房地产项目的控制，从而实现房地产项目收购的目的。

第二章
房地产项目收购法律尽职调查

第一节　房地产项目法律尽职调查流程概述

房地产项目收购是一个十分专业、复杂的过程，收购方与被收购方的最终目的是在双方商务条件达成一致的基础上，确定收购方式，形成书面的协议，并最终顺利完成收购。而商务条件达成一致的前提是双方针对项目所拥有的信息要基本对等，对于被收购方来说，其对项目的信息拥有天然的优势，因此，对收购方来说，掌握拟收购项目信息就极为重要。收购方获取拟收购项目信息的途径也是多种多样，其中最重要也是最系统的途径就是尽职调查。

一、尽职调查的定义及目的

（一）房地产项目尽职调查的定义

房地产项目尽职调查是指在房地产项目收购前期，为明确被收购项目的真实情况及存在的风险，由收购方自行或委托第三方专业机构（律师事务所、会计师事务所等），由被收购方提供配合，对拟收购项目进行有针对性的内、外部调查，形成尽职调查报告，并以此作为收购的决策依据和基础性文件的活动。

（二）房地产项目尽职调查的目的

尽职调查的根本目的是为项目收购提供决策依据和基础性文件。详细说来主要有三个具体目的：

1. 深入了解项目基本情况

在房地产项目收购之前，收购方一般会通过与被收购方、项目介绍方的接触，获取拟收购项目的部分基础资料，以确认项目的真实性并初步明确项目的可行性。同时，收购方也会以获取的资料为基础，查询其他与该项目相关的公开资料，进一步加深对项目的了解。但被收购方在初步接触阶段，并不会提供涉及项目核心内容的资料，一般也不会主动披露项目存在的商业及法律风险；收购方从公开渠道所获得资料的真实性及时效性都存在比较大的问题，因此仅能作为参考。

而尽职调查却是以收购方的人员为主体，有针对性并且系统性地对拟收购项目进行调查，可以让收购方深入了解项目的基本情况，从而为后续的商业决策提供翔实的依据。

2. 发现项目存在的问题及法律风险

房地产项目存在的问题及法律风险可能对项目后续的收益产生重大影响，而被收购方为了提高项目的报价或规避后续应承担的责任，一般会倾向于不主动披露甚至隐瞒项目存在的上述问题及风险。尽职调查通过审阅项目资料，经由第三方专业机构的审查，可以有效地筛查出项目存在的商业及法律风险，避免收购方后续收益遭受损失或承担其并不知晓的法律风险。

3. 确定收购方式

在进行尽职调查之前，根据初期掌握的资料，收购方往往会确定一个意向的收购方式，并在与被收购方沟通后按照该方式确定尽职调查的重点和方向。但在实践操作中，初期确定的收购方式有可能会随着尽职调查的深入发生调整、改变，以适应真实的项目情况，最终采取的收购方式与最初的意向收购方式可能存在较大的差别。

二、尽职调查的参与主体

1. 交易双方的高级管理人员

房地产项目收购作为涉及巨额资金的商业行为，对收购方与被收购方均会产生重大的影响。对收购方来说，高级管理人员掌握项目的第一手资料是作出收购决策的必要前提。对被收购方来说，收购方需要通过系统性的调查对项目进行全面的了解，过程中需要被收购方多个部门进行配合，并且涉及加盖公司公章、法定代表人签字确认等行为。同时对项目较为重要或者机密的材料信息，只有高级管理人员才能够掌握；因此，调查的参与主体中应有双方的高级管理人员参与，便于协调尽职调查的顺利进行，避免尽职调查遇到不必要的内部沟通障碍。

2. 收购方的专业人员

房地产项目收购中会涉及规划、设计、建设、营销、财务等多方面的材料；在项目收购完成后，收购方的专业人员也有可能会接管或参与相关部门的运作；同时，对上述部门中较为专业的问题及材料，也只有相关方向的专业人员能够发现其存在的问题。因此，针对不同的项目，应根据其侧重点由收购方相关的专业人员参与。

3. 专业的第三方机构——律师事务所、会计师事务所

在尽职调查的内容中，法律风险以及财务问题因其独有的专业性及风险性，收购方一般会委托第三方独立的律师事务所及会计师事务所参与调查。在实践当中，因法律问题涉及项目的所有阶段，所以尽职调查往往也是以律师事务所作为主导方，推进整个项目尽职调查的开展。

同时，因为内部决策机制的规范，大型的房地产企业一般在作出收购的决策之前，必须要有律师事务所及会计师事务所出具尽职调查报告作为决策依据。因此，可以看出律师事务所、会计师事务所是尽职调查中不可或缺的参与主体。

三、尽职调查原则

（一）尽职原则

尽职调查，顾名思义，尽职是其第一原则。尽职调查所涉及的目标项目规划条件、建设进度、合同履行情况、财务数据等问题，每一项内容对后续收购方式的确定、收购价格的协商都可能产生决定性的影响。若尽职调查的结果与实际情况存在偏差，则很有可能导致收购方承担不必要的损失。

因此，不论是收购方内部人员抑或是专业的第三方机构，在调查过程中务必要尽职。此处的尽职并非只是严谨、认真，而是要将拟进行的收购与收购完成后的开发经营予以通盘考虑，将自己换位为收购方决策人员开展尽职调查工作。既要制订严格、合理的尽职调查计划，又不能刻板地执行计划，要随时根据尽职调查过程中发现的问题，调整调查方向，不能存在任何模糊不清的地带。

（二）突出重点原则

房地产项目的尽职调查因其同时涉及目标公司及目标项目信息两个方面，往往工作量比较大；尤其是被调查的目标公司存续时间较长或者名下持有多个开发项目时，会有大量需要梳理、归类的材料。而尽职调查一般对时间性有严

格的要求，被收购方很有可能同时与多个收购方进行接洽，如何又快又准地完成尽职调查，这就需要尽职调查人员秉持突出重点原则。

比如双方初步协商拟采取资产收购的方式进行合作，则尽职调查的重点就应当是项目本身的情况，至于项目所归属的项目公司，就不应作为调查的重点。但同时也应明确，突出重点并不是放弃其他非重点，要统筹兼顾才能达到尽职调查的目的。

（三）书面性原则

尽职调查报告是收购方作出决策的依据和基础性文件；在双方的合作协议中，尽职调查报告的基础内容及风险将会得到充分体现并由交易双方协商约定对应的处理方案。因此，尽职调查的内容是否真实，将决定双方协议的签署是否能够表达关于交易的全部真实意思。

对很多需要由被收购方自行提供的资料，例如对外签署的商务合同，尽职调查人员可能无法通过有公信力的第三方核实真伪，此时有必要由被收购方提供其加盖公司印章的书面复印件备查，以避免被收购方提供虚假材料，并导致最终签署的合作协议偏离项目的真实商业价值后，收购方无法主张自身的合法权益。

（四）保密性原则

尽职调查会涉及项目的绝大多数信息甚至全部信息，其中大概率会涉及项目的核心商业机密，一旦相关的信息泄露，可能对被收购方造成不可挽回的损失，同时产生损失的被收购方也会向收购方求偿。因此，不论是收购方还是独立的第三方，对上述的信息都应严格保密。有经验的被收购方一般会要求收购方及独立的第三方出具保密承诺函或签署保密协议，以保证项目信息的安全。

四、法律尽职调查流程概述

（一）制订法律尽职调查计划

法律尽职调查的顺利进行离不开完备的计划。在正式进场前，收购方的法律尽职调查人员应充分做好内部沟通，明确拟采取的收购方式，确定尽职调查的重点，做好人员分工，制定尽职调查时间表，并草拟需要被收购方出具的授权委托书、法律尽职调查清单及提供材料的清单。

（二）进场沟通

收购方内部制订好尽职调查计划后，需要进场和被收购方进行沟通，明确需要被收购方配合的内容，本阶段需要进行的工作主要有如下三部分：

1. 明确双方的对接人。因法律尽职调查涉及的人员及部门比较分散，需要收购方与被收购方均明确一个对接人，被收购方指定的对接人在被收购方的级别应相对较高，以便于有能力协调被收购方内部提供资料或配合收购方的其他工作。同时，双方之间的沟通尽量通过对接人进行，避免出现对接混乱或者泄露、遗漏重要信息的问题。

2. 做好初次访谈。法律尽职调查人员在前期获取的项目材料往往是概托性文件，只能大致确定尽职调查的方向和重点。进场后，要尽快确定对接人，并对被收购方的对接人或者公司高管进行初次访谈并做好谈话笔录。笔录的目的主要系被收购方自行披露项目的基本情况及存在的风险，过程中尽职调查人员应根据被收购方的披露，灵活发问，达到更加了解项目的同时确定尽职调查方向的目的。谈话笔录应采用书面方式，记录完成后由被收购方确认无误后签字盖章。

3. 提供需要被收购方准备的文件清单，获取需要被收购方提供的外调授权材料。进场后，收购方应尽快将前期的需要被收购方准备的文件清单及外调授权委托书交给被收购方对接人，并由其安排相关人员进行准备，以便工作尽快展开。

（三）展开内调、外调工作

1. 负责内调的法律尽职调查人员需要根据文件清单的内容督促被收购方尽快并全面地提供材料，并对原件的真实性予以甄别确认，同时做好已经甄别确认完毕材料的复印工作。已经复印完毕的资料汇总后由被收购方盖章确认。

2. 负责外调的法律尽职调查人员持被收购方提供的授权委托材料，到相关的政府部门、法院等机构核实项目的相关信息，并尽量要求政府部门、法院等出具书面的证明材料。

内调和外调工作并不是独立进行的，内调和外调人员需要随时保持沟通，对各自在调查中发现的问题需要互通有无，通过彼此的工作互相印证。就内调和外调的具体工作内容，将在本章第二节、第三节的内容中详细阐述。

（四）梳理收集的材料，发现问题及风险

在内调和外调进行过程中，即可以开始梳理已经收集到的材料，按照拟定的文件清单进行归类审阅并装订成册，同时应对已收集到的材料内容进行书面的整理。通过整理发现项目所存在的问题及风险，并予以书面记录，便于在后

续的工作中明确或解决。

（五）就发现的问题及风险进行再确认

根据梳理内调、外调发现的问题及风险，法律尽职调查人员应汇总内部各方的材料进行研究确认，明确所发现的问题及风险后，应就相关的问题以书面清单或者谈话笔录的方式要求被收购方进行解答或提供补充材料，并将被收购方的解答及提供的材料作为内调材料要求被收购方进行盖章确认。

（六）撰写法律尽职调查报告

基于内调、外调的基础材料，总结发现的问题及风险，同时提出解决问题或化解风险的方法，这就是法律尽职调查报告的基本框架。根据上述框架，法律尽职调查的工作人员可在既定的时间内完成上述报告。

第二节　内部调查

一、内部调查概述

内部调查是指在房地产项目收购过程中，由收购方自行或委托专业第三方通过进场调查，以被收购方自行披露为主的方式对与交易有关的目标公司和目标项目全部资料和信息进行收集，并对收集和调查的资料和信息进行整理、分析和研究的活动。

房地产项目收购的内部调查，根据收购方式的不同，侧重点也有所不同。本节对于内部调查的分析，侧重于股权交易型收购模式下的内部调查，该类收购模式在实践中最为常见也最具有代表性，对于内部调查的全面和细致程度要求也更高，故以股权交易型收购的内部调查作为样本展开分析，但对于资产交易型收购尽职调查的特别事项也会有所涉及，以期能够对内部调查有更为详尽和清晰的论述。

房地产项目股权交易型收购的内部调查涵盖目标公司和目标项目的方方面面，主要包括目标公司的基本情况、股权及股东、主要资产、财务和税务、劳动人事、重大合同、环境保护、诉讼及争议等方面的内容；以及目标项目的获取、建设、销售、房屋交付及产权登记、物业管理等方面的内容。

二、内部调查方法

（一）现场访谈

访谈是指由实施法律尽职调查人员（即访谈人）与被收购方（可能为目标公司或其股东）的相关人员（即被访谈人）进行现场谈话，由访谈人提出问题，由被访谈人一一进行解答和解释。访谈前，访谈人应提前制作访谈笔录提纲，访谈过程中应当进行书面记录，访谈后应及时整理出访谈笔录，由访谈人和被访谈人在笔录上签字确认，并由被收购方加盖公章，形成工作底稿的组成部分。通过对不同人员进行访谈，可以为收购方提供从不同角度了解目标公司和目标项目相关情况的途径，也为法律尽职调查提供发现更深层次问题的机会，从而可以更全面地了解项目的事实情况。

1. 初次访谈——内部调查全面开展的第一步

初次访谈是内部调查全面开展的第一步，也是至关重要的环节，通过访谈，不仅可以逐渐形成内部调查的思路和整体框架，还可以掌握和了解很多通过其他方式无法了解到的情况，有利于发现更多的“幕后”情况。法律尽职调查人员进场后，在内部调查工作全面开展前，可以通过与目标公司管理层、部门负责人、基层员工等进行访谈的方式，了解目标公司和目标项目的“前世今生”和“来龙去脉”，形成感性认识，从而进一步确定内部调查的主要方向和重点问题。

2. 补充访谈——内部调查进行过程中获取和固定信息的有效方式

随着内部调查的不断深入，对目标公司及目标项目的了解程度逐渐加深，在收集和审查资料、现场踏勘等调查工作已经开展的基础上，根据需要，可以就过程中发现的问题及风险与目标公司的管理层、部门负责人、基层员工进行补充访谈。通过补充访谈，既可以获取更多必要的信息，又可以对过程中发现的情况和问题进行及时固定。

（二）资料收集和审查

1. 书面审查是内部调查的主要方式

目标公司根据尽职调查人员提供的法律尽职调查文件清单，按照要求准备相关文件和资料，由法律尽职调查人员进行书面审查。书面审查是内部调查最主要的方式，而目标公司提供的文件和资料又是内部调查所需信息的最主要来源。通过对资料进行整理和书面审查，既进一步完成对目标公司和目标项目的具体情况及发展过程的梳理，还可以与通过其他方式了解到的相关情况进行印证。

书面审查的主要内容是核查资料来源、资料形成时间、资料之间的内在联系、资料之间是否存在冲突以及资料与待证明事实之间的关系等。例如，在某并购项目的内部调查过程中，法律尽职调查人员发现目标公司提供的目标项目的土地证与土地出让合同中所记载的面积存在不一致的情形，由于该项目中有多份土地证和出让合同，且部分土地证存在注销情况，而目标公司之前并未披露此事项。因此，通过对资料进行书面审查的方式可以有效地发现更多、更细致的信息。

2. 不容忽视的资料收集和原件核对环节

（1）在目标公司中确定专门负责资料收集的人员

由于每家公司的组织结构存在差异，同类别的材料可能会由不同的部门保管。例如，公司重大合同可能会由目标公司的财务部门或行政部门保管，也有可能由具体的业务部门管理。而目标公司的人员对公司内部的组织结构和管理情况更为了解，因此，及时确定一名内部调查材料收集的人员至关重要，该人员能够迅速确定文件资料的保管部门，从而能够更快、更高效地提供所需的资料。同时，由于多数并购项目对保密性的要求较高，由目标公司确定专门负责资料收集的人员，更加便于内部调查工作秘密和顺利地进行。

（2）在法律尽职调查小组中确定专门负责资料对接和原件核对的人员

虽然在目标公司中确定了专门负责资料收集的人员，但并不意味着法律尽职调查人员只要被动等待被收购方收集完毕后通知领取即可。在资料收集的过程中，应根据实际情况和需要，在法律尽职调查人员中确定一名或几名成员，由该部分成员在目标公司现场驻守，随时与目标公司确定的资料收集人员进行对接，对资料提供的情况及时进行沟通，确保提供资料的完整性；同时，该部分成员需要对目标公司提供的文件资料复印件与原件进行核对，并要求目标公司对提供的全部复印件材料进行盖章确认，以确保资料的真实性和完整性。

（三）现场踏勘

房地产项目收并购最常见和最主要的目的是获取土地资源，因此，对目标项目的调查是内部调查中至关重要的部分。而为了对目标项目拥有更为直观及全面的了解，无论是尚未开发建设的项目、在建项目还是已建成的项目，都有必要到项目现场进行实地走访、现场踏勘，确定项目的实际状态及与周边物业的相邻关系情况。

在现场踏勘过程中，需要重点关注项目规模、建设进度、项目品质、项目周边环境以及是否存有临时建筑或违法建筑等情况。到达现场后，需要拍摄现场已有建筑物或空地照片并拍明土地四至；拍摄建筑物的占用和使用情况；将总平面图上的建筑物与实际建筑物等进行对比确认，以判断是否存在临时建筑和违法建筑、第三方占用等影响继续开发的情况。

需要特别注意的是，在现场踏勘过程中，一定要将现场重点情况进行拍摄并留存，照片或视频应尽可能清晰、完整，并将走访经过形成文字记录放入底稿资料。另外，建议由目标公司专门委派了解项目情况的人员负责陪同法律尽职调查人员进行现场踏勘，并在过程中对项目的相关情况进行介绍，同时对法律尽职调查人员现场提出的问题作出及时解答，便于法律尽职调查人员更真实、全面地了解目标项目情况。

三、内部调查内容

（一）目标公司情况

1. 目标公司基本情况

（1）通过审查目标公司的以下文件资料（若有），了解目标公司的基本情况：

①公司的组织结构图

②公司营业执照（正本及副本）

③外商投资企业批准证书

④外汇登记证，外汇账户使用证

⑤外债登记证

⑥房地产开发企业资质证书

⑦设立公司的项目核准文件

⑧任何有关特殊行业或业务的政府批复、证书或许可，例如有关房地产开发及经营的政府批复、证书或许可

⑨审批机关出具的全部批复（若有）

⑩其他有关设立企业的政府批复、证书

⑪公司验资报告及出资证书

⑫公司近三年的年检报告

⑬外资企业经商务部门批准的中外合资、合作合同和章程或外商独资章程/内资企业公司章程，以及其全部修改及补充的文件

⑭公司成立以来的股东会决议及记录

⑮公司成立以来的董事会及监事会决议及记录

⑯公司现有全体董事和监事以及各董事和监事委任方名册

⑰公司参股其他企业情况明细表

⑱公司其他对外投资情况明细表

⑲中国人民银行出具的《企业信用报告》以及自然人股东信用报告

⑳有关设立任何分公司、营业部、办事处或公司经营的任何其他业务或进行的任何其他投资（如合资企业、股票）的文件（批复、通知、登记证、营业执照等）

（2）审查要点：

①主体资格

一是目标公司的法人资格，即目标公司是否具有法定的主体资格。查阅目标公司营业执照、公司章程、工商登记文件、验资报告等文件，了解目标公司的设立是否符合法律、法规的规定，是否存在影响目标公司合法存续的法律障碍。

其中，对公司章程要同时进行形式和实质的双重审查。形式审查是对其合法性、完整性进行判断，以及需要审查目标公司是否向政府主管部门履行了相关批准或备案手续；在实质审查方面，要特别关注章程中是否存在反收购条款或者其他反收购的措施，同时要注意是否有关于股东权利的特别规定。

二是目标公司的经营资格，即目标公司是否具有房地产开发企业资质。根据《房地产开发企业资质管理规定》第十八条第三款规定：“各资质等级企业应当在规定的业务范围内从事房地产开发经营业务，不得越级承担任务。”因此，要根据各地的细化规定审查目标公司开发的项目是否存在与其开发资质不符的情况。

②组织结构

公司内部合理的组织结构是公司规范运作的重要保证，因此在内部调查中要对公司的组织结构和管理制度进行审查，了解目标公司的组织结构、职位设置和管理人员职责分配等情况。

③历史沿革

审查目标公司的历次变更情况（包括注册资本、股东、董事、监事高管，以及章程等各种批准和登记备案文件等），核查目标公司是否存在历史遗留问题。

④子公司和分公司

审查子公司和分公司的设立和运营情况，分析对目标公司的财务状况和经营状况可能产生的实质影响。

2. 股权及股东情况

（1）通过审查目标公司的以下文件资料，了解目标公司的股权及股东情况：

①公司股权结构及股东名单；公司各股东、实际控制人的营业执照或商业登记证明及公司章程

②公司股东协议及其全部修改及附件

③公司股权/资产转让协议及相关批文

④公司股权的权利障碍设置情况（如股权质押、查封、第三方权利设置情况等提供有关文件）

（2）审查要点：

审查目标公司股东及其注册资本缴纳情况，包括股东人数以及资格（是否存在股权代持情况）、股权结构、实收资本、股东的出资方式、非货币资产出资是否符合相关法律规定、目标公司股权是否存在质押及其他权属纠纷。

具体来讲，通过审查股东出资协议、出资证明书、股权转让协议以及与股权转让相关的资产评估报告等主要文件，核查股东是否按照法定或约定的出资方式及期限履行了出资义务。

发起人如以实物、知识产权、土地使用权等非货币资产出资的，应核查资产的产权过户情况，并查阅资产评估报告，分析资产产权的合法性及评估结果的合理性。特别要关注是否存在以土地使用权作价出资却未将土地使用权过户到目标公司名下的情况。

3. 财务情况

（1）通过审查目标公司的以下文件资料，了解目标公司的财务情况：

①最近三年经审计的财务报告及公司于调查日的最新财务报告（包括资产负债表、损益表）

②未清偿人民币和外币贷款清单（含银行贷款、股东借款、企业拆借、民间借贷等各种性质的借款）

③人民币和外币借贷/融资性质文件（含贷款合同、拆借合同、民间借贷合同、融资租赁合同等）

④任何担保（含抵押、质押、保证等）合同、文件及相关登记文件

⑤债权债务清单及相关合同（清单中需说明债务的详情）

（2）审查要点：

审查财务相关文件，了解目标公司的重大债权债务情况，预判可能对本次收购产生的影响。

对于目标公司的详细财务情况，需要收购方委托专业的会计师事务所进行财务尽职调查。

4. 资产情况

（1）通过审查目标公司的以下文件资料，了解目标公司的资产情况：

①无形资产

A. 知识产权

a. 公司所持有的或正在使用的商标、专利、著作权以及与其他知识产权有关的文件、证书或批文等；

b. 公司知识产权是否设有第三方权利及其他权利障碍（包括但不限于担保权利、许可、授权使用等）；

c. 目标公司知识产权的有关申请及保持费用是否已经按时支付；

d. 目标公司是否存在侵犯第三方知识产权的情况。

B. 其他无形资产

②有形资产

A. 公司持有的生产设施、机器设备、办公设备、运输工具、备品、备件等资产清单

B. 公司重要的生产设施、设备或重要办公设备的购买合同及付款发票

C. 运输工具的购买合同和付款发票及车辆登记证明

D. 公司拥有证券（股票和债券）的相关证明文件

E. 公司拥有的其他资产的证明文件

F. 公司就上述各项资产设置任何形式的担保或他项权利（如抵押、质押、留置等）的担保合同及其担保的主债权文件，以及设立担保所取得的政府批准

文件及登记备案文件

G. 公司租赁的重要资产清单及相关证明文件，包括但不限于生产设施、机器设备、办公设备、运输工具和其他资产的清单及租赁合同

（2）审查要点：

审查目标公司所持有的重大资产（包括有形资产和无形资产）以及该资产的权利障碍和限制情况。

5. 劳动人事情况

（1）通过审查目标公司的以下文件资料，了解目标公司的劳动人事情况：

①公司董事会成员及高级管理人员名单

②服务合同（董事、高级管理人员）

③劳动合同签署及人事登记

④员工手册

⑤社会保险缴纳

⑥任何公司成立以来的劳动争议的文件

⑦其他劳动人事文件

（2）审查要点：

主要审查目标公司的人事制度、员工名册、劳动合同签署情况、社会保障和保险缴纳的情况，了解目标公司的用工方式、员工结构和人数，审查目标公司建筑、结构、财务、房地产等业务负责人是否具有相关职称，是否存在对此次交易造成障碍的劳动合同，解除劳动合同所付出的代价，有无可行的解决方案或规避措施。

6. 重大合同情况

（1）通过审查目标公司的以下文件资料，了解目标公司的重大合同情况：

①公司与任何第三方达成，或向第三方出具的，或第三方向公司出具的任何协议、意向书、承诺书等文件清单，包括任何一方履约、违约、中止或终止合同的详情

②公司与任何第三方达成的任何重大合同文本

（2）审查要点：

审查目标公司的重大合同，包括业务合同、贷款合同、担保合同、代理合同、长期购买或供应合同、技术许可合同等。重点关注各项合同的有效期限、合同项下主要权利和义务、重要违约行为和违约责任、合同终止的情形等，通

过核查上述合同的履行情况，包括合同金额、合同变更情况、合同履行的进度情况及已付款、未付款、应付款情况等，了解目标公司日常经营情况，判断可能产生的债权债务和或有负债。

对于业务合同的审查，应特别注意核查与项目开发建设有关的合同的签订和履行情况，包括土地出让合同、动拆迁征收补偿合同等涉及取得土地使用权的合同，勘察、设计、监理、施工合同等项目工程建设的合同等。

7. 纳税情况

（1）通过审查目标公司的以下文件资料，了解目标公司的纳税情况：

①过去三年的年度税务报表

②有关投资奖励（退税）的政府批复

③税务机关对土地和房屋方面的纳税义务或税收减免的认定和批复文件

④公司成立以来的任何纳税凭证或其他证明

⑤公司是否存在欠缴税款情况

⑥公司是否可能因欠缴税款遭受处罚

⑦公司与国家和地方税务部门之间关于解决税务争议的文件和往来信函

⑧其他有关的税务文件

（2）审查要点：

重点审查目标公司有无欠缴税款和行政处罚的情况，特别关注土地增值税、契税、土地使用税的缴纳情况。

8. 环境保护情况

（1）通过审查目标公司的以下文件资料，了解目标公司的环境保护情况：

①关于地块的环境影响评估报告书或表格

②关于地块的环境影响评估报告的批复和意见

③关于地块的各种已完工环保设施的测试报告或意见或测试证书

④关于地块的废物排放申请和许可

⑤关于地块的废物排放费用收据或通知

⑥关于地块的环境污染测试结果报告

⑦任何关于环境损害或责任的其他政府或法院报告、令状、禁令、意见、批文、制裁、函件或任何第三方向公司作出的索赔

（2）审查要点：

重点审查目标公司是否符合环境保护要求。

9. 诉讼、仲裁和行政处罚情况

（1）通过审查目标公司的以下文件资料，了解目标公司诉讼和争议情况：

①当前经下列程序的针对目标公司及其重要控股子公司（若有）、主要股东等的任何请求或主张的文件

A. 司法程序

B. 仲裁程序

C. 行政程序

D. 相互协商或调解

②公司是否曾遭受行政处罚及其具体情况，是否存在潜在的可能遭受行政处罚的事项

③有关公司及其业务或资产的任何其他争议或潜在争议的说明

④处理与第三方之间任何争议的往来函件

（2）审查要点：

审查目标公司及其重要控股子公司（若有）、主要股东、控股股东或实际控制人、企业董事及高级管理人员等是否存在尚未了结的或可预见的重大诉讼、仲裁或行政处罚案件，并需要进一步核查造成此影响的相关文件，预判可能产生的法律后果，分析是否会对目标公司或目标项目产生重大不利后果，从而影响本次并购交易的顺利进行，评估目标公司在开发建设过程中可能会发生的法律风险。

另外，对于目标公司任何财产存在任何司法机关、行政机关的冻结、查封以及其他强制性执行程序或措施的情况，都应查看裁定书、扣押、冻结、执行、查封通知书等。

（二）目标项目情况

1. 项目基本情况

（1）通过审查与目标项目有关的以下文件资料，了解目标项目的基本情况：

①关于地块的红线图/认定地界图

②建设项目建议书或可行性研究报告以及发改委的批复

③土地管理部门核发的建设项目土地预审报告书

④征地文件

A. 土地管理部门对于土地征用的审批意见

B. 征地补偿合同或协议

C. 按规定支付土地补偿费，安置补助费，青苗及地上附着物补偿费的情况明细（包括已支付项目及金额，应付未付项目及金额），及相关付款凭证

D. 征地结案表

⑤地块出让/转让文件

A. 招拍挂文件

B. 土地使用权合同（国有土地使用权出让或转让合同）

C. 土地出让金收据/土地转让金收据

D. 就土地使用权应支付的任何费用（包括但不限于土地出让金/转让金，大市政配套费用，动拆迁费用等）的清单（包括已支付及应支付项目及金额）及付款发票

E. 就取得土地使用权应缴纳的税款（包括但不限于契税）的清单（包括已支付及应支付项目及金额），及已缴纳税费的付款发票

⑥地块的土地使用权证、房地产权证和租赁登记证

⑦关于地块的土地和/或在建工程的权利障碍设置情况（包括但不限于抵押、担保）及他项权利证明和相关合同

⑧关于地块的土地、房屋和/或在建工程的查封情况

⑨关于地块的房屋和土地租赁合同（包括批文和登记文件）

⑩关于地块的土地外包协议

⑪关于地块的工程估价报告（包括在建工程）

⑫任何其他与地块有关的由政府部门或第三方签发的文件或与第三方订立的文本

（2）审查要点：

①土地使用权是否合法取得

根据《中华人民共和国土地管理法实施条例》第三条第一款规定：“国家依法实行土地登记发证制度。依法登记的土地所有权和土地使用权受法律保护，任何单位和个人不得侵犯。”据此，应重点审查土地使用权的取得是否合法，是否已取得土地使用权证书、土地使用权的面积、权利人、终止日期等情况，审查取得土地使用权应支付的费用金额及付款凭证、税款金额及已缴纳税费的付款凭证、完税证明等资料。

②土地使用权是否存在转让（含变相转让）限制

A. 政府限制

应关注土地取得的原始文件（包括但不限于土地出让合同、招拍挂文件等）中是否存在对土地使用权转让或变相转让（如权利人的实际控制人发生变化）的限制，例如是否存在不得转让或转让需经主管部门审批等限制性条款；是否限制某种类型的物业建设；是否要求某种物业的持有比例和年限；是否要求不得整体或分割转让、限制抵押等；对受让人的出资比例、股权结构、实际控制人等是否有限制。

B. 法律限制

若收购方拟采用资产收购的方式获取目标项目，还应特别注意法律法规对于房地产转让的限制性规定。

根据《中华人民共和国城市房地产管理法》第三十九条规定："以出让方式取得土地使用权的，转让房地产时，应当符合下列条件：（一）按照出让合同约定已经支付全部土地使用权出让金，并取得土地使用权证书；（二）按照出让合同约定进行投资开发，属于房屋建设工程的，完成开发投资总额的百分之二十五以上，属于成片开发土地的，形成工业用地或者其他建设用地条件。转让房地产时房屋已经建成的，还应当持有房屋所有权证书。"

因此，应着重审查目标项目地块的开发建设程度，可以通过实地考察项目建设进度、审核项目的建设预算及列支的成本数据、委托专业审计等方式，验证目标项目的开发建设是否已完成开发投资总额的百分之二十五以上。

③土地/在建工程是否存在权利负担

审查土地/在建工程是否设定抵押、查封等权利负担，通过审查抵押协议、抵押登记文件、查封裁定等相关文件，预判上述权利负担是否会影响本次并购的顺利进行，是否会产生实质性影响等。

2. 地块征收情况

（1）目标项目土地使用权转移涉及征用征收问题时，需审查以下文件资料：

①房屋征收决定

②委托征收合同和征收委托书

③征收进度情况说明（包括但不限于征收协议签署情况，实地征收情况，安置房建设情况及预计完工时间、回迁情况等）

④征收补偿安置协议签署情况明细表（附征收补偿安置协议格式文本及与格式文本不一致的协议文本）

⑤支付征收补偿安置费用的情况明细（包括已支付项目及金额，应付项目及金额），及相关付款凭证

⑥征收结案表

（2）审查要点：

重点审查与土地相关的征用和补偿文件，包括征收补偿方案、征收补偿安置协议等；与该土地项目市政配套相关的批复、纪要和合同等法律文件；征收补偿安置费用金额和实际支付情况；被征收户的安置情况等。

3. 项目建设情况

（1）通过审查与目标项目有关的以下文件资料，了解目标项目的建设情况：

①关于项目的建设用地批准书及附图

②规划/土地管理局的项目选址意见书、建设项目选址意见书、规划意见书及附图

③审定设计方案通知书

④建设管理部门对项目的审核批复

⑤建设用地规划许可证

⑥建设工程规划许可证

⑦建筑工程施工许可证

⑧房地产开发项目手册

⑨房地产开发项目建设条件意见书

⑩城市规划管理局关于项目的规划批复（包括但不限于详细和控制性规划）

⑪项目规划调整的有关文件

⑫地块地名使用批准书

⑬项目已获得的其他全部有关批文或权证

⑭项目开发建设情况说明（包括但不限于工程款支付情况及工程进度情况等）

⑮项目竣工验收备案情况

（2）审查要点：

①各报建手续文件之间是否存在矛盾

审查各报建阶段重要证照或批文中载明的目标项目的相关情况是否存在矛盾，特别是涉及面积、用途、楼层等项目建设基本情况方面的差异。

②是否存在擅自提前开工的情形

审查目标项目是否存在未取得建设工程规划许可证、建筑工程施工许可证等文件或证照而擅自开工的情形。

③预判后续竣工验收、不动产权证办理是否存在重大障碍

结合目标项目的实际情况，从报建情况预判目标项目后续的竣工验收、不动产权证办理是否存在障碍（包括但不限于报建手续未办理完毕、各报建手续之间存在矛盾、因超建行为需要缴纳罚款等情形）。

4. 项目销售情况

（1）目标项目已开始进行销售的，需审查以下文件资料：

①项目预售方案、预售许可证、销控表

②项目销售情况说明及详细列表（含签约情况及房号、合同履行情况，是否存在违约及可能发生的违约等）

③认购协议、预售合同、销售合同、车位及储藏室等其他可售空间的转让文件范本（包括相关补充协议、附件等）

④与范本内容不一致的销售合同（包括相关补充协议、附件等）的复印件

⑤预售资金监管账户开户信息及资金余额

⑥销售已收款及应收款情况说明及列表

（2）审查要点：

①是否存在未取得预售许可证即进行房屋销售的行为

《最高人民法院关于审理商品房买卖合同纠纷案件适用法律若干问题的解释》第二条规定："出卖人未取得商品房预售许可证明，与买受人订立的商品房预售合同，应当认定无效，但是在起诉前取得商品房预售许可证明的，可以认定有效。"另外，《中华人民共和国城市房地产管理法》第四十五条也对商品房预售的条件作出了相关规定。

因此，要重点审查是否存在未取得预售许可证即进行房屋销售的行为，预判可能产生的法律风险（包括但不限于合同无效的风险、面临行政处罚的风险等）。

②销售类合同文本中是否存在对目标公司的重大不利条款，违约风险是否可控

审查认购协议、预售合同、销售合同、车位及储藏室等其他可售空间的转让文件范本（包括相关补充协议、附件等），通过对合同文本的分析，结合项目实际情况，预判目标公司的违约可能性和违约后果。

5. 房屋交付及产权登记情况

（1）通过审查与目标项目有关的以下文件资料，了解目标项目房屋交付及产权登记情况：

①房屋交付时间、户数、交付率

②初始登记证明

③业主的不动产权转移登记办理情况说明（包括约定登记时间及实际办理时间）

④其他相关文件

（2）审查要点：

结合销售类合同文本和项目实际情况，审查目标公司是否存在逾期交付和逾期办证行为，并预判目标公司可能承担的违约责任。

6. 物业管理情况

（1）通过审查与目标项目有关的以下文件资料，了解目标项目物业管理情况：

①前期物业管理合同/物业管理合同

②业主大会及业主委员会成立情况

③开发商授权物业公司管理资产明细

④其他相关文件

（2）审查要点：

通过对物业管理类文件的审查，预判目标项目后续因物业管理产生纠纷而对目标公司或目标项目产生负面影响的可能性。

7. 其他情况

需审核目标项目是否存在以下情况：

（1）地块是否被认定为闲置土地。

（2）相关部门（如环保、交通、卫生防疫、人防、园林、节水、消防、文物、市政等）对建设项目的审查意见。

（3）关于项目的合作开发和经营等事项的任何合同、意向书、备忘录等文件。

（4）项目的其他重要背景情况和资料。

四、内部调查技巧

内部调查是法律尽职调查中非常关键的环节，也是法律尽职调查报告最终形成的主要依据。如前所述，内部调查不仅仅要前往现场收集文件材料，更要综合采用各种方法，调查收集与本次并购相关的资料和信息，并将通过各种手段得到的信息进行相互印证，以求得到最真实、有效的尽职调查结论。内部调查的技巧有很多，总结下来，可以用中医中的“望、闻、问、切”来概括。

（一）“望”

法律尽职调查人员进场开展内部调查工作后，通过对目标公司进行参观走访，可以更直观地观察到公司的办公环境、部门设置、人员面貌、企业文化等方方面面；通过对目标项目进行现场踏勘，可以了解到项目现场四至是否清楚、项目的建设进展等情况。

对于书面文件涉及的内容，如果有现场实物，要注意观察和比较书面文件反映的情况与现场实际情况是否一致；对于书面文件没有提及的内容，但现场有实物的，也要注意将观察到的可能对本次并购产生重大影响的情况列入法律尽职调查报告当中，并提示相应的法律风险。

（二）“闻”

根据项目的复杂程度，法律尽职调查人员内部调查期间一般为 3－10 个工作日。内部调查期间，可以说是法律尽职调查人员了解公司和项目情况的最佳时机。因此，除了在现场收集和对接材料之外，更要多倾听员工对目标公司的评价和目标公司发生的重大事项的见闻，甚至可以通过“闲聊”的方式从项目周边居民或商户等人员口中了解到与项目相关的情况。比如，项目迟迟未动工的原因是什么，项目的开发曾受到什么阻碍等情况。当然，“闻”的目的在于收集和掌握信息，要注意方式和方法，尤其要注意对保密性要求较高的项目需严格履行保密义务。

（三）“问”

在内部调查的过程中，“问”通常是很重要的环节，其通常和“闻”相辅相成。“问”其实是需要技巧的，首先，“问”之前要做到一定程度的“了解”，这样的“问”才会更有针对性；其次，“问”是为了验证“不确定”的信息，因此要做到有所侧重，多“问”尚无定论或者看似矛盾的情况；最后，“问”这种事情，往往只有当面“问”才有效果，因此要把握住内部调查期间与公司人员接触的机会（可以视情况选择正式或者非正式的场合），及时地对不明确、有疑问的情况进行确认。

（四）“切”

“切”是指法律尽职调查人员应当依据收集到的资料和信息，结合现行法律法规的相关规定，对发现的问题作出法律风险预判，并分析有无应对和解决方案，无论是发现的问题还是提出的解决方案，既要做到内容全面，又要做到重点突出，从而实现法律尽职调查的目的——发现问题并寻求解决问题的方案。

第三节　外部调查

一、外部调查概述

在房地产收并购法律尽职调查过程中，存在因某些原因无法从目标公司获取信息，或目标公司提供文件资料不完整的情况，需要通过外部调查对目标公司及目标项目等方面进行调查。同时，为了得到更有公信力的信息，也需要通过政府部门、网络信息以及政策查询等外部调查的方式来了解和验证目标公司提供的书面资料的有效性和准确性，确保法律尽职调查工作的严谨以及调查结果的真实性、全面性，从而发现交易标的存在的风险或发现交易标的的其他潜在价值。

二、外部调查方法

（一）行政、司法部门调查

有些材料目标公司并没有存放原件，而是保存在行政或者司法部门，需要到行政、司法部门调取原件进行查验并将原件核实情况记载在最终的法律尽职调查报告当中。当然，即使公司存有原件，对于一些公司及土地的重要信息，如营业执照、房地产企业开发经营资质、项目立项批文、房地产开发五证（《建设用地规划许可证》《国有土地使用权证》《建设工程规划许可证》《建筑工程施工许可证》《商品房销售（预售）许可证》）等文件也需向政府部门核实公司持有的证件材料与档案记载是否一致。对于土地、在建工程及房屋的抵押、查封情况，目标公司的资信、税务、涉诉等信息，也需核实公司披露的信息与系统查询的信息是否一致等。

向行政、司法部门进行调查，应当要求政府行政、司法部门出具调查资料的复印件，并加盖查询公章，证明与原件核对一致。如果有的行政、司法部门拒绝出具调查资料或盖章的，法律尽职调查人员应当将调查的信息作为工作底稿记录在案，并详细记录调查时间、走访政府部门及科室的名称，接待人员的职务、姓名、房间号码、办公电话等信息以便查验，并由参与查询的法律尽职调查人员签字。

（二）网络信息查询

在信息化、公开化的互联网时代，通过“点点鼠标、敲敲键盘”的方式也可以帮助我们收集更多有效的资讯，如通过百度、谷歌查询目标公司、股东、实际控制人、房地产项目的一般信息；通过“国家企业信用信息公示系统”网站和启信宝、企查查之类的 APP，查询目标公司的股权结构、出资、股权质押、股权冻结等各方面的信息；通过当地的国土、规划、建设、房管部门的网站，查询房地产企业资质、项目用地规划、建设规划、房地产开发销售、竣工验收备案的基本状况；通过最高人民法院网站、地方高院网站和启信宝、企查查APP，查询目标公司、股东、实际控制人的已决诉讼、未决诉讼、执行案件情况等，从而对内部调查材料提供补充。

（三）地方性法规检索

随着我国房地产调控的不断深入，各地方政府为了促进房地产产业的健康发展，根据本地实际情况制定了不同的地方性法规，甚至是规范性文件。法律尽职调查的目的就是发现、判断项目风险并据此提出相应的建议，因此，除了需要掌握房地产领域的法律法规外，还应对目标公司、目标项目所在地区政府出台的关于土地收储、土地转让、项目开发、产权登记、股权交易等地方性法规、规范性文件进行调研并作为交易模式设计的参考依据，以保证房地产项目收购的合法合规。

三、外部调查主要内容

房地产收并购外部调查需要调查的档案资料非常广泛，需要前往不同的行政部门及司法部门访谈并通过网络信息查询及现场走访方式进行外部调查。本节将通过政府部门调查作为主线并结合网络信息查询、法律法规政策调研等方式，阐述外部调查的内容。由于各地政府部门职能划分不同、执行口径不一致，政府部门名称及调查部门和调查要求可能有略微的差别，但主要集中在以下几个方面：

（一）市场监督管理部门

1. 工商档案资料

从交易模式上看，无论是股权收购、资产收购还是不良债权收购，目标公司的工商档案信息都是最基础的材料，通过目标公司注册登记地的市场监督管理局调取出目标公司的全套工商档案（内档和外档），据此梳理目标公司的基本信息，包括但不限于主体资格、历史沿革、公司组织结构、出资情况、公司股东及其持股情况、利润分配方式、公司分支机构、对外投资等信息，以确认公司是否合法设立、依法存续。

公司基本信息中需重点审查内容已在本章第二节内部调查中详细阐述，本节不再赘述。

2. 股权质押情况

《中华人民共和国民法典》第四百四十三条规定，股权出质后不得转让，但经出质人与质权人协商同意的除外。出质人转让基金份额，股权所得的价款，应当向质权人提前清偿债务或者提存。

在实践中，目标公司为了融资或为其他公司提供担保，经常存在股权质押的情况，如目标公司的股权存在质押，该等股权转让必须征得质权人的同意，否则可能会发生无法办理工商变更登记手续的情况。因此，需要通过市场监督管理局登记系统查询股权是否设定了质押，如有则需进一步调取股东会决议、股权质押合同、股权出质通知书等文件，以核查股权出质程序的合法性并审核股权质押所担保的主债权情况，以判断其对项目收购的影响。

3. 股权冻结情况

《最高人民法院关于人民法院民事执行中查封、扣押、冻结财产的规定》第二十六条第一款规定："被执行人就已经查封、扣押、冻结的财产所作的移转、设定权利负担或者其他有碍执行的行为，不得对抗申请执行人。"

在房地产收购项目中，特别是不良债权收购，很多项目对外转让系因目标公司缺乏建设资金或经营不善导致负债缠身，其名下的股权及重要资产等已被采取多轮冻结或其他保全措施。此时，在法律尽职调查过程中务必要审查目标公司工商档案中是否存在股权冻结的信息。因为一旦法院对股权作出的冻结裁定及协助执行通知被市场监督管理局登记，即具有了对外公示效力，目标公司股东也就无权处分该股权。

如受让方未核查目标股权是否存在冻结即受让股权并产生纠纷的，法院有可能会认为受让方作为商事主体，在受让股权时应明知需对受让的股权存在权利负担尽到审慎注意义务，如无法举证证明曾事先了解并确认交易时不存在股权权利负担情况的，则不适用善意取得制度，不能取得争议股权。

4. 其他情况

除通过市场监督管理局调取目标公司的以上信息外，还可以调查目标公司动产抵押登记情况、行政处罚情况等。

此外，还可以利用国家市场监督管理总局“国家企业信用信息公示系统”、企查查、启信宝、各省市级信用网等网络资源查询获取目标公司基本信息、股权质押登记、冻结登记、行政处罚、动产抵押登记、知识产权出质登记、企业信用等相关信息，便于更加全面地了解目标公司。

（二）自然资源和规划管理部门

土地属于房地产收并购交易中的重要资产，是实现并购目标的核心要素，只有充分掌握土地的法律状态及风险情况，才能对并购交易的可行性进行精准判断，最大限度地把控交易风险、保障交易安全。自然资源和规划局是管理土地资产的政府主管部门，在调查过程中应当重点关注以下几个关键问题：

1. 项目用地获取及土地权属证书办理情况

原始取得房地产开发用地权属的主要方式分为“出让”与“划拨”两种。在实务中，大多数房地产收购交易为通过股权或资产的转让交易实现“出让”的国有建设用地之实际控制人的变更，本节仅阐述在外部调查中针对目标项目用地权属及交易流程合法性而需要调查的内容。

在内部调查阶段，尽职调查人员均会要求被调查方提供关于目标项目用地的《国有建设用地使用权出让合同》、《土地使用权证》/《不动产权证》等文件以确认目标项目用地的基本信息；在此基础上还应当前往国土部门调取土地获取环节的原始文件，包括土地招拍挂文件、《国有建设用地使用权出让合同》及《补充协议》、《土地交付确认书》、《土地登记卡》、《地籍调查表》等文件，根据前述调取的资料确认是否依法进行招拍挂，土地权属是否清晰，是否合法完成土地使用权出让的全部手续，合同签订主体是否适格、是否达到交付标准以及土地使用权期限、土地规划情况是否存在逾期开竣工的风险，是否有限制销售对象的范围。

此外，不能仅凭目标公司取得了《土地使用权证》/《不动产权证》就得出目标项目已缴纳土地出让金的结论，还应当与国土部门落实目标公司是否按照国有土地使用权出让合同的约定金额、约定的期限缴清了土地出让金，是否缴纳了相关契税、城市基础设施配套费，是否存在逾期付款违约金，是否存在直接将土地出让金用于支付征收安置补偿的情形。否则，将存在收购完成后被要求补缴土地出让金的风险。

2. 项目建设用地规划及建设工程规划情况

项目规划情况主要包括建设用地规划及建设工程规划。根据《中华人民共和国城乡规划法》规定，建设单位在项目建设时应办理《建设用地规划许可证》及《建设工程规划许可证》，如未取得上述两项规划许可或未按照规划许可证内容进行建设的将承担一定的行政责任，包括退回土地、停止建设、限期整改、限期拆除、罚款等。

《建设用地规划许可证》强调项目用地位置、用地面积、允许建设的范围、使用性质等规划条件且该等条件均应符合城市规划条件和控制性详细规划条件。因此，针对出让时间较长的土地，或在获取土地后因历史原因长期未取得《建设用地规划许可证》的项目，或因长时间未开发、中止开发导致《建设用地规划许可证》已过期的项目，应重点核实该项目用地的规划用途是否已经被修改。此外，法律尽职调查人员还应前往项目所在地的规划管理部门调取最新规划文件或登录规划管理部门的官方网站查询已公示或正在公示的信息并进行核实。如土地利用总体规划、控制性详细规划发生变更的，将导致收购后的目标项目用地无法按预定的规划用途及规划指标进行开发，对房地产收购后能否达到预期收益有重要影响。

《建设工程规划许可证》强调地上建筑物的性质、建设规模、结构、面积、楼栋、层高等内容，该等内容均应符合城市规划条件。在进行外部调查时，需要详细了解目标地块的工程规划情况，特别是容积率、建筑密度、建筑高度、绿地率等，以此来准确测算地上建筑物建成后的价值及预期收益率。需要审慎核查项目土地出让合同中是否存在容积率条件限制，是否办理过规划变更，办理程序是否符合相关规定等。需要提醒注意的是，如出现规划调整或违反规划施工建设（例如超容积率建设）的情况时，需要查清目标公司是否按照规定补缴了土地出让金及相关税费，确保用地手续不存在瑕疵。

3. 项目土地闲置情况

土地资产闲置也属于房地产并购交易中出现的常见风险，近年来我国对于闲置土地的管理和处罚越来越严格，有些地区甚至对未整改到位的闲置土地设置"跟踪卡"以督办闲置用地问题。由于对土地闲置的法定处罚后果较为严重，因此，存在即使有土地闲置问题目标公司也不会披露或刻意隐瞒的情况，外部调查是核实是否存在土地闲置问题的重要方式。

首先，根据《国有建设用地使用权出让合同》中约定的土地用途、动工开发期限及《建筑工程施工许可证》、开工报告、监理月报等书面文件分析是否已经构成闲置；如已构成，则应进一步向市、县国土资源主管部门落实是否向目标公司下发了《闲置土地认定书》。

其次，如目标公司收到了《闲置土地认定书》，则需要审查闲置原因是什么，如属于因政府或政府有关部门的行为造成动工开发迟延的，政府是否已按照《闲置土地处置办法》的规定采取了延长动工开发期限、调整土地用途规划条件、政府安排临时用地、协议有偿收回土地、置换土地等方式进行处置。如属于目标公司自身或司法查封等原因造成的闲置，则需审查是否收到了《征缴土地闲置费决定书》或《收回国有建设用地使用权决定书》。

最后，如果市、县国土资源主管部门已经下达了《征缴土地闲置费决定书》，则需审查目标公司是否按照规定的时间及金额缴纳土地闲置费，避免进一步产生违约金或被收回土地。

值得注意的是，在房地产收购项目实务中，经常存在目标项目因各种原因未开工建设或建设中止的情况。在开展调查时，如无法确定目标项目是否构成闲置，或闲置后是否会被采取相应措施的，可与国土部门沟通，请求其出具不予认定为闲置土地，或虽为闲置土地但不予处罚，或主管部门同意延长动工开发期限的书面文件。

（三）住房和城乡建设管理部门

1. 目标公司房地产开发企业资质情况

根据《房地产开发企业资质证书》以及各省市关于《房地产开发企业资质管理》的规定，房地产开发企业应当申请核定企业资质等级。未取得房地产开发资质等级证书的企业，或超越资质等级从事房地产开发经营的，将采取责令限期整改、处以罚款、吊销资质证书及吊销营业执照等处罚措施。企业资质等级实行年检制度，对于不符合原定资质条件或者有不良经营的企业，由原定资质审批部门予以降级或者注销资质证书。

在内部调查中，一般都会要求项目公司提供房地产开发资质证书，除了结合目标项目的实际情况确认实际开发范围是否会超过目标公司资质允许范围，书面审查该资质证书是否已过有效期外，在此基础上还应当前往住房和城乡建设局落实目标公司的资质证书是否经过年检，是否存在不符合资质条件或不良经营的行为，是否存在超越资质等级进行建设被处以罚款的情况，如资质证书已过有效期，重新办理是否存在障碍等。

2. 项目工程开工建设情况

根据《建筑工程施工许可管理办法》第三条、第八条、第十二条、第十三条规定，应当申请领取施工许可证的建筑工程未取得施工许可证的，一律不得开工。取得建设施工许可证后应当自领取之日起三个月内开工。因故不能按期开工的，应当在期满前向发证机关申请延期，并说明理由；延期以两次为限，每次不超过三个月。既不开工又不申请延期或者超过延期次数、时限的，施工许可证自行废止。对于未取得施工许可证、为规避办理施工许可证将工程项目分解后擅自施工、采用欺骗贿赂等不正当手段取得施工许可证的，发证机关可采取责令停止施工、限期整改、撤销施工许可证、处以罚款的处罚措施，构成犯罪的依法追究刑事责任。

针对工程开工建设情况，首先，应明确目标项目是否已取得《建筑工程施工许可证》，该《建筑工程施工许可证》是否满足办理条件。在涉及征收的股权收购项目中曾经出现过下述情形，虽然目标公司提供了项目的《建筑工程施工许可证》，但通过现场勘察发现，项目现场还存在大量未征收的房屋，施工场地不具备施工条件，其征收进度也不符合施工要求，项目不具备办理建筑工程施工许可证的条件，系因特殊原因办理了《建筑工程施工许可证》。此时，需要格外注意并调查落实，涉案项目能否按期开工，是否申请过延期和延期的次数，是否会导致施工许可证过期或自行废止。其次，如项目建设工程未取得建筑工程施工许可证即开工建设的，需要重点调查未取得建筑工程施工许可证的原因，是否受到行政机关的处罚，以避免在收购交易完成后出现阻碍目标项目整体开发进度的情形，进一步影响到项目开发的建设成本、开发周期等。

（四）不动产登记和交易中心

国有建设用地使用权、在建工程及已建成商品房等不动产是房地产开发企业的主要资产，如果存在查封、抵押等他项权利，则该资产会面临被法院或抵押权人处置的风险，如果存在异议登记，则面临无法办理产权过户的风险。因此，上述不动产是否存在查封、抵押及异议登记等信息，是外部调查中需要重点核查的问题。

1. 不动产抵押情况

根据《中华人民共和国民法典》第四百零六条的相关规定，对于已设定抵押权的资产，其转让应当及时通知抵押权人，转让所得价款应向抵押权人提前清偿债务或提存。实务中，开发企业为获取金融机构融资贷款，通常会在名下持有的国有建设用地使用权等不动产权上设定抵押担保，以取得开发资金。在法律尽职调查过程中，应当通过不动产登记中心查询项目的抵押登记情况，如设定有多笔抵押的，需特别关注抵押权的设立顺序。对项目抵押情况进行了解后，结合内部调查判断设定担保权利的程序是否合法、抵押权是否有效存续，并结合担保合同的内容，在与担保权人沟通后，确认拟实施的具体交易模式是否具备可操作性。

在实践中，根据不动产登记中心系统调取的档案记录显示，存在部分土地的抵押登记期限已届满但《土地使用权证》中仍有记载的情形。根据《中华人民共和国民法典》《中华人民共和国担保法》的相关规定，登记的抵押期限对抵押权的效力不具有法律约束力，即使土地抵押登记的期限已届满，在没有出现法律规定的引起抵押权消灭的其他情形下，抵押权仍处于有效存续状态，仍存在可能被抵押权人行使抵押权处置土地资产的法律风险。

2. 不动产查封情况

《中华人民共和国城市房地产管理法》第三十八条第（三）项规定，司法机关和行政机关依法裁定、决定查封或者以其他形式限制房地产权利的，不得转让。因此，需要通过不动产交易系统查询是否存在限制房地产权利的行为。如存在，则需要落实查封申请人、查封案由、查封标的额、查封案号、查封期限等基本信息。特别需要提醒的是，如部分目标项目存在多笔查封，查封顺序也是重点调查的内容。掌握上述信息后，可以与目标公司、利害关系人协商如何解决纠纷，若达成解决方案，司法机关将作出解封裁定，从而解除项目转让的障碍。若通过不动产交易系统查询无查封裁定，即可推定截至调查日之时项目不存在权属争议。

3. 不动产权异议登记情况

异议登记多存在于目标项目曾经多次转让，目标项目的前手购买人作为利害关系人，以不动产登记簿记载的事项错误而土地使用权人不同意更正为理由申请异议登记。虽然《不动产登记暂行条例实施细则》第八十二条规定，在存在异议登记的情况下，不动产登记簿上记载的权利人以及第三人因处分权利申请登记的，登记机构负有告知义务，不能拒绝办理转让登记。但在实务操作中，不同的不动产登记中心具体操作及答复均不同，有些区市的不动产登记中心认为如果异议登记的原因涉及权属纠纷的，不可以直接办理不动产权转让变更手续，而必须需要将异议登记先行注销才可以办理变更登记。因此，不仅要通过不动产交易系统查询目标项目不动产是否存在异议登记的情况，还要明确该异议登记的状态是“已失效”还是“未注销”，并落实在“未注销”的状态下能否办理不动产转让变更登记。

4. 其他情况

除通过不动产交易中心现场查询上述事项外，还可以通过当地的“网上房地产”查询目标项目预售许可证及房屋的查封、抵押等信息。但“网上房地产”仅能查询到房屋是否存在查封、抵押的情况，具体的抵押、查封信息还需前往不动产登记中心进行现场查询。

（五）当地政府

几乎每个房地产收购项目都有相对应的具体政策需要特别关注，比如征收安置补偿政策、政府回购政策、安置房建设政策、开发成本认定政策等。由于政策不同于法律，有不确定性和随主政领导更迭而随机变化的风险，因此，如目标项目享有相关优惠政策，在收购前需要全面、深入地落实该政策是否发生了变化，否则将因政策变更导致收购后无法实现收购目的，产生不可计量的损失。

例如，在一宗股权收购交易中，目标公司与当地政府签署了《合作框架协议》，约定目标公司负责某村庄安置房项目的投资建设工作，作为建设村庄安置房的投资回报，政府承诺目标公司将在其行政区域内优先获得足额的可供商业性开发的住宅用地。在合作磋商阶段，目标公司将该《合作框架协议》作为其名下的主要筹码与收购方进行谈判交易。但通过向当地政府核实后发现，因政策变化原因，村庄安置房建设项目已搁置，该《合作框架协议》已无法继续履行。

（六）中国人民银行

中国人民银行在各省市均有派驻机构，法律尽职调查人员可持目标公司授权委托书调取企业版的《企业信用报告》，通过《企业信用报告》查询目标公司与银行或其他金融机构之间的未结清贷款和担保情况，以及与其他企业之间的借款和担保情况，调查的重点是债务的金额、期限和限制性条款。

目标公司的借款和担保合同，可以构成公司的潜在的债务负担。因此，关于贷款和借款，应重点核查目标公司目前借款情况，包括借款人、借款金额、借款利率、借款用途、违约条款、还款期限以及合同履行状况，是否存在违约情形，是否被借款人要求承担违约责任及公司的解决方案。关于担保情况，需要审查对外担保的程序是否符合公司章程要求，所担保的主债权的债务金额、性质、担保的类型、担保责任类型、担保责任期限、担保责任的实现方式，担保主债务的履行情况，是否存在主债务违约被追究担保责任的风险。

（七）法院、仲裁机构

对于房地产收购项目，尤其是一线城市的房地产收购项目，目标公司多数存在涉诉情况且可能已被列入失信被执行人名单。因此，目标公司涉及的诉讼是否会对目标公司的经营和目标项目建设产生重大影响，决定着收购方的收购决策以及收购价格。

首先，可以通过最高人民法院“中国裁判文书网”、最高人民法院“全国法院失信被执行人名单信息查询系统”、最高人民法院“全国被执行人信息查询系统”、最高人民法院“人民法院公告网”、各省级高院等官方网站查询诉讼未结案件、执行案件、开庭公告以及是否列入失信等信息，也可以通过淘宝“司法拍卖”、启信宝、企查查、无讼、Alpha、OpenLaw 等平台网站查询上述信息。

由于网络途径仅能查询到公开的、已生效的法律文书，无法查询到不允许公开及尚处于审理阶段的案件情况，因此，进行法律尽职调查的人员还需持目标公司授权委托书进一步前往目标公司所在地的基层人民法院、中级人民法院、高级人民法院、合同约定管辖法院及合同约定仲裁机构，核查目标公司过去、现在已经发生的诉讼、仲裁的情况，重点关注包括案件当事人、涉及的标的、案件性质、涉及的金额以及目前的状态，进而了解目标公司真实的资信状况、经营管理情况。需要特别注意的是，有些案件双方虽然已达成了调解或裁判文书已生效，但并不代表双方已实际履行，需要目标公司提供双方已经履行完毕的相关证据，避免在收购行为实施后对方当事人申请法院强制执行从而产生隐性债务。

（八）税务管理部门

大多数情况下，在房地产收购项目尽职调查过程中，税务问题会单独委托会计师事务所来进行调查。法律尽职调查中主要前往当地国税、地税部门核查目标公司是否严格履行国家税收法律规定的义务，是否存在拖欠税费的情况，是否发出过欠税通知、欠税罚单和补缴通知，是否逾期缴纳滞纳金或罚金，如有，需核实并要求税务机关出具截至调查之日欠缴税金及滞纳金或罚金金额的书面文件。

需要提醒注意的是，虽然税收主管部门就目标项目提供了完税证明，但是在法律尽职调查过程中发现有其他证据证明目标公司实际上有偷税漏税行为并且数额巨大；在这种情况下，法律尽职调查人员需要及时将相关情况报告收购方并进行法律分析，不能仅依赖相关政府部门出具的完税证明就认为完全没有法律风险。

（九）人力资源和社会保障部门、住房公积金管理部门

如采取股权收购的交易模式，则劳动用工问题在尽职调查过程中也需要关注，可以前往与劳动用工相关的部门，核查目标公司名下的员工数量与公司提供的人员名单是否一致，是否存在劳动用工不规范情形，是否正常发放工资、有无劳动用工举报问题，是否正常缴纳员工的社会保险、住房公积金等，是否受到处罚等问题，避免在受让股权后产生不必要的支出或纠纷。

（十）其他行政机构

实践中房地产开发企业名下除不动产资产外，还有车辆、生产经营设备、办公用品等资产。这些资产的备案、抵押、查封等情况可以前往车辆管理所、市场监督管理局查询并落实。

四、外部调查技巧

（一）调查之前与行政、司法部门充分沟通

在实际调查过程中，不同省份、不同城市，甚至是同一城市的不同行政区，对于法律法规的理解以及操作执行也存在差异，对于律师调取档案、查询信息手续及程序有各种各样的要求，因此，应当在前往行政、司法部门开展调查之

前事先电话沟通，尽量了解当地相关部门对于资料查询的条件和要求，事先落实好需要准备携带的文件、办公地点及办公时间，以便安排好路线提高外部调查工作效率并防止出现意外情况。同时，对于实在无法调取却又必须调取的信息，可以与目标公司进行沟通，目标公司作为当地的企业，应与上述部门保持沟通和联系，可以由目标公司事先出面进行沟通，使法律尽职调查人员在外部调查过程中比较顺利地完成材料收集的任务。

（二）调查之时确定应当着重调查的重点问题

商业交往过程中，交易各方的互相信任对于交易的成功非常重要，过于纠缠次要问题和环节，有时不利于交易的顺利完成，也会因为事无巨细的询问导致政府部门拒绝解释和澄清。进行房地产收购项目，收购方最关心的就是目标公司股权、债务、土地及地上建筑物及不良债权收购中的抵押物，这就是律师的调查重点所在。确定外部调查的重点问题，有目的地进行调查，做到不仅能让收购方的利益得到保护，还能与相关政府主管部门工作人员进行有效的沟通，从而进一步充分发现目标公司或目标项目潜在的交易风险。

（三）充分利用法律尽职调查参与各方的资源

在针对一项交易的法律尽职调查中，收购方会聘用外部的中介机构进行法律、财务、税务或其他方面的尽职调查，尽管中介机构进行尽职调查的角度和方法不同，但部分调查工作范围会有重叠，可以充分利用现有资源进行信息共享，以便于对某些相关的问题进行相互印证和核实。例如，目标公司注册资本金缴纳情况、土地出让金缴纳情况、是否履行了纳税义务及是否实际缴清了所处罚金情况、是否存在欠缴社会保险费或因逾期缴税被处以罚款的情况，都属于各个专业调查方均非常关注的问题，可以相互配合进行。同样，环保和劳动事宜的合规性也同样需要与收购方及各个专业调查方进行沟通与交流，以免遗漏重大法律问题。

（四）善于利用律师调查取证的权利

《中华人民共和国律师法》规定，律师可凭律师执业证书和律师事务所证明，向有关单位或者个人调查与承办法律事务有关的情况。但在实际调查过程中，因律师法中规定的调查权利及调查范围过于宽泛，各部门在执行过程中存在困难，律师的调查取证权难以保障。近年来，为了切实依法保障律师依法调查取证的权利，充分发挥律师在维护司法公正、推进法治建设中的作用，多地的省级或市级市场监督管理局、省公安厅、民政厅、卫计委、食品药品监督管理局、国土资源厅、住房和城乡建设厅、中国人民银行、海关等部门联合出台《关于进一步保障律师调查取证权利的若干规定》等相关文件，以保障律师调查取证权利。在外部调查过程中，如遇政府部门拒绝配合调查的，可持该类规定与工作人员进行沟通，在符合规定的情况下，通常都会允许律师进行调取。

第四节 法律尽职调查关注的要点

法律尽职调查是一个庞杂的工作，结合本章第一节关于法律尽职调查突出重点原则的论述，笔者分类总结了在资产收购、股权收购及合作、不良债权收购三种收购方式中所涉及的法律尽职调查要点，以便指导本书的读者更好地开展法律尽职调查工作。

一、资产收购

（一）资产收购的特点

资产收购，是指收购方通过收购土地及在建工程的方式取得目标项目实际控制权并进行后续开发建设的收购方式。

根据《中华人民共和国城市房地产管理法》第三十九条规定，以出让方式取得土地使用权的，转让房地产时，应当符合下列条件……（二）按照出让合同约定进行投资开发，属于房屋建设工程的，完成开发投资总额的百分之二十五以上，属于成片开发土地的，形成工业用地或者其他建设用地条件……因此，目前采用资产收购方式转让房地产项目均需达到上述开发强度，以达到土地及在建工程转让的条件。土地及在建工程的收购有以下三个特点：

1. 合作的对象是持有项目的不动产权人，收购方与不动产权人的合作关系止于目标项目收购完毕

资产收购，顾名思义，收购的标的是资产，具体到房地产行业中，该资产就是土地及在建工程。除合作协议另有约定外，当土地及在建工程完成所有权转移后，收购方与项目持有方的合作关系一般即宣告终止。土地及在建工程转让完成后，由收购方自行完成后续的开发建设、销售、运营，自行承担开发过程中的经营风险，而与被收购方及其股东均无任何关联。

2. 不动产权人的经营情况对转让资产影响较小

在资产收购的过程中，不动产权人自身所存在的问题对资产的影响较小。上述问题主要涉及项目公司的成立背景、公司的股权结构、公司沿革、公司董事会的构成、公司监事会的构成、高级管理人员聘任及履行职责的情况、公司的用工情况、公司除交易项目外的其他资产、公司除交易项目外的税收缴纳情况、公司除交易项目外签署的商务合同签署、履行情况。但是，若不动产权人的对外负债、对外担保影响了资产转让交易实施的，则需首先解决上述债务或担保对交易的限制，方可顺利实施转让交易。

3. 总包单位与其他施工单位对项目后续建设有巨大的影响

除了在项目开始时就介入的收购方，大部分采用资产收购方式进行收购的收购方对项目前期的招投标、总包单位的选定都没有直接参与，也缺乏相应的控制力及谈判能力。项目转让以后，存在与原选定的施工单位是否继续履行原施工合同的问题；此外，总包商等施工单位往往还与被收购方之间存在“阴阳合同”、挂靠经营、甲指分包、结算纠纷等问题，都将会对后续项目的开发产生巨大的影响。

（二）资产收购法律尽职调查的要点

基于上述资产收购的三个特点，相对应地，资产收购法律尽职调查的要点也可以总结如下：

1. 被收购方及其股东、实际控制人的企业美誉度

因土地及在建工程转让完成、交易价款支付完毕后，收购方与被收购方的合作即告终止。若被收购方系其股东或实际控制人为持有目标项目而成立的专门项目公司，则可能除了拟出售的目标项目之外就只有未履行完毕的其他债务；在资产转让完成后，该项目公司可能会迅速转移交易收益而实际上成为一家空壳公司。一旦目标项目在开发过程中发现存在隐性瑕疵导致无法继续开发，则基于合同的相对性原则，收购方一般也只能向项目公司主张权利，而无法追究项目公司股东或实际控制人的法律责任。因此，该项目公司及其股东的美誉度就显得十分重要。

企业美誉度主要涉及的内容包括以下几方面：

（1）被收购方公司及股东的征信情况；

（2）被收购方公司及股东的涉诉情况、失信被执行人情况；

（3）被收购方公司及股东是否有负面的新闻或报道。

2. 目标项目权属相关的材料

目标项目权属涉及的重要材料有：

（1）获取程序合法性的证明材料：土地招拍挂文件、土地成交确认书、国有土地使用权转让合同、缴纳土地出让金的凭证；

（2）持有及开发程序合法性的证明材料：建设用地规划许可证、土地使用权证、建设工程规划许可证、建筑工程施工许可证、预售许可证、竣工验收备案证等项目证照；

（3）施工相关合同：建筑勘察合同、设计合同、咨询合同（包括前期可行性咨询、造价咨询合同等）、招投标文件、总包及其他施工合同、监理合同；

（4）后续管理合同：物业管理委托/承包/咨询合同及物业管理公司/咨询公司的资质证明文件；

（5）销售相关合同：委托代理销售合同、广告合同以及备案销售方案、购房合同范本、销售清单；

（6）对外担保或涉诉情况的证明材料：如借款合同及担保合同、起诉状/仲裁申请书、相关裁判文书等。

3. 有关目标项目成本的相关材料

实践当中之所以资产收购交易数量大大低于股权收购，很大一部分原因系由于在交易环节资产收购的税赋要明显高于股权收购。为此，有关项目成本的相关资料必然成为尽职调查的重点，其目的有二：一是根据各项成本的确认情况，作为确定交易价款及其构成的依据；二是对于影响项目成本确认的因素，应在交易以前进行合理安排或在交易文件中对损失承担的原则进行明确。

4. 总包单位及其他工程供应方的基本情况及与被收购方的合作情况

众所周知，建设单位与施工单位之间错综复杂的关系一直是导致法律纠纷高发的重要原因，其中涉及的“阴阳合同”、违法分包、非法转包、无资质挂靠等问题一直困扰着建设单位与施工单位。同时，建设单位对施工单位的掌控能力也是项目是否能够顺利开发的关键。

因此，在配合资产收购而实施的法律尽职调查过程中，不但要梳理已经和总包单位及其他单位签署的施工合同，也要审查所有的往来联系函件及监理单位的意见，从中查找线索以确认施工合同的履行情况以及原建设单位与施工单位的合作是否顺利，以便为后续概括受让被收购方相关合同项下的权利义务做好准备。

二、股权收购及合作

股权收购，是指收购方通过受让目标公司的部分或全部股权，从而取得对目标公司名下目标项目的部分或全部开发收益权，并通过目标公司对目标项目进行后续开发建设的交易方式。股权收购最终导致的结果是，收购方持有目标公司的部分或全部股权，以达到独立或合作开发目标项目、取得销售利润的目的。

（一）股权收购的特点

股权收购可以按照收购标的是全部股权还是部分股权，而划分为整体收购和合作式收购两类，就其特点分述如下：

1. 整体收购

整体收购意味着收购方要对目标公司和目标项目进行全面接管，收购方在收购完成后要以其对目标公司的出资对外承担责任，即使按照收购方与被收购方签署的相关协议，在收购之前所产生的瑕疵风险由被收购方承担，但相关约定仅对内有效，无法对抗善意的第三人。

2. 合作式收购

合作式收购意味着被收购方或者目标公司的其他股东仍会继续持有目标公司部分股权，参与公司的管理，享受其股权所带来的收益。在此情况下，若被收购方或原股东存在关联交易等侵害目标公司或收购方合法权益的行为，则在合作深度达到一定程度以前，往往不易被察觉。

此外，进行合作式收购的，目标公司章程的约定可能影响收购方后续对公司的管理。收购方若拟通过合作式收购获得项目操盘的权利，则需通过修改目标公司章程中规定的公司治理结构等方式予以保障；若公司章程中未能实现收购方对目标公司的“控制权”，则可能导致收购方的交易目的落空或给各方的合作关系蒙上阴影。

（二）股权收购法律尽职调查的要点

股权收购的法律尽职调查，原则上要对整个目标公司及目标项目进行有针对性的全面调查，但也应特别注意如下要点问题：

1. 交易股权是否存在瑕疵

这主要包括四个方面的内容：

（1）股权真实性情况：在公司经营过程中，股东往往会存在抽逃出资、不实出资的行为，特别是在实物出资的情况下，部分股东会利用虚增评估价格达到虚假出资的目的。而在特定情况下，股权受让方需就前手的瑕疵出资行为承担连带责任；因此，股权收购过程中首先要解决的就是股权的“真实性”问题。

（2）股权持有情况：实践中还大量存在“隐名股东”的问题，公司实际控制人往往通过关联方持有交易股权，对于“显名股东”及“隐名股东”的权益，均应得到妥善保护，但前提是需要在尽职调查过程中确认交易股权的持有关系，以便为后续协议安排做好准备。

（3）与其他股东的合作情况：其他股东对本次交易的态度，在一定程度上也会影响交易的合法性和交易文件的效力。因此，尽职调查过程中也需要通过适当的手段了解目标公司非交易股东对交易股权是否行使优先购买权、是否同意与收购方进行后续合作等问题，以确保可以实现交易目的。

（4）股权的权利负担情况：交易股权的权利负担情况，是股权收购过程中必须解决的问题。交易股权的持有人若对交易股权设置了质押，或者与第三方存在未终止的交易关系，则均会对交易股权的收购产生实质性影响。此外，目标公司其他非交易股权的权利负担问题，也应作为尽职调查的内容，因为目标公司多为有限责任公司，基于其人合性的特点，需确保股权持有人相对稳定的合作关系；若非交易股权存在第三方在先权利从而有变动的可能，即便完成交易，后续经营过程中也可能会出现公司僵局，从而影响收购方投资收益的实现。

另外，还有一个操作层面的问题需要在调查过程中注意，即尽职调查过程中调取的资料、文件和信息，一般系由目标公司提供；而收购方交易的对象系持有交易股权的股东而非目标公司；在此情况下，一般需由目标公司的全体股东（至少也需为交易股东）对目标公司提供的资料进行授权，以便于交易文件中可以对交易股东就目标公司提供资料的准确性、真实性、完整性承担承诺与保证的义务及责任。

2. 公司潜在的纠纷或诉讼情况

已经发生的纠纷或诉讼，收购方可以通过法院等公开渠道进行查询。但在目标公司实际经营过程中，往往存在一些潜在纠纷在收购之前已经产生，但在收购之后才暴露出来或形成诉讼。就该种纠纷或诉讼损失的承担问题，经常会产生争议。从根本上解决争议的办法就是在法律尽职调查阶段尽可能地将所有的问题都调查清楚并整理出明细清单，由被调查方承诺已经履行了充分披露义务并对清单内容进行书面确认，以此作为划分各方责任的依据，避免后续给双方造成不必要的困扰。

3. 是否存在关联交易损害公司利益的情形

目标公司原股东之间或与施工单位、第三方之间是否存在关联关系或损害目标公司合法权益的行为。对于上述行为，可以通过要求被收购方披露、调查股东、施工单位的工商信息等方式进行调查。

三、房地产不良债权收购

房地产不良债权收购是指收购方通过受让不良债权，将该债权上所附带的相应不动产抵押权、其他担保物权及查封权利也一并受让，进而取得请求人民法院对担保或保全财产进行处置的权利。

（一）不良债权收购的特点

1. 债权收购方一般不介入项目开发，而是通过价差获利

收购方完成收购后一般通过债务重组、引入投资方、司法拍卖等方式处置债权，而非自己投资进行开发。收购方的获利方式往往是通过其融资能力、管理能力或者借助项目本身的升值，完成被收购债权的增值，从而获得价差作为利润。

2. 难以取得债务人的配合

不良债权收购的交易对象一般为拥有项目抵押权或首轮查封权益的债权人，而非债务人；但为不良债权提供担保或被采取保全措施的资产一般属于债务人。因债务人一般都存在经营困难的情况，即使债务获得清偿也不会对其产生实质上的收益，甚至部分债务人因债务过多出现无人管理的情况。所以除非收购方与债务人存在关联关系或良好的合作关系，否则对其进行尽职调查时，很难得到债务人的配合。

3. 收购涉及的法律关系较为复杂

不同于传统的资产收购、股权收购，在不良债权收购时，往往意味着项目出现了多次抵押、多轮查封；同时，债务人还可能存在与关联方交叉借款、交叉担保的情形。若被查封的财产为房地产开发项目且已经对外出售的，则会涉及对购房人的权益保护问题。而近年来，因房地产企业涉债纠纷导致项目烂尾

引发的大面积信访事件，已成为各地政府重点关注的问题。因此，相关不良债权的收购不仅涉及复杂的法律关系，也涉及社会关系的稳定。

（二）不良债权收购法律尽职调查的要点

1. 债权的合法性、有效性是不良债权法律尽职调查的基础

收购方拟收购债权是否是依法设立且有效存续，是否存在导致债权无效或者不可执行的问题，对拟收购的债权是否有第三方提出异议，是否有在先的权利人，这些涉及债权合法性、有效性的问题是不良债权收购法律尽职调查的基础。

2. 价值发现是不良债权法律尽职调查的首要目的

通过对房地产项目不良债权的法律尽职调查，要尽可能地了解拟收购债权的情况，发现担保或查封资产的潜在价值。不良债权的法律尽职调查应不仅从法律角度入手，还要更多地从商务角度出发，初步判断交易是否能够给收购方带来预期收益，为投资人算好经济账提供充足的素材。

3. 公开渠道查询是不良债权法律尽职调查的主要手段

不良债权的项目一般涉及较多的是诉讼、抵押、查封，同时鉴于债务人往往不会配合提供内部文件材料，因此，通过公开渠道进行查询是此类法律尽职调查所采取的主要手段，上述公开渠道主要包括不动产登记机构、法院、裁判文书网、中国执行信息公开网、新闻报道等。

第五节　法律尽职调查报告撰写

法律尽职调查报告的撰写是法律尽职调查人员对法律尽职调查过程中所取得的材料进行书面整理、汇总并提出所发现的风险及应对措施的活动。撰写法律尽职调查报告是法律尽职调查活动最终形成成果的过程，是对法律尽职调查活动的书面呈现，直接关乎法律尽职调查活动是否能够实现最终的调查目的。

一、法律尽职调查报告的撰写原则

（一）真实性原则

撰写法律尽职调查报告务必要把法律尽职调查的过程、取得的文件材料、

发现的问题如实记述。除在提示风险部分可以根据已有的材料进行判断和预测外，其他的事项均应按照材料的原始状况进行呈现，而不应加入法律尽职调查人员的主观感情色彩。

（二）体系性原则

面对法律尽职调查所取得的庞杂文件，如果不用体系化的表述方式进行整理，则很难客观的地呈现出法律尽职调查工作的结果。

1. 名称要统一。在整个报告涉及同一个内容的表述时，务必采用同一个名称，避免出现混淆。较长的名称应采用简称，简称应在报告第一次提到该名称时予以释明。

2. 内容要进行逻辑分类。对在法律尽职调查中取得的相关材料，应在撰写法律尽职调查报告之前就根据报告的逻辑结构予以分类整理，撰写时按照已经分好的类别进行梳理，避免同一个文件出现多次或者前后结论矛盾的情况。

3. 就法律尽职调查报告所提出的问题和风险，需要明确其在报告中所依据的事实内容。因法律尽职调查报告一般篇幅较长，导致收购方的管理层在阅读时可能仅会关注提出的问题、风险及应对措施，而不会去寻找报告中对所依据事实的描述，导致判断出现误差。这就要求报告在提出问题和风险时要指出其在报告中对应的依据，并简单描述，以减少阅读者的工作量。

（三）保密性原则

撰写法律尽职调查报告作为法律尽职调查活动的一部分，也应当严格遵守保密性原则。且在撰写阶段，因为已经将相关的基础材料汇总完毕并进行了系统整理，一旦泄露，其危害性会更大。此外，需注意的是，法律尽职调查报告仅可向收购方特定范围内的人员提供，对于提供资料的被收购方也应予以保密。

二、法律尽职调查报告撰写的体例

根据不同的收购方式及法律尽职调查重点的不同，法律尽职调查报告撰写的体例也不尽相同，此处笔者以股权收购法律尽职调查为例介绍报告的撰写体例。

（一）首部：背景介绍及法律尽职调查工作内容简述

1. 背景介绍

在法律尽职调查的首部，首先明确此次法律尽职调查所依据的交易背景，以及收购方与被收购方的名称信息、项目信息及基本的收购方式，同时释明各个主体的简称，以便于后续行文使用。

2. 法律尽职调查工作内容简述

法律尽职调查工作内容简述包括法律尽职调查工作的起止时间，调查的细分内容（包括但不限于目标公司情况、目标公司股东情况、项目获取土地情况、项目建设情况等），法律尽职调查方式（包括但不限于办公地点现场调查、项目现场勘查、向相关政府部门调查、法律文件审查及与公司相关人员面谈等），出具法律尽职调查的假设前提。

（二）正文：目标公司情况及项目情况

1. 目标公司情况

目标公司情况主要包括目标公司设立的背景及总体运营情况、目标公司基本情况、目标公司股权质押及冻结情况、目标公司商务合同签署情况、目标公司财产登记情况、目标公司资产负债情况、目标公司银行贷款及其他借款情况、目标公司对外担保情况、目标公司对外投资情况、目标公司劳动关系及社保缴纳情况、目标公司缴纳税款情况、目标公司诉讼及仲裁纠纷情况。

2. 目标项目情况

目标项目情况主要包括目标项目概况，项目用地获取情况，目标项目规划情况，目标项目建设与销售情况，项目用地查封、抵押情况，目标项目用地现场情况。

（三）事实总结、风险提示及建议

1. 事实总结

借助于前期获取的庞杂基础资料，法律尽职调查报告的正文一般具有篇幅长、内容全面的特征。为了便于阅读使用，同时也为了便于梳理整个目标公司及目标项目的情况，除特别简单的项目外，一般还需要在列明基础的详细事实之外，将影响交易的主要内容进一步予以总结归纳和提炼，列明核心的信息，便于后续的归纳、使用、核实。

为便于理解前后事实的逻辑关系，事实总结部分可以以表格、图表等可视化的形态出现。

2. 风险提示

风险提示是经过法律尽职调查材料的总结提炼，结合法律尽职调查人员的专业经验，依据相关的法律法规，基于本次交易的目的和方式，而归纳总结出的目标公司及目标项目既有风险和未来交易可能涉及的风险。该部分内容为法律尽职调查报告的核心内容，并且将对收购交易的成功与否以及收购定价产生重大影响，因此需要尽量详细地列明。

3. 建议

该部分内容为法律尽职调查人员对应风险提示所提出的应对建议，建议的内容务必与风险提示一一对应；对于无法提出建议规避的风险，也应予以明示，以作为收购方就是否进行后续交易进行决策以及交易模式选择的依据。

第三章
房地产项目股权交易型收购

股权交易是房地产并购业务中一个极其重要的板块，大部分房地产项目合作都是以“股权”为媒介进行，实践中也出现了许许多多的经典案例和充满创意的交易结构设计方案。本章选取了其中有代表性的七种交易模式，总结分析了此类交易在法律及操作层面的要点问题，以期对相关业务的从业人员有所启发。

第一节　股权转让

股权转让是房地产项目股权交易型收购中的基础业务，也是学习、研究、从事其他各类股权交易业务的起点。在银保监发〔2019〕23号文发布之后，股权投资作为房地产融资最主要的方式，愈益引起各方关注，而股权转让的交易数量也随之激增。

房地产项目收购过程中的股权转让，是指房地产投资人（以下简称收购方）通过与房地产开发企业（以下简称目标公司）的股东（以下简称被收购方）签订股权转让合同，购买目标公司的全部或部分股权，从而控制或参与房地产项目（以下简称目标项目）的开发经营，并最终获取开发收益的整个交易过程。

从目标公司与目标项目的关系角度，可以将股权转让分为直接转让和间接转让。直接转让是指目标项目登记在目标公司名下，收购方通过收购被收购方持有的目标公司股权直接控制或参与目标项目的开发经营；而间接转让则是指目标项目由目标公司所直接或间接投资的下级公司持有，收购方通过受让被收购方所持有的目标公司股权而间接控制持有目标项目的下级公司，并通过各级公司的治理结构安排实质上控制或参与目标项目的开发经营。

相较于资产转让，股权转让的交易模式存在两大优势：一是交易过程中涉及的税种较少，税费较低；二是因股权转让不涉及项目开发主体变更问题，因此无需对原已办理的规划设计及开发建设手续进行变更，效率较高。但在风险隔离、收购方整体税负等方面，股权转让也有一些劣势。

本节将结合直接转让和间接转让两类具体的股权转让模式，对通过股权交易方式获取房地产项目开发经营权的相关交易结构、交易流程及操作要点进行一一介绍。

一、直接转让

（一）直接转让模式简介

股权直接转让，通常出现在目标公司为项目公司的股权交易中。

项目公司，是为了进行特定房地产项目的开发建设销售而由出资方注册成立的独立经营并自负盈亏的经营实体，项目公司一般为有限责任公司。项目公司伴随项目用地获取而设立，项目开发完毕即清算注销，其特点是经营业务单一、债权债务清晰。除所开发的特定房地产项目外，项目公司一般不持有其他不动产或重大固定资产，是目前房地产行业中“建设单位”的主要存在形式。

对于不属于项目公司的其他类型公司的股权交易，一般会通过前置交易程序将目标公司中与目标项目无关的资产及业务进行剥离，或在目标项目合作结束后通过特定方式实现收购方的股权退出。本节仅介绍持有目标项目的主体为项目公司时进行股权转让的相关问题，对于非目标公司的股权直接转让及其前置交易程序，会在后续章节进行逐一介绍。

根据交易目的的不同，股权的直接转让分为如下两种模式：

（1）合作型股权转让

即收购方仅收购目标公司部分股权，在股权转让完成后，与仍持有目标公司股权的其他股东对目标项目进行合作开发；根据收购方收购股权比例的不同，合作型股权转让又分为控股和参股两种类型。

根据《中华人民共和国公司法》第二百一十六条第（二）项规定：“控股股东，是指其出资额占有限责任公司资本总额百分之五十以上或者其持有的股份占股份有限公司股本总额百分之五十以上的股东；出资额或者持有股份的比例虽然不足百分之五十，但依其出资额或者持有的股份所享有的表决权已足以对股东会、股东大会的决议产生重大影响的股东。”对于收购方通过股权转让成为控股股东的股权交易，属于控股式合作；反之则为参股式合作。控股式合作导致的结果是目标项目操盘方发生改变，而参股式合作解决的一般仅仅是融资问题。

合作型股权转让交易模式的优势在于：既为目标公司引进了新的投资主体，又可由各方股东共担风险，并且原股东继续参与目标公司经营也有利于历史遗留问题的解决。特别是对于收购方来说，被收购方仍保留部分股权的情况下，可以将被收购方的剩余股权价值的实现与被收购方陈述与保证事项实现的完满程度挂钩，实际上也是一种变相的担保措施。

（2）买断型股权转让

即收购方收购目标公司全部股权，在股权转让完成后，通过目标公司对目标项目进行独立开发。此种交易模式可以实现目标项目控制权的全部转移，且避免了后续可能出现的合作纠纷，因此大多数股权转让交易均会采取此种模式。但此种交易模式的劣势也十分明显，即原股东方的一次性退出导致目标公司潜在经营风险无法得到充分暴露，一旦出现问题收购方缺乏有效的救济手段。

（二）直接转让模式交易结构

1. 对目标公司及目标项目进行尽职调查

尽职调查是各类股权转让交易均必须进行的前置流程。经过尽职调查，若认定目标公司债权债务清晰、经营风险可控、股权及资产无明显重大瑕疵，或虽不满足上述条件但从交易价款金额、支付节奏等方面可以控制交易风险，则一般会选择继续合作。

2. 商务磋商及形成交易文本

商务磋商是解除交易障碍、明确合作商务条件的过程。商务磋商有时也会在尽职调查开始以前启动，并由交易双方根据初步洽商结果形成交易备忘录或意向书等前期文件。此类前期文件一般不具有强制执行力，但会对交易原则和交易逻辑、主要交易模式进行描述。除通过尽职调查发现目标公司存在重大偏差情况外，前期文件也会作为正式交易文本的雏形而成为交易行为实施的重要依据。

商务磋商的成果是形成合作要点，而后由交易双方或外聘律师根据该合作要点制作正式交易文本。正式交易文本除《股权转让合同》外，还包括配套使用的担保类文件、目标公司章程（或章程修正案）以及交易双方和目标公司就本次股权转让需签署的内部决议类文件等。

3. 履行交易的前置程序

（1）一般性前置程序

主要指交易双方及目标公司均需根据公司章程的规定，就进行本次股权转让形成相应的股东会决议或董事会决议，向交易股权的优先购买权人发出交易通知，要求其明确是否行使优先购买权等。

（2）国有产权的进场交易

根据《企业国有资产交易监督管理办法》（国务院国资委、财政部令第32号，以下简称“32号令”）第二条、第三条、第四条规定，履行出资人职责的机构、国有及国有控股企业、国有实际控制企业转让其对企业各种形式出资所形成权益的行为（以下简称企业产权转让），应当在依法设立的产权交易机构中公开进行。此处的“国有及国有控股企业、国有实际控制企业”包括：（一）政府部门、机构、事业单位出资设立的国有独资企业（公司），以及上述单位、企业直接或间接合计持股为100%的国有全资企业；（二）本条第（一）款所列单位、企业单独或共同出资，合计拥有产（股）权比例超过50%，且其中之一为最大股东的企业；（三）本条第（一）、（二）款所列企业对外出资，拥有股权比例超过50%的各级子企业；（四）政府部门、机构、事业单位、单一国有及国有控股企业直接或间接持股比例未超过50%，但为第一大股东，并且通过股东协议、公司章程、董事会决议或者其他协议安排能够对其实际支配的企业。

实践当中，对于按照上述规定虽不属于“国有及国有控股企业、国有实际控制企业”的其他国有参股企业，考虑到国有资产保值增值的要求，一般也采取进场交易的方式进行股权转让。

但需注意的是，因为房地产企业资产的特殊性及复杂性，为了保证进场交易的成功，国有房地产企业的股权交易即使通过进场交易完成，也并不排斥前期寻找多家合作意向方提前进行尽职调查及基本商务条件的磋商，以便为后续进场交易进行必要的准备。

4. 签署交易文件

经过上述前期工作，合作各方将进入实质性交易阶段，其中首先就是签署《股权转让合同》等各类交易文件。一般来讲，《股权转让合同》主要涉及如下条款：

（1）目标公司、目标项目及转让标的

该部分内容是双方合作的基础，涉及双方对交易背景及交易标的的基本描述，也是被收购方陈述与保证的重要内容。其中转让标的为收购方拟收购的股东出资及其对应权益（即“目标股权”），也包括通过持有股权而获得的对目标项目的相应开发经营权；在承债式收购中，转让标的除了包含上述权利和权益以外，还包括清偿债务的义务。

（2）合同价款及其包含因素

《股权转让合同》的合同价款一般包含两部分内容，即股权转让价款，以及债权转让价款或偿债专项借款。

其中股权转让价款是收购方就被收购方的股权出资及其溢价增值而支付的对价，其中也包括因本次股权转让交易而发生的被收购方各项税费的补偿。股权转让价款有两种约定方式，一种是约定固定金额，另一种是约定计算方式，适用于因签约时尚存在影响交易价款的不确定因素所以无法确定准确金额的情形。

而债权转让价款则是对被收购方或其关联方以借款等债权投资方式投入到目标公司的各项资金及其资金占用成本的收购对价。收购方通过支付上述债权转让价款，承继原有债权而形成对目标公司的股东借款债权；但有时收购方也会通过向目标公司提供偿债专项借款的方式由项目公司清偿原有债务，形成对项目公司新的股东借款债权。两者的区别在于，若存在股东借款计息，则最终形成的收购方债权借款利息的起算时间存在差别。

（3）合同价款的支付方式、支付手段

支付方式是指一次性支付、分期支付或附条件支付等；而支付手段是指现金支付、股权支付、实物支付等。

（4）陈述保证条款

收购方的陈述保证条款一般仅涉及是否具备签约主体资格、具有履行能力的事项；而被收购方的陈述保证条款还会涉及被收购方对目标公司经营正常、股权权属完整、目标项目无瑕疵、无重大未披露债务纠纷、交易程序合法、未与第三方进行类似交易等方面的承诺。就上述陈述保证及承诺事项，协议中一般会相应预设一定的担保措施，一方面是划分责任边界，另一方面是确保承诺可兑现及违约可救济。

（5）公司治理结构

在买断型股权转让中，主要是股东（会）、董事（会）、监事（会）、总经理及其他高级管理人员的更迭；而在合作型股权转让中，还需对合作期间各方的权利划分及公司决策机制的建立进行约定，并设置公司僵局的处理机制。

（6）过渡期及交割、历史遗留问题处理

过渡期一般是指自《股权转让合同》签署之日起至股权转让完毕、目标公司取得新的《营业执照》之日止的整个期间，有时也会延续到公司股权、管理权及经营事务交割完毕。过渡期内，交易各方的权利均会受到限制，且目标公司除交割事项外一般不允许开展其他经营业务。

过渡期一般用于处理交割事项，并对目标公司历史遗留问题进行处理，特别是有关需剥离的负债或者与目标项目无关的资产，均需在过渡期内处理完毕。另外，历史遗留问题若未能够在过渡期内解决的，则约定的收购方救济方式一般是调整交易价款或顺延付款时间，而一般不会涉及终止合作的问题。

（7）项目管理及利润分配

在合作型股权转让中，《股权转让合同》需着重对目标项目的管理方式及利润分配方式进行约定。

其中项目管理方式分为一方操盘或者联合操盘两种方式；联合操盘的，可以由各方按照专业条线分工负责不同的部门，个别情况下也会通过各方共同决议的方式进行。

而在利润分配方式方面，因《中华人民共和国公司法》第三十四条及第一百六十六条除外条款的规定，突破了按照实缴出资比例或股份比例进行利润分配的限制，实践中可采取按照认缴出资比例或实缴出资比例分配、阶梯形倾斜比例分配、分地块开发情况下按照所开发地块各自收益进行分配等多种利润分配方式。有些《股权转让合同》中还会就股东使用目标公司经营过程中形成的富余资金的程序和利息问题进行约定，并约定未来以项目公司应分配给股东的分红款冲抵，即通常所说的“预分红”；但“预分红”实际上构成股东与目标公司之间的借款关系，而并非公司法意义上的“分红”。

（8）合作终止方式

若为买断型股权转让，则一般完成交易价款支付及交割工作，则整个交易即告结束。而在合作型股权转让中，还需约定合作关系终止的方式，如一方提前退出，或目标公司经营期限届满共同进行项目公司清算注销等。

5. 支付交易对价

在交易价款支付环节，有如下问题需特别关注：

（1）共管账户

为了保证交易双方的交易安全，交易价款一般会通过共管账户支付。即签约后设立两个由收购方与被收购方共管的账户，其中一个以收购方的名义开立，一个以被收购方的名义开立。收购方先将约定金额的交易价款支付至以己方名义开立的与被收购方共管的账户中；待被收购方将办理股权转让工商变更登记所需文件提交收购方或市场监督管理部门以后，将资金支付至以被收购方名义开立的双方共管账户；待目标公司取得新的营业执照或满足其他交易条件后，收购方解除对上述共管账户的限制。

（2）收款票据的取得

股权交易不属于增值税的课税对象，所以收购方在支付股权转让价款后无法提供发票；但其仍需及时取得被收购方开具的税务机关监制的统一收据，以作为确认取得目标公司股权而发生的初始投资成本的依据。

（3）纳税义务的履行

股权转让过程中涉及所得税和印花税的支付，一般由交易双方各自按照法律规定自行缴纳。但若被收购方为个人或跨境股权交易中的境外主体的，则付款方对个人所得税或预提所得税负有代扣代缴的义务。

（4）跨境支付过程中的特殊问题

跨境支付过程中，因涉及汇率结算等问题，一方面需在付款时间方面考虑手续办理的合理时间，另一方面需要约定适用汇率以及汇率损失和手续费的承担主体。

6. 交割

（1）股权交割

股权交割主要涉及目标公司按照《中华人民共和国公司法》第三十一条、第三十二条的规定向收购方签发出资证明书并将其出资事项记载于股东名册，以及到目标公司所在地市场监督管理局办理股权转让工商变更登记手续。如果目标公司是外商投资企业的，则工商变更登记以前还需经相关商务部门批准或备案。若股权交易一方或其上级公司属于上市公司的，则还需根据上市公司所属证券交易所的《股票上市规则》履行信息披露等义务。

（2）管理权交割

管理权交割涉及公司治理结构调整、管理层对管理事项的交接以及外部登记备案手续办理（如目标公司章程修改事项的工商登记、董监高人员名单的工商备案等）。

（3）资产交割

主要是目标项目的交割，其中包括目标项目现场的移交、目标项目相关权证资料的交接、工程合同的交接、与总包单位等需继续履行的工程合同的供方的交接等。

（4）经营管理事务交割

主要包括目标公司原有工作人员的整合，章证照和其他日常经营合同等资料的交接，财务资料（包括账册、凭证、账户资料等）的交接等。若是买断型股权转让，一般还会由交易双方一并销毁原有印章并刻制启用新印章。

7. 合作经营及合作终止

交割完成后，对于合作型股权转让的收购方，还需与目标公司剩余登记股东按照《股权转让合同》及目标公司章程约定的公司治理结构及目标公司制定的管理制度、流程进行合作经营，分享利润、分担风险。在一方按照约定提出提前退出的请求时，其他股东方应配合办理股权变更及剩余股权价值变现的手续。若各方合作至目标项目开发完毕决定终止目标公司经营或目标公司经营期限届满的，则还需配合设立清算组进行目标公司的清算注销。

（三）直接转让模式主要交易风险及解决方案

1. 目标公司或有负债风险

或有债务是指因过去事项而潜在产生、将来实际发生可能性极大的债务，主要包括：合同违约责任导致的债务、为第三方担保形成的债务、未决诉讼（或潜在诉讼）形成的债务、潜在行政罚款导致的债务等。或有债务在股权转让时尚未发生，金额也尚未确定，所以在交易过程中较易被遗漏或者为被收购方隐瞒，但一旦发生，很可能从根本上改变项目总体评估价值，使收购方在项目收购后陷入债务困境。

为解决或降低股权转让过程中的或有负债风险，收购方一般会采取如下措施：

（1）通过尽职调查避免未披露的或有债务风险

在交易准备阶段，收购方通常会聘请专业中介机构，如律师、会计师等，对项目进行尽职调查，以尽可能查清目标公司的真实财务状况、债权债务情况及与第三方履约情况等。

（2）通过付款节点控制交易风险

即交易各方约定收购方向被收购方分期支付合同价款，根据或有债务金额确定情况适当调整尾款支付时间和金额，确保收购方权益。

（3）协议约定事后救济措施

在起草股权转让合同时，收购方需在合同中明确约定被收购方对或有债务导致的目标公司对外支付行为承担损害赔偿责任；同时，为了确保责任可落实，根据项目实际情况，可以保留被收购方对目标公司的一定比例股权，这样既能给被收购方一定的远期收益预期，促使其积极行使职责，也便于在或有负债发生后，收购方或目标公司可以从被收购方的股权收益中将其应承担的责任款项予以抵扣。

2. 标的股权存在权利负担、瑕疵、处分权限制的风险

因被收购方或目标公司既往的经营行为，可能导致标的股权上被设置了质押担保或存在司法冻结；因被收购方出资不实、抽逃出资、逾期不出资等行为，会导致标的股权存在权属瑕疵；因被收购方和目标公司与其他第三方此前未完成的合作，可能会导致目标公司股权转让存在限制或第三方对目标项目开发收益享有权利。

为避免出现上述问题导致交易无法进行或收购方的投资收益受到不利影响，收购方在决议交易以前，应到股权登记机构了解标的股权登记情况，并应对股东是否足额缴纳注册资金、非货币财产出资作价是否符合法律强制性规定并办理财产权属转移登记手续、涉诉情况等进行调查；同时要求被收购方与之前的合作伙伴就未履行完毕的合作签署终止文件并明确各方需承担的责任（或不承担责任）。且对于此类风险较高的交易，收购方还应要求设置合作价款调差机制，并以被收购方消除上述标的股权的权利负担、权属瑕疵，或第三方权利限制作为实施价款支付等实质性交易行为的前提。

3. 目标公司其他股东主张优先购买权的风险

根据《中华人民共和国公司法》第七十一条、《最高人民法院关于适用〈中华人民共和国公司法〉若干问题的规定（四）》（以下简称《公司法司法解释四》）第十七条至第二十一条的规定，有限责任公司的股东向股东以外的人转让股权的，应就其股权转让事项书面通知其他股东征求同意；经股东同意转

让的股权，在同等条件下，其他股东有优先购买权。该同等条件至少应包括转让股权的数量、价格、支付方式及期限等因素。若未依法就其股权转让事项征求其他股东意见，或者以欺诈、恶意串通等手段，损害其他股东优先购买权，其他股东主张按照同等条件购买该转让股权的，人民法院应当予以支持，但其他股东自知道或者应当知道行使优先购买权的同等条件之日起三十日内没有主张，或者自股权变更登记之日起超过一年的除外。股东以外的股权受让人，因股东行使优先购买权而不能实现合同目的的，可以依法请求转让股东承担相应民事责任。

因此，在合作型股权转让交易过程中，对于其他股东同意收购方收购目标股权的，则在《股权转让合同》签署以前交易双方需要求其他股东出具放弃优先购买权的书面声明；若其他股东不配合出具该声明的，则收购方应督促、监督被收购方就本次交易履行征求其他股东意见的义务，确保其他股东不会因优先购买权未获得保障而主张收购方与被收购方的交易行为无效。

4. 隐名股东的异议风险

隐名股东在现实经济生活中大量存在，虽然《中华人民共和国公司法》对隐名股东未作规定，但从《最高人民法院关于适用〈中华人民共和国公司法〉若干问题的规定（三）》（以下简称《公司法司法解释三》）第二十四条至第二十六条的规定来看，司法实践中对于隐名股东的法律地位持认可态度，但对于名义出资人和实际出资人的权利义务及责任的认定，却“内外有别”；即对于其内部约定按照有效处理，对其中一方对外（包括对公司其他股东）实施的行为，一般仍以股权权属对外公示情况为效力判断依据；其中对于名义出资人未经实际出资人同意而实施的股权转让行为，适用《中华人民共和国民法典》第三百一十一条规定的善意取得制度。

基于上述法律规定，在收购方明知目标公司存在隐名股东时，若该隐名股东为目标股权的持有方，则需由其明确书面同意本次交易行为；若其系目标公司非交易股权的实际出资人，则也需保证其对目标股权优先购买权的放弃。

5. 目标项目的瑕疵风险

目标项目可能因存在欠缴土地出让金、构成闲置用地、拆迁未完成等原因而存在权属瑕疵风险，也可能因涉及债务担保或债务纠纷而存在抵押、查封等权利负担风险，亦可能因建设手续文件过期、工程存在质量问题、第三方违法占地等问题而存在建设风险。

因此，收购方在进行交易以前，应通过被收购方披露、经行政及司法机关核实、与施工单位等供方谈判等方式，充分了解目标项目的情况，并在股权转让合同中结合“陈述与保证”条款及违约责任条款，对未披露风险的责任承担问题进行约定。

6. 目标公司未合法经营的风险

股权交易虽然在收购方与转让方之间进行，但交易的结果是收购方需要对目标公司的经营行为承担不同程度的责任。因此，对于目标公司可能存在的偷逃税款、非法用工、未取得建设手续开工、违法发包等经营不合法问题，也需谨慎对待，以免影响交易完成后目标项目的继续开发及收购方投资收益的实现。为此，《股权转让合同》中需约定对于交易以前目标公司未合法经营的风险及由此导致的目标公司法律责任，由收购方承担赔偿责任。

7. 关于整体税负增加的风险

如何以最低的成本获得最大的收益，是交易双方最为关注的问题。收购方之所以大多选择股权转让而非资产转让的方式获取房地产开发项目，很重要的一个原因就是股权转让环节仅涉及所得税和印花税的缴纳；而若进行资产转让，则还涉及契税、土地增值税、增值税及城市维护建设税和教育费附加等；特别是随着房地产土地市场价格连年上扬，资产转让必然会产生大额的土地增值税。虽然按照法律规定，资产转让过程中包括土地增值税在内的大部分税费应由被收购方承担，但若交易定价时已经考虑了被收购方的税费负担，那么上述税费实际上仍将转嫁由收购方承担。

但若将收购方的利益评价节点延后至目标项目开发完毕形成全部可分配利润时，则与资产转让相比，股权转让的收购方可能会承担更多的税费负担。因为股权交易系在股东之间进行，股权转让价款（包括溢价）无法计入项目成本，就该部分支出，在目标公司缴纳所得税及土地增值税时均无法作为成本扣除。而因股权转让模式下，目标项目土地增值税的（预征）纳税时点系商品房销售时，也即被收购方经营目标公司期间发生的项目溢价所发生的土地增值税，仍由收购方管理的项目公司承担，从而减少了收购方最终有权取得的可分配利润金额，即实际上该期间发生的税费仍由收购方承担。且因土地增值税按照增值额与成本等扣除项目之比适用阶梯税率，资产转让模式下因出现了资产转让及商品房销售两个土地增值税的支付时点，可能导致土地增值税整体的适用税率降低，从而在税负上更为合理。因此，若仅仅是从税收筹划角度进行交易模式的选择，需充分考虑收购方的最终收益情况，而并非仅仅是交易时点的税负情况，在综合评估原始成本、溢价水平、加计扣除项目、税率变化、财务成本、销售价格水平、市场风险等因素后作出选择。

8. 房地产公司100%股权转让的刑事风险

《中华人民共和国刑法》第二百二十八条规定了“非法转让、倒卖土地使用权罪”，即“以牟利为目的，违反土地管理法规，非法转让、倒卖土地使用权，情节严重的”行为构成该罪。实践中陆续出现案例认定以转让未达到法定转让条件的房地产项目为目的而转让持有该项目的公司100%股权的行为构成“非法转让、倒卖土地使用权罪”。

但在民事审判领域，包括最高人民法院在内的大部分法院作出的判决中均认定此类股权转让合同有效，甚至认为即使当事人一方因涉案股权转让合同构成非法倒卖土地使用权罪，该合同效力亦不必然归于无效①。而在一些民事判决书中还对此类股权转让不构成刑事犯罪的原因进行了阐释，如“湖南金长润科技实业有限公司、湖南兴嘉置业发展有限公司与深圳泰邦地产有限公司等股权转让合同纠纷案”（最高人民法院（2012）民二终字第23号）民事判决书中所述，“上述两次股权转让后，虽然金长润公司和兴嘉公司将兴荣公司的全部股权转让给了泰邦公司，但原属兴荣公司的浅水湾项目建设用地使用权权属始终登记于兴荣公司名下，属于兴荣公司的资产，并未因股权转让而发生流转。因此，不能仅以泰邦公司受让了兴荣公司全部股权，而认定该两次股权转让行为实为建设用地使用权转让行为”。

虽然该问题在实践当中争议很大，但作为被收购方来讲，应尽量避免陷入上述风险之中。被收购方可以采取合作型股权转让、分阶段股权转让，或者在项目建设达到满足《中华人民共和国城市房地产管理法》第三十九条规定的土地投资强度要求后再进行股权转让的方式，规避因股权转让导致构成刑事犯罪的风险。

① 见最高人民法院就“周某岐、营口恒岐房地产开发有限公司与付某玲、沙某迪、王某琴、营口经济技术开发区明虹房地产开发有限公司股权转让纠纷案”作出的（2016）最高法民终222号民事判决书，该案载于2016年11月1日《人民法院报》的《最高人民法院第二巡回法庭审理跨省重大民商事和行政案件典型案例》中。

（四）直接转让模式实例评析

1. 案情简介

某置业公司（以下简称 A 公司）通过公开拍卖方式获得位于城市核心金融圈内的一宗住宅商品房开发用地，并缴纳土地出让金和相关税费，完成土地权属登记。但先后因该项目报规图纸涉及周边楼房日照遮挡及 A 公司无后续开发资金，导致该宗用地停工超过 7 年，面临被政府作为闲置用地收回的巨大风险。经与当地政府积极协商，该企业承诺一年内重新调整规划设计并进行开发建设。为实现该目标，A 公司经股东会会议决议，同意转让公司部分股权（条件优越可以全部转让），引入战略投资者，实现开工建设。某投资公司（以下简称 B 公司）拟收购 A 公司的股权，参与上述用地的开发。

2. 项目特点

（1）A 公司虽有房地产开发资质，也有一定的开发经验，但自身资金实力不足。

（2）目前 A 公司面临的最大问题是需要短时间找到项目投资商，并启动项目建设，否则政府收回项目用地将会导致巨大损失。

（3）A 公司股东可以接受合作型或买断型股权转让。

（4）B 公司系单纯的投资公司，缺乏房地产项目的开发经验和操作能力。

3. 交易模式的确定

B 公司对 A 公司的法律、财务情况进行了全面的尽职调查，获知如下信息：

A 公司系为开发目标项目而成立的专门项目公司，成立后基本未开展过其他经营活动；A 公司股东为两个有限责任公司，均同意进行股权转让且不存在隐名股东，该两股东公司的实际控制人均为自然人贾某；A 公司两股东均存在未及时实缴出资的问题。

A 公司曾以目标项目作为抵押物为关联公司向金融机构贷款提供过抵押担保，但目前贷款已清偿完毕；A 公司获取目标项目所支付的土地出让金一部分系以实缴出资支付，另一部分系以股东借款支付；除上述股东借款外，目标公司无其他重大对外负债。

A 公司有劳动关系的员工四名，其中包括 A 公司的实际控制人贾某。A 公司不存在欠付员工工资的情况，但存在欠缴土地使用税的问题并可能因此遭受行政处罚。A 公司未涉及诉讼问题。

目标项目已经完成场地清理并有围挡合围，权属清晰。

通过上述尽职调查，可以判断A公司的股权清晰；除项目用地有可能被政府作为闲置用地收回外，目标项目基本不存在重大的权利瑕疵，符合进行直接股权转让的条件。

4. 交易的实施

A公司原股东提出的基础合作条件是，后续项目开发的全部资金均由B公司提供，且此前的股东借款也需立即偿还并需支付资金利息，且对于此前未实缴的出资，也由B公司缴纳。

B公司考虑到A公司原股东的上述诉求，要求对A公司取得全面的控制权；但因B公司缺乏开发经验，所以设计、施工等工作仍由A公司原项目管理团队负责，B公司主要负责财务管理并监管A公司的对外招投标工作。项目公司董事会负责制定目标成本、销售方案等，并需经股东会决议后实施；若目标成本未能实现，则由A公司原股东承担差额补偿责任。

为实现上述目的，经过磋商，最终确定由B公司收购A公司两股东各自持有的A公司34%的股权，即B公司合计持有A公司68%的股权，该部分股权对应A公司原两股东已经完成实缴出资的部分。对于A公司未实缴的出资，由B公司提供借款给原两股东并由其实缴到位，待A公司具备利润分配条件时，从原两股东应取得的分红款中优先清偿B公司的上述股东借款。目标项目后续开发建设资金由B公司以股东借款的形式提供。对于A公司原股东借款，由B公司向A公司提供专项股东借款用于清偿原股东借款本金并支付利息；A公司原股东借款及B公司提供的全部股东借款均按照同一标准计算利息。

经过磋商，A公司两原股东、B公司签署了《股权转让合同》，A公司作为确认方参与签署；同时，各方修改了A公司《章程》，并办理了工商变更登记手续，完成了本次交易。

二、间接转让

（一）间接转让模式简介

股权间接转让，主要是基于以下三种需求而实施：

1. 税收筹划的需要

间接转让的收购过程具有一定的隐蔽性。在间接收购过程中，持有目标项目的公司（本节中假定为项目公司）本身的股东及股权结构均不发生变化；发生该等变化的是项目公司的母公司等上层公司（均称为中间层公司）。除非中间层公司系上市公司，否则交易信息的透明度相对较差。在转让中间层公司股权时，往往主要考虑中间层公司股东原始出资和股权价值情况，而可以避免目标项目价值变动对目标股权价值确定的直接影响，从而为税收筹划提供了较大空间。另外，在外商投资房地产企业中，基于税收考虑也往往会涉及在境外进行的间接转让。

2. 多方合作投资情况下合作平台搭建的需要

在多方合作投资，特别是其中存在隐名投资人的情况下，往往由其中一方投资人新设合作平台公司（SPV 公司）与项目公司原股东进行股权直接转让；在 SPV 公司变更为项目公司股东后，再由其他投资人收购 SPV 公司的股权，以实现各方投资人通过 SPV 公司对项目公司的联合投资；其他投资人对 SPV 公司股权的收购，即属于间接转让。

3. 规避项目公司股权转让限制性条件的需要

这种限制性条件可能来源于法律规定或协议约定，主要包括如下几种：

（1）通过中间层公司股东的股权转让，规避其他股东优先购买权的限制。

但此种操作的合法性，在实践中还值得商榷；特别是从著名的上海外滩 8－1 号地块股权转让纠纷（上海长烨投资管理咨询有限公司、上海长昇投资管理咨询有限公司等与浙江复星商业发展有限公司、浙江嘉和实业有限公司等股权转让纠纷案）中可以看出，上海市第一中级人民法院对此种交易的合法性即持否定态度，上海市高级人民法院虽然在二审中撤销了一审判决，但却系基于各方和解的结果，并不能反映对该问题的审判观点。

（2）在房地产跨境投资项目中，采取间接转让的方式在境外转让外资投资房地产公司的中间层公司股权，以规避房地产返程投资的限制。

（3）在产业地产项目用地出让时，若出让文件中对项目公司股东持有的项目公司股权转让的限制要求，则一般也通过间接转让项目公司上层股东公司的股权的方式对外合作。

正是因为间接转让可以满足交易各方的一些特殊交易需求，因此在实践当中也大量存在。

（二）间接转让模式交易结构

间接转让与直接转让有极大的相似性，但也有自己的特点，以下将主要针对间接转让与直接转让的区别，对间接转让模式的交易结构进行介绍。

1. 交易主体

直接转让中，被收购方是目标公司的股东；而间接转让中，被收购方是中间层公司的股东，且被收购股权的公司可能并非房地产开发企业。

为了后续交易的顺畅进行，间接转让中一般还会要求项目公司及中间层公司均作为确认方共同签署股权转让合同。

2. 交易标的

直接转让中，交易标的主要为目标公司股权；而间接转让中，交易标的除了目标公司股权外，还有目标公司对外投资形成的权益。

3. 交易价款的确定因素

直接转让中，仅考虑项目公司及目标项目情况；而在间接转让中，还需考虑中间层公司的资产负债、经营业绩及与第三方合作等情况。

4. 投资对象

直接转让中，收购方的股权投资及债权投资的对象均为项目公司；而间接转让中，收购方的股权投资对象为目标公司（即发生股权变动的公司），而债权投资的对象一般为项目公司，以便收购方取得的合理债权投资收益可计入项目公司的项目成本。

5. 对项目公司及目标项目管理权的实现

直接转让中，交易各方直接在项目公司治理结构设计中体现收购方对项目公司及目标项目的管理权；而在间接转让中，还涉及中间层公司的治理结构的调整。但需注意的是，即便是在间接投资的情况下，投资方也可以通过推荐人员担任项目公司（执行）董事、总经理等直接实现对项目公司经营及目标项目开发建设的日常管理，而无须通过中间层公司进行。因中间层公司多为一人有限公司，对于项目公司股东会决议事项，一般仅约定应与目标公司决议事项保持一致即可；若中间层公司为多方合作公司，则需约定僵局处理机制，以免影响项目公司经营。

6. 股权投资收益的实现

直接转让中，收购方的股权投资收益直接通过项目公司分红实现；而间接转让中，收购方的股权投资收益需通过项目公司、中间层公司的逐层利润分配实现，因此，投资收益的最终实现程度还受中间层公司盈亏情况的影响。

（三）间接转让模式主要交易风险及解决方案

直接转让模式涉及的交易风险，在间接转让中也同样存在，但间接转让还涉及自身特有的一些交易风险：

1. 项目公司与中间层公司的多重经营风险

鉴于间接收购中收购标的的多重性，投资方实际上对项目公司与中间层公司均负有投资及经营的义务，也承担了相应的经营风险。因此，公司尽职调查范围应包括项目公司和全部中间层公司，并应特别审查其中的关联交易及关联债权债务情况。

2. 中间层公司的亏损情况影响投资方获取项目开发收益

为了减少股权转让环节的交易税费，有些投资方会选择亏损企业作为中间层公司；但因项目公司的分红需通过中间层公司逐级分配给投资方，所以若在项目公司形成可分配利润时中间层公司仍处于亏损状态的，则项目公司分配至中间层公司的利润需首先用于弥补亏损，而无法向投资方分配。因此，在实施间接转让时，需充分认识到中间层公司亏损的利弊，在充分合理评价的基础上进行相应的交易安排。

3. 中间层公司为一人有限公司的再投资限制及连带债务风险

在间接转让中，中间层公司往往系一人有限公司。但若投资方为自然人，选择一人有限公司作为目标公司，则违反了《中华人民共和国公司法》第五十八条关于“一个自然人只能投资设立一个一人有限责任公司。该一人有限责任公司不能投资设立新的一人有限责任公司”的规定，因此，即使实际投资人是一个自然人，也需以一个有限责任公司或多个关联自然人为股东。

若多个中间层公司均为一人有限公司，且彼此之间存在经营、账务、财产混同情况的，则根据《中华人民共和国公司法》第六十三条，各中间层公司及项目公司之间可能还需就彼此的对外债务承担连带责任，从而突破第三条“股东以其认缴的出资额为限对公司承担责任”的法律规定，从而加大投资方的对外负债风险。

（四）间接转让模式实例评析

1. 案情简介

M 公司系甲市一家地方性的房地产开发企业，M 公司设立了项目公司 N 公司，N 公司名下持有一宗房地产开发用地，M 公司持有 N 公司 60% 的股权，M

公司的另一子公司 M1 公司持有 N 公司 40% 的股权。

V 公司系一家兼具投资及开发能力的全国知名品牌开发商，W 公司系 V 公司在甲市的战略合作伙伴。根据双方约定，任何一方在该市拓展的房地产项目均需由另一方参股，且 V 公司为操盘方，否则即构成违约。

W 公司与 M 公司之间存在竞争关系，既往曾经出现过合作纠纷。

M 公司因业务扩张过快导致资金紧张，拟寻求合作方共同开发 N 公司名下的房地产开发用地，以缓解资金压力。为此，M 公司拟将持有的 N 公司 60% 股权对外转让。V 公司及 W 公司拟获取该项目，但 W 公司认为，若 M 公司得知 W 公司要参与开发，必然会拒绝合作或者提高合作条件。为此，双方决定以 V 公司出面与 M 公司进行谈判。后 V 公司与 M 公司洽商成功，V 公司新设 A 公司收购 M 公司持有的 N 公司 60% 的股权，与 M1 公司合作开发目标项目。

在 N 公司股权转让工商登记手续办理完毕后，V 公司将 A 公司的 40% 股权转让给 W 公司，W 公司实现了对 N 公司的间接持股。

2. 项目特点

此案例为直接转让与间接转让相结合的一个经典案例，其具有如下特点：

（1）间接转让的目的是完成投资方内部合作平台的搭建，而直接转让的目的是获取目标项目的开发经营权。

（2）直接转让环节需要对目标公司（N 公司）及其名下目标项目进行尽职调查，而间接转让环节因目标公司（A 公司）为新设公司，可不再进行尽职调查。

（3）虽然 A 公司股东为两方，但在参与 N 公司股东会时仅能作出共同的表决意思，因此 A 公司的治理结构设计方面需要特别注重避免公司僵局的出现。

（4）V 公司需要通过 A 公司实现对 N 公司的操盘。

3. 双层公司治理结构的设计

因本次合作首先要解决 A 公司对 N 公司名下目标项目的操盘权问题，因此在 A 公司与 M 公司进行股权转让时，A 公司要求 M1 公司共同参与了《股权转让合同》的签署，并对 N 公司的治理结构进行了安排，其中包括：（1）最大限度地压缩股东会决议事项范围，并将法律无强制性规定的股东会决议事项均设置为二分之一以上表决权通过。（2）董事会成员共 3 名，其中 A 公司推荐 2 名，M1 公司推荐 1 名，全部董事会决议事项采取二分之一以上表决权通过，即 M1 公司主要享有知情权和参与权，而非决策权。（3）A 公司实行总经理负责制，由A公司推荐的人员担任总经理、财务总监及其他各主要部门负责人；M1公司仅委派了1名副总经理和1名财务经理，负责监督公司经营。（4）N公司的监事由M1公司推荐的人员担任。

为了确保V公司通过与W公司合作的A公司实现对目标项目的操盘，避免公司出现僵局，W公司与V公司签署关于A公司的《股权转让合同》时，对A公司的治理结构进行了如下安排：（1）A公司参与N公司事项表决时，W公司承诺作为V公司的一致行动人，确保V公司的操盘权；（2）在A公司内部，若W公司与V公司就经营管理事务（包括涉及N公司的部分）无法达成一致而出现僵局时，则以V公司意见为准。

4. W公司合作权益的保护

（1）A公司层面的同股同权

即W公司及V公司作为A公司股东，对A公司的权利义务责任均与持股比例一致。对于A公司需向N公司进行的投资，无论系股权投资还是债权投资，均由V公司和W公司双方按照6:4的比例提供给A公司，并以A公司名义提供给N公司；对于A公司取得的可分配利润，也按照上述比例分配。若一方怠于投资，则另一方有权要求调整持股比例及对应的股东权益比例（包括但不限于分红权、股东会表决权比例等）。

（2）N公司层面的参与管理

W公司的一名人员作为A公司推荐的人选担任N公司的董事，参与N公司董事会决议过程，且W公司人员参与N公司签约及付款流程的审批。

（3）分红权保障

V公司操盘过程中，不得侵害W公司的利润分配权，并应确保在关于A公司股权的转让合同签署后2年内形成不少于一定金额的可分配利润，否则V公司需对W公司承担违约责任。

（4）退出机制保障

出现公司僵局时，若根据僵局处理机制以V公司意见实施，则W公司有权选择股权退出，V公司应按照W公司实际投资及其股权对应的目标项目未来预期开发收益（协议中约定了计算方式）80%的金额支付股权对价给W公司。

通过上述交易安排，可以在保障V公司操盘权实现的前提下，最大限度地保护W公司的合作权益。

第二节 增资收购

在房地产项目股权交易型收购中，增资是与股权转让并列的一个业务板块，也是被增资企业引进投资人以实现股东之间联合开发的一种重要方式。

本节将以有限责任公司增资为例，结合增资与股权转让的异同点，对房地产企业增资的交易模式进行介绍。

一、增资收购模式简介

（一）概述

1. 关于增资的立法现状

《中华人民共和国公司法》仅在第三十四条、第三十七条、第四十三条、第四十六条、第六十六条、第一百六十七条、第一百七十八条、第一百六十九条这八个条款中，对有限责任公司增资事宜进行了规定。而此后最高人民法院出台的关于公司法的若干司法解释中，也仅在《公司法司法解释三》第十三条中对董事、高级管理人员的瑕疵增资责任进行了规定，此外再无涉及。因此，可以说目前法律层面对于增资的规定是原则且宽泛的。

根据《中华人民共和国公司法》上述八个条款的规定，有限责任公司的增资是指增加注册资本。股东认缴新增资本的出资，依照公司法设立有限责任公司缴纳出资的有关规定执行。增资方案由董事会制定；增资决议必须经代表三分之二以上表决权的股东通过；国有独资企业的增资必须由国有资产监督管理机构决定。股东有权优先按照实缴的出资比例认缴出资，但是，全体股东约定不按照出资比例优先认缴出资的除外。公司的公积金可用于转为增加公司资本，法定公积金转为注册资本时，所留存的该项公积金不得少于转增前公司注册资本的百分之二十五。公司增加或者减少注册资本，应当依法向公司登记机关办理变更登记。

2. 关于对房地产企业的增资收购

（1）本节所述的增资收购，是指投资人通过向目标公司进行股权投资以增加目标公司注册资本，从而使投资人成为目标公司新股东，或者提高投资人在目标公司的原有出资比例的一种收购模式。实施上述增资的目的是引进新的投资人或改变原有股东的股权比例结构，所以，其中并不涉及目标公司原股东按照原有认缴或实缴出资比例进行增资的情形。

（2）在目标公司因过往经营情况导致净资产与注册资本金不一致的情况下，增资被分为公允增资及非公允增资。前者是根据净资产值的标准进行增资；后者是按照低于净资产值的标准进行增资。实践中一般是按照注册资本金标准增资，即投资人支付的增资款金额，仅达到投资人拟持股比例对应的认缴注册资本金金额、可以满足工商变更登记的要求即可。例如：若目标公司注册资本金为1000万元而净资产值为2000万元，现引入新的投资人增资，增资完成后投资人的持股比例为50%。在公允增资的情况下，投资人需向目标公司支付的增资款金额为2000万元，其中1000万元计入新增注册资本，1000万元计入目标公司资本公积，目标公司的注册资本金变更为2000万元，全体股东的实际股权性投资是3000万元。而若进行非公允增资，则投资人仅向目标公司增资1000万元，全部计入注册资本；目标公司的注册资本金变更为2000万元，全体股东的实际股权性投资也是2000万元。

（3）增资款的资金来源，一般分为四种：新增投入、债转股、未分配利润转增注册资本、公积金转增注册资本。但是若属于后两者的，主要是涉及目标公司会计科目的调整而不会引起目标公司股权结构发生变化，也不导致目标公司资金规模发生变化，因此不属于本节所讨论的范畴。

（二）增资收购与股权转让收购的区别

1. 交易主体不同

股权转让是目标公司原股东将持有的目标公司部分或者全部股权转让给投资人的行为，是发生在新老股东之间的交易。

增资是投资人对目标公司的单向投入，是投资人与目标公司之间的交易；但因增资会导致原股东的持股比例发生变化，在签署增资协议时，投资人一般也会要求目标公司的原股东共同参与签署。

2. 交易价款支付对象不同

股权转让的交易价款由投资人支付给转让股权的目标公司原股东，是转让股权的原股东将标的股权的权益转让给投资人的对价。

增资收购中的增资款系支付给目标公司，目标公司原股东不会因增资款的支付而直接获得收益，增资款的性质为投资方对目标公司直接提供的股权投资款。

3. 对注册资本的影响不同

在股权转让模式下，目标公司的注册资本并不发生改变。

在增资模式下，目标公司的注册资本增加。

4. 投资人对目标公司的权利义务来源不同

在股权转让模式下，投资人的股东地位来源于转让股权的原股东，投资人在继受取得目标公司股东身份的同时，也继承原股东在目标公司的权利和义务。

在增资模式下，投资人对目标公司权利义务需由增资协议进行约定，与原股东对目标公司的权利义务及其履行情况无关。

5. 对原股东出资瑕疵的责任不同

在股权转让模式下，若股东将存在出资不实等瑕疵的股权转让给投资人，且投资人对此知道或者应当知道的，则应就原股东的出资瑕疵向目标公司承担连带责任。

在增资模式下，投资人对项目公司原股东的出资义务的履行情况则无须承担连带责任。

6. 内部决议程序不同

在股权转让模式下，有限责任公司的股东之间可以相互转让其全部或者部分股权。若股东向股东以外的人转让股权，应当经其他股东过半数同意并需保证其他股东在同等条件下的优先购买权。

在增资模式下，增资方案由董事会制定，增资决议必须经代表三分之二以上表决权的股东通过；同时，增资情况下也需保证原股东对增资的优先认缴权。

7. 涉税情况不同

在股权转让模式下，股东获得的股权转让价款的溢价增值部分应缴纳个人所得税或企业所得税（个人所得税为溢价部分的20%，企业所得税为溢价部分的25%）。

在增资模式下，由于增资款属于股权投资用于企业发展，并非目标公司盈利或者收益，原股东也并未获取收益，因此，投资人、目标公司及其原股东在该环节一般均无须缴税所得税。

（三）增资收购模式的优越性

合作型股权转让及增资的后果都是为目标公司引进了新的投资人，但基于前述的差异比较，至少在如下几个方面，增资模式更具有优越性：

1. 为目标公司直接引进投资

因在股权转让模式下，交易价款需支付给被收购股权的原股东，且其中必然包含股权增值的补偿，因此，通过交易价款的支付实际上满足了原股东对此前发生的股权投资增值部分的收益变现需求。虽然投资人通过支付交易价款获得了一定比例的股权，但若目标公司后续需对目标项目进行开发的，则投资人还需另行为目标公司筹措资金；而投资人支付的股权交易价款需要项目开发完毕进行利润分配时，或投资人再次对外转让股权时才能实现回收。

而在增资模式下，投资人的资金可直接用于项目开发，且增资款无论是计入注册资本金还是计入股权溢价（即计入资本公积的部分），均归属于目标公司，不存在原有股东的股权增值提前变现的问题，相应地降低了投资人的投资风险。

但需注意的是，在持有同比例股权的情况下，因对应的出资额不同，所以增资环节投资人支出的资金要高于股权转让。基于该原因，如果仅从控制自有资金投资额的角度，股权转让适用于转让后可通过金融机构融资获得后续开发资金的项目，并可提高同等投资金额所获取的投资人对目标公司的持股比例；而增资适用于需股东以自有资金进行后续投资的项目。

2. 属于新增股本，安全性高

如前所述，在股权转让的模式下，投资人可能需就所受让股权的原持有人瑕疵出资的行为承担连带责任；此外，若目标股权原持有人存在债务纠纷还可能导致目标股权被质押、冻结，从而影响交易的完成。

而在增资收购中，因投资人基于增资行为取得的目标公司股权属于原始取得而非继受取得，因此，目标公司原股东的出资瑕疵及债权债务纠纷均不会影响到投资人的投资权益；且即使原股东持有的股权上设置了质押权，因被质押的股权对应的出资额并未发生变化，因此该质押权的存在也不影响增资的进行。

3. 有利于进行目标项目整体的税收筹划

股权转让价款中往往包含高额的股权溢价，而这部分溢价所对应的转让方应缴纳的所得税，往往在股权定价时已经计入股权转让价款，而转由投资人承担；同时，该部分股权溢价所对应的股权增值部分（如土地使用权的增值额），仍保留在目标公司，若未来通过销售实现所得的，则项目公司仍需支付该部分股权增值对应的所得税。增资的优势就在于，因在增资环节投资人、目标公司及其原股东均无须缴纳所得税，避免了就股权变动时的股权增值进行重复缴税的问题。

4. 增资可构成国有企业股权变动进场交易的例外

2016年6月24日公布《企业国有资产交易监督管理办法》（即本章第一节所述32号令）以前，国有资产监管部门并无关于国有企业增资必须通过产权交易所公开进行的明确统一规定。而32号令则明确将国有企业产权转让、国有企业增资均纳入该办法监管范围，并明确规定包括上述两种方式在内的国有资产交易行为，应在依法设立的产权交易机构中公开进行。

但与企业产权转让（也就是股权转让）的严格监管相比，32号令第四十五条、第四十六条还对可适用非公开协议增资的情形进行了明确规定。其中第四十五条第（二）款规定，因国家出资企业与特定投资方建立战略合作伙伴或利益共同体需要，由该投资方参与国家出资企业或其子企业增资，经同级国资监管机构批准，可以采取非公开协议方式进行增资；而第四十六条第（二）款规定，企业债权转为股权，经国家出资企业审议决策，可以采取非公开协议方式进行增资。在国有房地产企业股权交易中，上述两个条款所述情况可构成国有企业股权变动进场交易的例外情况，而且在实践中经常遇到。但需注意的是，许多地方的国资管理部门对于上述非公开协议增资的行为，仍要求产权交易所进行审查并出具相应产权交易凭证，因此，在进行此类增资前需向相应的产权交易所核实相应程序及要求，并严格执行。

二、增资收购模式交易结构

增资收购模式与合作型股权转让收购模式的交易结构，在目标公司治理结构设计等方面存在共通之处，就该部分内容在本章第一节进行了较为详细的介绍，在此不再赘述。但在股权结构变动流程方面，增资与股权转让存在较大差异。因此，本节将着重对增资流程方面的问题进行总结和介绍。

（一）前期准备工作

1. 在该阶段，目标公司及其股东主要完成如下工作：

（1）目标公司就本次增资进行可行性研究，制定增资方案，明确拟增资的资金金额、用途、投资方应具备的条件、选择标准和遴选方式等。

（2）目标公司董事会制定并通过增资方案后，股东会就董事会上报的增资方案进行审议，经不少于代表三分之二以上（具体表决权比例需根据目标公司《章程》规定）表决权的股东同意后实施。

(3) 根据法律规定、合同约定或目标公司母公司的《章程》规定（若需要），目标公司就增资事宜报上级主管单位批准，目标公司母公司根据各自《章程》规定的内部决策程序就目标公司增资事宜进行表决。

(4) 在完成决策批准程序后，由目标公司委托具有相应资质的中介机构开展审计和资产评估。

需注意的是，若在资产评估报告的有效期内未能签署《增资协议》的，则需重新进行资产评估并据此调整增资价款。

(5) 根据审计和资产评估的结果，确定意向交易对价。

2. 在该阶段，投资人主要完成如下工作：

(1) 投资人委托第三方进行法律及财务等方面的尽职调查，出具尽职调查报告。

(2) 投资人也应制定增资方案。

(3) 按照投资人《章程》和内部管理制度进行决策，形成书面决议。

（二）增资协议的签署

1. 确定投资人及增资协议文本

按照法律规定或目标公司原股东之间的约定，若需通过产权交易所公开进行增资的，则一般在目标公司所在地的产权交易所进行。通过产权交易所公开披露信息、征集意向投资方并通过公开竞价、竞争性谈判、综合评议等方式确定投资人；增资交易使用的文本一般由目标公司事先拟定，并由产权交易所在增资公告时进行披露。

若增资无须通过产权交易所进行，则目标公司及其股东可与投资人进行自由磋商，并根据磋商结果拟定增资协议文本。

增资协议中主要是约定增资金额、增资时间及增资后投资人的权利义务。但需特别注意的是，增资款也可以采取认缴制，即并不需要在工商变更登记时即完成实缴。但因为房地产公司进行增资的目的是获取开发资金，所以一般会要求投资人在较短时间内履行实缴义务。为确保投资人履行该义务，《增资协议》中应特别对投资人未履行或未全面履行出资义务的救济措施进行约定。如在增资协议中，就未按期履行全部出资义务的投资人对目标公司的管理权利、重大事项的决策权以及利润分配请求权、新股优先认缴权、剩余财产分配请求权等股东权利作出相应的合理限制，并约定相应的违约责任及解约条款。

通过上述条款设计，便于在投资人出现逾期出资的违约行为时，其他已经按照约定足额缴纳出资的原股东能够及时通过诉讼等方式要求该投资人限期履行出资义务、承担违约责任直至解除增资协议。

2. 股东出具放弃新增资本优先认缴权的声明

《中华人民共和国公司法》第三十四条条规定：“股东按照实缴的出资比例分取红利；公司新增资本时，股东有权优先按照实缴的出资比例认缴出资。但是，全体股东约定不按照出资比例分取红利或者不按照出资比例优先认缴出资的除外。”结合司法实践中相关判例①的认定，该条款中就股东对新增资本的优先认缴权的规定，包括两层含义：

（1）股东对新增资本中优先认缴的份额，原则上根据实缴出资比例确认；若对份额比例进行变更的，则需要全体股东一致同意。

（2）在认缴增资时，每个股东仅对新增资本中对应自己份额内的部分享有优先认缴权，而对其他股东享有优先认缴权的份额，不享有优先认缴权；若其他股东放弃己方的优先认缴权，不代表将该优先权让渡给未放弃优先认缴权的其他股东；若股东同意将其享有优先认缴权的出资由新的投资人增资的，也不能视为对其他股东优先认缴权的侵犯。

因此，若目标公司拟由新引进的投资人认缴全部新增资本的，则应要求全部股东均出具放弃新增资本优先认缴权的声明。

3. 目标公司召开股东会会议并至少就如下事项作出决议：

（1）同意目标公司增加注册资本，该部分新增注册资本由新引进的投资人在规定时间内认缴或实缴；原股东均放弃优先认缴权。

（2）审议并通过《增资协议》文本。

（3）相应修改目标公司章程。

（4）其他相关内容。

对于上述事项的决议，需按照《中华人民共和国公司法》及目标公司章程规定的程序，由符合相应表决权比例要求的股东决议通过后方可实施。

① 可参考最高人民法院就“绵阳市红日实业有限公司、蒋某诉绵阳高新区科创实业有限公司股东会决议效力及公司增资纠纷案”作出的（2010）民提字第48号民事判决书以及最高人民法院就“贵州捷安投资有限公司与贵阳黔峰生物制品有限责任公司、重庆大林生物技术有限公司、贵州益康制药有限公司、深圳市亿工盛达科技有限公司股权确认纠纷二审案”作出的（2009）民二终字第3号民事判决书。

4. 签订增资协议

目标公司与投资人签订增资协议，明确各方权利义务，原股东可作为增资协议的确认方签署，以明确增资后目标公司的治理结构及各方权利义务。

5. 签发出资证明书

目标公司向投资人签发《出资证明书》，并将增资事宜记载于目标公司股东名册。

6. 召开股东会会议、董事会会议

目标公司再次召开股东会会议、董事会会议，投资人作为股东参加股东会会议，并由目标公司股东会就修改目标公司章程、调整董事（会）、监事（会）的人员等事项进行决议；董事会会议就选聘总经理、财务总监（若需更换时）等事项作出决议。

（三）实缴出资与交割

1. 投资人按照增资协议及目标公司章程的规定投入新增资本。

2. 目标公司及原股东配合投资人完成与本次增资相关的公司登记机关的变更登记、备案等手续，并进行目标公司管理权、债权债务及资产、档案资料、印章账户、人员等方面的交接。

三、增资收购模式主要交易风险及解决方案

（一）非公允增资侵犯原股东权益导致增资协议无效的风险

房地产企业的主要资产是国有建设用地使用权，在目前市场条件下，土地使用权的价值一直呈现增长趋势，因此，房地产企业的净资产值一般都远远高于注册资本额。在此情况下，若实施非公允增资，实际上相当于在低于公允价格的情况下导致目标公司原股东的股权比例被稀释，股东原持股期间所形成的股权溢价被新引进的投资人分摊获取。若上述非公允增资经全体股东一致同意后实施，则系对已方权利的处分，应属于有效。但若个别小股东不同意进行上述非公允交易，且目标公司未保障该部分股东的优先认缴增资的权利而径行与新的投资人签署《增资协议》的，则可能构成恶意串通损害小股东利益的行为。根据《中华人民共和国民法典》第一百五十四条规定："行为人与相对人恶意串通，损害他人合法权益的民事法律行为无效"，这种情况下签署的《增资协议》应被认定为无效。

为避免此类纠纷的发生，若房地产企业拟实施非公允增资的，则应严格按照法律规定的程序履行股东会表决程序，并保障原股东优先认缴增资的权利。但对于原股东来讲，也应在合理的期限内以明示的方式主张行使优先认缴增资的权利，以免因超过合理期限未主张而导致该权利无法保障或无法行使的情况出现。

（二）目标公司债权人未履行增资程序导致投资款性质不明的风险

投资人在原已对目标公司提供借款的情况下，基于对目标公司发展前景的认可，可能会与目标公司及其股东协商，将其对目标公司享有的债权转为对目标公司的增资款。此种情况虽然不会影响目标公司可支配的资金，但降低了目标公司的负债率，有利于目标公司对外再融资。

但在债转股的过程中，投资人往往未与目标公司及其原股东签署有效的《增资协议》，目标公司股东会也未就增资事宜进行决议，且未进行外部工商变更登记手续，从而导致投资人对目标公司提供款项的法律性质不明确。若目标公司经营不善，则投资人可能会主张其提供的款项为借款而非增资款，从而不承担投资风险；而若目标公司经营状况良好形成大量可分配利润，目标公司其他股东也可能主张投资人是债权投资，从而拒绝向投资人分配目标公司利润。

（三）股东会决议因未保护优先认缴权股东的利益而无效的风险

根据《中华人民共和国公司法》规定，有关增资的股东会决议必须经代表三分之二以上表决权的股东通过方可生效；个别公司的《章程》中对于上述表决权比例可能还会有更高的要求。需注意的是，若部分股东不同意放弃本次增资对应其份额部分享有的优先认缴权，也未同意目标公司股东会会议有关同意本次增资的决议事项的，即使该股东会会议决议已经由代表足额表决权的股东同意从而达到了目标公司《章程》规定的生效条件，但因其内容侵犯了未放弃优先认购权的其他股东的权利，该股东会决议中关于其他股东有权优先认缴部分由新引进的投资人进行增资的决议内容也应属于无效，但这并不影响股东会决议中其他已经放弃优先认缴权的股东享有优先认缴权的部分由新的投资人进行增资的决议内容的效力。

基于上述原因，投资人在签署正式《增资协议》前，应当要求目标公司提供目标公司股东放弃就本次增资行使优先认缴权的声明，并审查目标公司章程中对增资认缴出资是否有特别约定，避免签约后产生不必要的纠纷。

四、增资收购模式实例评析

（一）案情简介

某区政府决定对该区内相毗邻的 A、B、C 三个地块实施旧村改造，并拟在建成的项目中设置产业孵化器，以引进高科技产业单位进驻。

该三个地块原均属于一个集体经济组织所有，涉及居民约 300 户，征收后涉及待安置总面积约 9 万平方米。其中，A、B 两地块为已经完成征收的净地，但征收居民需原地回迁安置；C 地块尚未完成征收，并需从 A、B 地块已建成房屋中为 C 地块居民提供安置房，安置房交付后才能启动 C 地块的征地收储程序。

甲公司注册资本金人民币 1000 万元，其中区政府下属区城投公司认缴出资 980 万元，持有 98% 的股权；当地居委会认缴出资 20 万元，持有 2% 的股权。该项目用地中的 A、B 两地块原本已经由甲公司竞得，并完成基坑开挖等工作；但因区政府财政预算调整，且区城投公司的自有资金不足以支持该项目的建设，导致该项目暂时停工。此外，因区政府拟在该项目中建设的产业孵化器用房需由建设单位长期自持，资金占用时间长，且需引进高端科技产业，而甲公司缺乏相应的招商及运营能力，因此，即使 A、B 两地块复工，甲公司也难以独立完成整个项目的建设及运营内容。

现因 C 地块居民要求改造的愿望十分迫切，因此，区政府拟引进有能力的企业尽快重新启动该项目。

（二）项目特点

1. 不可进行市场化销售的面积占比较高，项目收益率低

（1）A、B 两地块中涉及大量的征收安置用房，且只能以不超过成本的价格转让给安置居民，操作不当会导致甲公司出现亏损。

（2）为配合孵化器建设及产业引进，项目内自持商业用房比例较高，未来会形成大量的固定资产。

2. 不可预见因素多

目标项目为旧村改造项目，存在村民回迁安置等诸多历史遗留问题待处理；根据该地区规划条件，大部分的商品房开发用地位于 C 地块，但 C 地块可进入出让程序的时间无法确定。若 C 地块长时间无法进行出让，或出让时未能被甲

公司竞得，或出让时规划条件发生变化，均可能会导致甲公司亏损，前期投资无法得到回收。

另外，当地区政府对产业引进及相应的税收实现指标均有明确的要求，并要求投资人提供相应的保证金以确保产业落地。

3. 合作涉及的主体众多

本项目涉及主体包括甲公司、区城投公司、居委会、房地产投资人、产业合作方等多方利益，需要对各方利益及诉求予以平衡，并设计出合理的股权进出机制。

（三）战略合作关系的建立

因该项目并非单一房地产开发项目，还涉及征收、产业引进及物业自持等问题，对合作方的综合素质要求较高。因此，甲公司首先通过产权交易所公开发布公告，招募合作方并要求意向合作方提供合作方案。因本项目需同时满足开发运营、资金及产业三项要求，为招募到合格的合作方，甲方同意意向合作方可以联合体的方式报名参加。

1. 合作方案的初选

在公告要求的时间内，共有3个联合体报名参加了合作方案的初选。某房地产开发企业乙公司和某科技企业丙公司之间存在长期合作关系，两公司作为联合体报名后，因提供的合作方案中的产业引进方案与本项目契合度最高，被初选为意向合作方。

2. 战略合作关系的建立

经多轮磋商，在乙、丙双方提供的合作方案基础上，甲、乙、丙三方形成了最终的项目开发及产业引进方案，区城投公司及区政府均表示认可。为此，各方按照如下方式建立战略合作关系：

（1）乙、丙公司与区政府、区城投公司签订《战略合作框架协议》，确定战略合作关系。

（2）丙公司与区政府签订《产业合作框架协议》，明确项目内产业运营要求。

（3）乙、丙双方签订《合作框架协议》，明确意向用地及合作原则。

（四）合作方式的选择

1. 尽职调查

战略合作关系建立以后，乙、丙公司安排了对甲公司及A、B、C三个地块

(即目标项目)的法律及财务尽职调查，对甲公司的运营及资产负债情况、对外签约及履约情况、对外融资及担保情况、目标项目用地的获取及开发情况、目标项目用地现场建设情况等进行了充分了解。同时，两公司还安排了业务调查，即对前期规划设计对接、周边市场行情、类似产业项目的运营现状、可享受的优惠政策等进行了充分了解。

2. 项目评估与测算

甲公司委托评估与审计机构，对本公司股权价值进行评估并对财务情况进行审计；乙、丙公司根据尽职调查过程中获取的相关数据对项目成本及合作收益进行了测算。

3. 收购方式的确定

经过测算与评估，乙、丙双方拟共同持有甲公司80%的股权；但因该项目需要大量自有资金的投入，采取股权转让方式需支出大量股权溢价且转让价款无法投入项目后续开发，可能导致乙、丙双方资金回报率过低。为此，甲公司及区政府、区城投公司均同意通过增资方式与乙、丙公司合作。

(五)增资及相关协议的签署

1. 增资协议的签署

因乙、丙双方已经与区政府、区城投公司建立了战略合作关系，符合32号令第四十五条第(二)款规定的非公开协议增资的条件，为此，在《增资方案》、《增资协议》文本经区政府、区国资委同意后，甲公司与乙、丙公司签署了《增资协议》，区城投公司及居委会也作为原股东参与了《增资协议》的签署。

《增资协议》中除增资交易中的常规条款外，还着重对如下事项进行了约定：

(1)本次增资采取公允增资，增资完成后甲公司的注册资本变更为5000万元；乙、丙双方支付的增资款中的4000万元计入注册资本金，剩余增资款计入资本公积；乙、丙双方按照股权比例分摊应支付的全部增资款。

(2)约定了乙方在建设阶段为项目操盘方，同时，为满足被征收居民尽快回迁的要求，该协议中明确了回迁安置房的建设标准及装修标准，并就乙方对回迁安置房的建设质量、建设周期的保证责任进行了约定。

(3)考虑到商业自持的要求及丙方在实施产业落地过程中对自持商业部分

的使用需求，该协议中约定了本项目房屋全部建成且可售商品房销售率达到95%以上时，乙方有权要求丙方收购其持有的目标公司全部股权，乙方实现退出，丙方继续以甲公司名义负责后续产业项目的运营，并保证满足当地政府的税收要求。

（4）为确保回迁安置顺利进行，《增资协议》中还特别明确了居委会对确保顺利回迁所需承担的责任和义务，同时明确了处置征收争议发生的额外费用的承担方式问题，对完成征收的目标时间也进行了约定。

（5）就C地块供地问题，《增资协议》中也对区城投公司提出了相应的要求。

2. 合作协议的签署

为配合《增资协议》的签署，在此前乙、丙公司已经签署的该项目的《合作框架协议》的基础上，双方在签署《增资协议》的同时也签订了正式《合作协议》，明确了乙公司对该项目中房地产开发板块的投资及开发管理的义务，丙公司对该项目中产业板块的投资及引进义务，并约定了相应的违约责任。

3. 集体经济组织表决

为确保《增资协议》的效力，签约前，居委会（村改居以前为村委会）已经组织本集体经济组织成员召开了代表大会，对协议内容进行了表决。

4. 产业合作协议的签署

为确保产业落地，丙公司另行在当地设立了全资子公司作为专门产业运营公司，并由该产业运营公司与甲公司签署了《产业合作协议》，具体负责本项目内的产业引进及招商运营工作。

第三节　复合型股权交易

复合型股权交易，是指因目标公司或目标项目存在一些特殊因素，无法直接进行股权转让或增资等股权交易，而需要在股权交易以前，通过前置交易程序使得合作双方具备进行股权交易的条件，从而达成合作目的的一种交易模式。这种交易至少包括两个阶段，即前置交易阶段和实质性交易阶段，因此称为“复合型股权交易”。

这些影响直接进行股权交易的因素可能多种多样，但进行前置交易程序的目的却几乎都是将持有目标项目的公司变更成为适合进行股权交易的单一项目公司，并尽量剥离目标项目原持有方经营行为可能对目标项目后续合作产生的不良影响。前置交易程序中，比较有代表性的是公司分立和国有建设用地使用权出资，其均适合于被收购方同时持有多宗项目用地而仅拟就其中部分项目用地开展合作的情形；但因其在完成时间、交易流程、税收筹划、持有目标项目的前后主体责任切割程度等方面存在差异，因此适合于不同的交易需求。

本节将以股权转让作为实质性交易阶段的交易蓝本，着重对国有建设用地使用权出资、公司分立这两种前置交易程序进行介绍。

一、先投再转

（一）“先投再转”模式简介

1. “先投再转”释义

“先投再转”，即目标项目的持有人（即被收购方）先以目标项目之不动产权对外出资新设项目公司（即目标公司），在目标项目变更登记至目标公司名下以后，再将目标公司全部或部分股权转让给收购方的一种交易方式。

2. “先投再转”的特点

（1）交易周期长

因不动产权出资本身即具有严格的程序要求，且实践当中有些地区对以不动产实缴出资手续的办理参照不动产转让程序进行，在此情况下，除需满足《中华人民共和国公司法》项下关于出资的各项要求外，还需满足《中华人民共和国物权法》及《中华人民共和国城市房地产管理法》关于不动产转让的相关要求。手续的复杂性导致完成整个交易所需时间一般较长。

（2）交易价格透明

根据《中华人民共和国公司法》第二十七条规定：“股东可以用货币出资，也可以用实物、知识产权、土地使用权等可以用货币估价并可以依法转让的非货币财产作价出资……”“对作为出资的非货币财产应当评估作价，核实财产，不得高估或者低估作价。”根据上述规定，目标公司的注册资本金需以所出资不动产的评估值作为依据，该评估价格也必然会成为交易双方股权交易定价的基础。这不仅导致目标公司的注册资本金金额往往较高，也导致股权交易价格透明，收购方需支付的股权性投资金额也相应较高，交易溢价也只能以股权溢价的方式支付，无法进入项目成本。

（3）目标项目的所有权与管理权的分离

因不动产权出资的目的是实现目标项目最终控制权向收购方的转移，因此，在目标公司设立后、进行股权转让交易以前，收购方往往就通过参与目标公司的经营管理而享有对目标项目的实质性管理权。而多数情况下，收购方通过目标公司对目标项目进行管理时，目标项目甚至尚未转移登记至目标公司。这就需要通过调整目标公司的公司治理结构、签署代建协议等一系列交易安排，达到目标项目所有权与管理权分离的目的。

（4）责任划分清晰

持有目标项目的被收购方通过实缴出资方式将目标项目转让登记至目标公司名下以后，被收购方仅享有对目标公司的股权及由此所形成的对目标公司的经营管理权、分红请求权等股东权利，而与目标项目的法律关系得到了完全的切割，不再享有对目标项目的物权。在此情况下，被收购方的经营情况、债权债务等情况均不会对目标项目的后续开发产生影响。

（二）“先投再转”模式的交易结构

结合“先投再转”模式两个交易阶段的不同需要，整个交易结构可以进行如下安排：

1. 国有建设用地使用权认缴出资设立项目公司

被收购方注册设立目标公司，并在目标公司章程中规定以被收购方名下特定地块的国有建设用地土地使用权（即目标项目）作价出资；在目标公司设立时目标项目上述土地使用权暂计为被收购方的认缴出资，约定固定的认缴出资金额。

另需注意的是，现行《中华人民共和国公司法》已经删除了关于“货币出资金额不得低于有限责任公司注册资本的百分之三十”的规定，即目标公司的全部注册资本均可以通过目标项目土地使用权出资的方式实现。

2. 满足实缴条件

（1）消除权利障碍

目标项目上若存在抵押、查封等权利负担，则需在实缴出资以前通过受让债权、清偿债务、另行提供担保财产或保全财产的方式，解除上述权利负担，确保可以完成目标项目的转移登记。

此外，受限于《中华人民共和国民法典》第四百零六条关于抵押期间转让抵押财产的相关规定，为了确保不动产权出资的合法性，若目标项目上已经设定了抵押权的，则被收购方应在目标公司设立以前，即与抵押权人就同意以目标项目出资事宜达成一致。而对于已被采取保全措施的目标项目，也应在目标公司设立以前，与债权人达成一致解除查封或完成保全财产的置换手续。

(2) 达到转移登记所需投资要求

如前所述，部分地区对不动产实缴出资手续的办理参照不动产转让程序进行，也即在不动产登记至目标公司名下时，需满足《中华人民共和国城市房地产管理法》第三十九条规定的转让房地产的两项条件：“（一）按照出让合同约定已经支付全部土地使用权出让金，并取得土地使用权证书；（二）按照出让合同约定进行投资开发，属于房屋建设工程的，完成开发投资总额的百分之二十五以上，属于成片开发土地的，形成工业用地或者其他建设用地条件。转让房地产时房屋已经建成的，还应当持有房屋所有权证书。”

对于其中第（一）项权属登记的条件，被收购方一般可以自行满足；而对于第（二）项关于完成开发投资比例的条件，实践当中一般需要由被收购方出资予以满足。为达到该开发投资比例要求，收购方一般会通过如下两个步骤降低交易风险：

步骤一：获得目标公司的控制权

即目标公司设立后，收购方就通过指派人员担任目标公司董事、总经理等方式，参与目标公司的经营活动，甚至取得目标公司的实际控制权；同时，收购方与被收购方会通过合作协议约定限制目标公司股东会的职权范围，并约定目标公司在现阶段可以进行的经营活动，对目标公司的印章、账户等进行共管，以限制被收购方对目标公司股东权利的行使。

步骤二：通过目标公司为被收购方垫资代建

即在实现对目标公司的控制后，目标公司与被收购方签署垫资代建协议，由目标公司为被收购方垫资代建目标项目。建设所需资金由收购方通过向目标公司直接提供股东借款或通过金融机构委托贷款的方式解决，直到实现目标项目转让所需的开发投资比例的要求。

通过此种方式，收购方可以取得对目标项目的管理权，并解决前期投入的资金通路问题。为解决收购方资金的安全性，收购方一般会要求以目标项目作为抵押物为垫资款项提供还款担保。

3. 国有建设用地使用权转移登记（即完成实缴）

各个地区对国有建设用地使用权转移登记手续办理程序的规定，存在一定的差异性，但总结起来，一般会涉及如下几个环节：

（1）资产评估及成本审计

在达到法定的实缴出资条件后，由不动产交易中心认可的资产评估事务所出具《资产评估报告》，由有资质的会计师事务所出具《审计报告》。

（2）到税务机关核税、完税

一般需提供出资协议、章程等文件以证明交易的实施，还需提供项目价值评估报告等以证明项目增值额。如目标项目获取时间较长、前期土地成本无法确认，则该环节可能涉及的时间会比较长。另外，以不动产出资环节，房地产行业一般不适用于关于土地增值税等税种的税收优惠政策。

（3）到不动产登记机关办理转移登记手续

即被收购方与目标公司持完税证明、审计报告等文件，到不动产登记机关办理目标项目的物权转移登记手续，领取《不动产权证》。

需特别注意的是，若转移登记时目标项目用地已经形成了在建工程的，则在建工程所有权随国有建设用地使用权一并转让，但此时在建工程所有权尚不具备物权登记及颁发权属证书的条件。

（4）确认实缴出资情况

因目前市场监督管理部门已经取消实缴出资登记，所以目标公司确认实缴出资情况，主要是指被收购方及目标公司内部进行财务调整以及目标公司按照《中华人民共和国公司法》第三十二条的规定，向被收购方签发出资证明书。

在此环节需注意的是，若目标项目评估金额高于被收购方认缴出资额的，则差额部分应计入目标公司资本公积；若目标项目评估金额低于被收购方认缴出资额的，则差额部分需由被收购方以现金出资弥补。

4. 股权转让及公司治理结构调整

目标公司取得目标项目的《不动产权证》后，一般会立即启动股权转让的程序。因交易价格的计算方式在合作之初即已经由交易各方确认，因此，此时签署的《股权转让协议》更多的是根据此前的约定确认交易价款的具体金额及支付节点，以作为股权转让工商登记手续的办理以及股权转让价款支付的依据。在股权变更登记的同时，目标公司股东（会）、董事会（执行董事）还需形成决议，调整目标公司的治理结构，确保收购方的股东权利和操盘、并表等合同权利的实现。

需注意的是，若此前目标公司存在为被收购方垫资代建的情况，则对于收购方因此向目标公司提供的股东借款，一般会通过层层抵销或债权债务转让的方式转为收购方向被收购方支付的相应金额的股权转让价款。

5. 目标公司办理房地产开发建设手续

目标公司取得目标项目的《不动产权证》后，需持该《不动产权证》办理如下两类手续以满足后续的开发要求：

（1）办理有关建设单位开发主体资格的手续

建设单位开发主体资格手续文件中最重要的是《房地产开发企业等级资质》。

根据《房地产开发企业资质管理规定》第三条第二款规定："未取得房地产开发资质等级证书（以下简称资质证书）的企业，不得从事房地产开发经营业务。"虽然根据该规定第六条，新设立的房地产开发企业应当自领取营业执照之日起30日内，在资质审批部门的网站或平台提出申请备案事项及证明材料，以便于房地产主管部门核发《暂定资质证书》。但是，大部分地区在办理《房地产开发企业等级资质》时要求提供拟开发项目的证明材料。因此，目标公司需要在取得《不动产权证》以后方可办理《暂定资质证书》。若房地产主管部门对房地产开发企业无已经获取项目用地的要求，则目标公司可在设立后即办理《暂定资质证书》，但需确保在开发期间按期办理证书有效期的延期手续。

（2）开发建设手续的主体变更

目标公司取得目标项目的《不动产权证》后、进行后续开发建设前，需将《建设用地规划许可证》《建设工程规划许可证》《建筑工程施工许可证》等建设许可文件中所记载的建设单位由被收购方变更为目标公司。

6. 商务合同的权利义务概括转移

被收购方、目标公司共同与施工、监理、设计、供货等单位签署《权利义务转让协议》，将原签署的工程合同项下原被收购方的权利义务概括转让给目标公司。为了减少该环节的工作量，往往被收购方在开始对外发包时就选择专业资质种类齐全的单位作为工程总承包单位，并尽量将各类专项工程纳入总包合同范围内，以减少权利义务概括转移阶段的谈判成本及交割风险。

7. 目标公司继续开发目标项目

目标项目继续进行开发建设并实现销售，收购方按照约定实现开发收益。

（三）“先投再转”模式主要交易风险及解决方案

1. 交易环节的连续性和协议安排的一体性

因“先投再转”的交易模式极其复杂且涉及环节众多，若未事先预设一个完整的交易安排，则可能导致交易中断。因此，经过前期尽职调查及商务谈判后，收购方、被收购方均会以签署《合作框架协议》的方式对整个交易步骤及合作过程中涉及的款项计算、支付等事项进行预设约定，并将后续交易过程中需签署的《代建协议》、《股权转让协议》、《借款协议》、《担保协议》、目标公司章程以及各类公司内部决议文件等法律文件提前拟定，将其文本作为《合作框架协议》的附件由交易各方签署确认。在进行到相应的交易步骤时，由各方按照附件约定的内容径行签署相关协议，而无须重新谈判。这样既可以保证各方的合同真实意思可以得到始终如一的执行，也避免一方违约时守约方缺乏救济手段的情况出现。

2. 收购方前期投入资金的安全性

从前述对本交易模式的交易结构描述中可知，为消除目标项目国有建设用地使用权实缴出资至目标公司的障碍，达到实缴条件，收购方往往需要提供资金消除权利障碍，达到转移登记所需投资前的要求。此外，若被收购方存在欠缴税款的情形，则实践当中往往也需先补缴税款后才能完成目标项目的转移登记手续，在被收购方资金不足的情况下，该部分资金也需要由收购方提供。而收购方支付上述款项时，因尚未受让目标公司股权，所以均需通过借贷方式支付。为此，收购方应要求被收购方及目标公司以目标项目抵押或其他物的担保方式，为收购方的前期投入提供足额担保，并将被收购方持有的目标公司股权全部质押给收购方。这一方面是为了防止被收购方擅自处置目标项目或目标公司股权而给收购方造成损失；另一方面也是为了防止第三方债权人查封影响交易，保护目标公司正常经营及目标项目权利的完整性，确保交易的顺利完成。

3. 未合法评估导致的出资瑕疵风险

《公司法司法解释三》第九条规定：“出资人以非货币财产出资，未依法评估作价，公司、其他股东或者公司债权人请求认定出资人未履行出资义务的，人民法院应当委托具有合法资格的评估机构对该财产评估作价。评估确定的价额显著低于公司章程所定价额的，人民法院应当认定出资人未依法全面履行出资义务。”而根据该司法解释第十九条规定：“有限责任公司的股东未履行或者未全面履行出资义务即转让股权，受让人对此知道或者应当知道，公司请求该股东履行出资义务、受让人对此承担连带责任的，人民法院应予支持；公司债权人依照本规定第十三条第二款向该股东提起诉讼，同时请求前述受让人对此承担连带责任的，人民法院应予支持。受让人根据前款规定承担责任后，向该未履行或者未全面履行出资义务的股东追偿的，人民法院应予支持。但是，当事人另有约定的除外。”

基于上述规定，若被收购方人为提高评估价格导致用于出资的土地使用权实际价值不能满足已经确认的实缴出资金额的，则属于“未依法全面履行出资义务”，受让方若对此是“知道或应当知道”的，还需与被收购方向目标公司债权人承担连带责任。

此外，若被收购方系国有企业，人为低评用于出资的土地使用权价值导致确认的被收购方出资额降低的，还会涉及国有资产流失的问题。

4. 划拨用地不得直接用于出资

《中华人民共和国公司法》《中华人民共和国土地管理法》中均未对划拨的国有建设用地使用权是否可以用于出资进行规定，但从《中华人民共和国公司法》第二十七条对非货币出资资产的要求来看，划拨用地如果可以满足可评估、可转让的两个条件，则也符合《中华人民共和国公司法》的要求。而根据《公司法司法解释三》第八条规定：“出资人以划拨土地使用权出资，或者以设定权利负担的土地使用权出资，公司、其他股东或者公司债权人主张认定出资人未履行出资义务的，人民法院应当责令当事人在指定的合理期间内办理土地变更手续或者解除权利负担；逾期未办理或者未解除的，人民法院应当认定出资人未依法全面履行出资义务”。因此，划拨用地出资也并不为法律所禁止。

但需注意的是，根据《中华人民共和国城市房地产管理法》第四十条关于划拨用地转让的规定，在不改变用途的情况下，若以划拨用地出资也需报有批准权的人民政府审批。有批准权的人民政府准予转让的，应当由受让方办理土地使用权出让手续，并依照国家有关规定缴纳土地使用权出让金。有批准权的人民政府决定可以不办理土地使用权出让手续的，转让方应当按照国务院规定将转让房地产所获收益中的土地收益上缴国家或者作其他处理。同时，结合该条关于“房地产”的描述及《中华人民共和国城市房地产管理法》第四十八条抵押范围的规定，也不应允许无地上建成房屋的划拨用地单独出资或转让。

5. 被收购方原有经营状况影响实缴出资、股权转让的实现

被收购方在合作以前往往存在欠缴税款、对外负债等问题，虽然在合作以前收购方会安排进行尽职调查，但也可能无法了解到全部问题；且由于交易周期较长，在双方签订合作协议后、目标项目转让至目标公司前，可能也会因被收购方新出现的债务纠纷导致目标项目被采取保全措施或因欠缴税款而无法完成转让。另外，即使目标项目已经被转让至目标公司名下，因被收购方还享有对目标公司的股权，若被收购方与第三方发生债务纠纷，则被收购方所持有的目标公司股权也可能会被冻结，从而无法转让给收购方。因此，在合作期间，收购方应该采取印章共管等方式监督被收购方的经营活动，并且尽量要求被收购方为收购方垫付的前期建设资金等提供实物担保，以避免纠纷发生时收购方的利益遭受损失。

（四）"先投再转"模式实例评析

1. 案情简介

A 公司为一家综合性的集团公司，对外投资了多家子公司，通过子公司从事的行业涉及建筑安装、房地产、贸易、物流等。A 公司在 10 年以前曾经通过公开竞买方式获取一宗用途为住宅的国有出让建设用地，因涉及第三方占地问题导致该宗用地长期未能开发。后占地问题虽解决，但因 A 公司业务转型，不再从事房地产行业，所以导致项目用地一直闲置。

此前，A 公司因子公司经营融资的需要，将项目用地抵押给了某商业银行并办理了抵押登记，A 公司获得融资贷款人民币 2.5 亿元。现该贷款业务即将到期，但子公司无力还款，因此 A 公司拟将项目用地转让以解决纠纷。

B 公司系一家全国性的品牌房地产企业在当地投资的平台公司，因项目用地地理位置优越，了解到 A 公司的合作意愿后，B 公司拟投资项目用地进行开发。

2. 项目特点

B 公司经过对 A 公司及项目用地的尽职调查，发现目标项目具有如下特点：

（1）因 A 公司从事的业务类型复杂，且持有多家子公司的股权，并非单一的项目公司，因此不适合进行直接的股权转让。

（2）因项目用地长期闲置，未达到《中华人民共和国城市房地产管理法》第三十九条第一款第（二）项规定的"完成开发投资总额的百分之二十五以

上”的投资比例要求，因此也无法直接进行资产转让。

（3）项目用地上设置了抵押，若进行转让，则需清偿银行债务以解除担保。

（4）项目用地长期未开发，剩余出让年限仅有六十年，导致一定程度的价值贬损，且有可能被政府部门追究闲置用地的责任。

3. 债务处理及前期资金筹措

影响本次交易的主要债务是银行为A公司的子公司所提供的抵押担保贷款。因A公司无法自行清偿债务，也无法提供其他担保财产，所以需要由B公司提供资金解决该笔债务对交易的影响。B公司考虑到资金的安全性，通过关联的资产公司购买了银行的该笔债权，该资产公司同时取得了对项目用地的抵押权。

因当地土地管理部门要求以土地使用权出资的，所出资土地也需在投资（不含土地成本）达到的开发投资总额的25%以后方可办理过户登记手续。因此，该资产公司并未解除项目用地上的抵押担保。此外，该资产公司另行提供了一笔借款给A公司用于支付建设资金，A公司在项目用地抵押余额范围内将项目用地再次抵押给该资产公司。

各方约定，在A公司获得B公司支付的交易对价后，A公司负责以交易对价清偿该资产公司上述债务。

4. 项目公司设立及项目管理

在获得该资产公司的许可后，A公司以项目用地认缴出资的方式设立C公司。

C公司设立以后，通过与A公司签署代建协议的方式，进行项目用地的建设管理。同时，B公司委派人员担任C公司的执行董事及总经理，全面控制了C公司的实际经营。

因项目用地之前办理的规划建设许可均已过期，因此，代建过程中A公司重新为项目用地办理了开发建设手续，并负责招投标等项目建设管理工作，直至项目用地建设符合土地管理部门的转移登记条件。

代建过程中，B公司提供的全部建设资金均由A公司一次性支付至以C公司名义开立的A、B公司共管账户中，由A、B公司根据项目建设进度监管C公司对外支付。C公司的印章也由双方共管使用。

通过上述方式，既可以确保B公司按照未来的开发需要提前介入项目管理，也能保证A公司的合作利益不受影响。

5. 实缴出资及股权转让

在满足实缴出资要求且确认C公司股权不存在瑕疵后，B公司向A公司支付了首期股权转让价款，A公司以该笔股权转让价款清偿了该资产公司的债务，该资产公司解除了项目用地上的抵押权登记，A公司将项目用地转移登记至C公司名下。此后，B公司受让了A公司持有的C公司股权，并支付了剩余股权转让价款。在A公司的配合下，C公司自行办理了后续开发建设手续及商务合同变更事宜，本次交易完成。

二、先分再转

（一）“先分再转”模式简介

1. “先分再转”释义

先分再转，是指包括目标项目在内的复合型资产的持有方，通过公司分立的方式，将目标项目单独分立至适合进行股权交易的单一项目公司，再由项目公司股东将持有的部分或全部股权转让给收购方的交易。

2. “先分再转”的特点

公司分立在学理上可以分为存续分立和解散分立。在“先分再转”的交易模式中，比较常见的是存续分立。不同于普通的公司分立，“先分再转”模式下的公司分立有如下特点：

（1）分立目的不同。普通的公司分立，其往往是适应经营环境变化，实现经营战略调整、管理效率提升、资源利用效率提高等内生目的，以实现资源的优化配置。而“先分再转”交易模式下的公司分立，目的是按照交易各方的合意，分立出适合股权转让的单一项目公司。

（2）参与主体不同。普通的公司分立，参与的主体主要为被分立企业及其股东。而“先分再转”交易模式下的公司分立，除了上述主体之外，收购方一般也会参与其中，以便于收购方了解分立后项目公司的情况，并为后续股权转让做好准备，节约交易成本。

（3）债权债务承担主体不同。普通的公司分立，被分立企业的债权债务一般会根据分立的目的及分立后各公司注册资本情况进行分配，并由分立后的公司继续履行。而在“先分再转”交易模式下的公司分立，除了与目标项目相关的债权债务外，原则上拟转让股权的项目公司不再承接原公司的任何债权债务。

3. 以公司分立作为前置交易程序的优势

（1）不涉及交易对价，收购方无须承担前期投资风险。

在公司分立过程中，一般仅涉及账面资产和债权债务的划分，可以不涉及对资产实际价值的评估，甚至也无需对分立前的债务进行清偿。因此，收购方无须与被收购方或被分立企业之间形成资金往来，在项目公司设立、具备股权转让条件以前，收购方无须承担前期投资风险。

（2）以公司分立的完成作为实质性交易的起点，收购方与被收购方的责任清晰。

公司分立属于被分立企业的内部重组程序，并不属于商业交易的范畴。在公司分立前，收购方与被收购方往往仅签订框架协议，不进行实质性的交易；而在公司分立完成以后，双方才互负进一步交易的义务并享有相应的权利。

（3）公司分立为收购方提供了较长的观察期，有利于发现项目公司潜在风险。

公司分立本身即是一个了解和调整被分立企业经营状态的过程。同时，考虑到税收筹划等方面的因素，公司分立形成项目公司以后，一般还需经过一段时间才能进行股权交易。而项目公司一旦设立，收购方往往就会提前介入项目公司的经营活动，从而可以更深入地了解项目公司的情况，发现潜在风险，并为后续交易的顺利完成做好准备。

（二）“先分再转”模式交易结构

“先分再转”模式中主要交易环节是股权转让，但决定交易是否可以完成的关键环节是公司分立。因此，此种模式操作的重点在于收购方在公司分立阶段的提前介入，以实现两个环节的完美衔接。具体来说，此种交易模式主要分为如下步骤：

1. 分立准备与尽职调查

将被分立企业分立出一个符合收购双方交易条件的项目公司是“先分再转”模式的理想状态，但并不是所有的公司都适合进行分立。同时，公司分立也是一个复杂的过程，存在无法完成或无法达到预期效果的可能性。

为确保公司分立的顺利实施并能完成与收购方的合作，被分立企业在正式合作以前需先就自身的经营情况进行充分了解，进行财务审计和资产盘点等工作，为制定可行的分立方案做好准备。

而收购方也需对拟被分立企业进行尽职调查以确认实施“先分再转”交易

模式的可行性。该类尽职调查的调查要点与股权转让基本相同，但更关注被分立公司的资产、负债、已有成本等的可分割性。

2. 合作关系的建立

经过尽职调查，若收购方认为可以进行后续交易的，则收购方、被分立企业及其股东一般会签署合作框架协议，就后续公司分立、股权转让、对价确认方式、款项支付方式等事项进行约定。其中与公司分立相关的内容主要包括：

（1）拟分立设立的项目公司的注册资本金情况

因注册资本金较高的情况通常有利于进行金融机构融资等经营活动，所以收购方一般会要求在被分立公司原有注册资本金的范围内尽量提高拟分立设立的项目公司的注册资本金金额。但是，如果项目公司分立完成后，收购方可能会采取增资方式持有项目公司股权的，则一般对项目公司注册资本无上述要求。

（2）拟分立设立的项目公司的股权结构情况

公司分立的，分立后各公司的股东持股比例情况往往与被分立公司保持一致，但实践中也存在股权比例发生变化的情形。股权比例发生变化往往被认为在公司分立过程中发生了原股东之间的股权转让，但在“先分再转”模式中一般不会出现此种情况，即项目公司股东持股比例情况与被分立企业一致，只是注册资本金及对应每个股东的出资同比例进行了缩减。

（3）目标项目分立至存续公司还是新设公司

该问题主要基于税收筹划、便于经营等方面的因素进行选择判断。通常情况下，如果公司其他资产主要为动产或价值低于目标项目的不动产，或者目标项目急于开发的，则一般会将目标项目保留在存续公司而将其他资产转移到新设公司，从而实现资产的切割。

（4）与目标项目相关的债权债务的分配方式

公司分立时，一般会将被分立企业大部分的债权债务剥离至项目公司外，但是若该债权债务与目标项目获取相关，或者系与被分立企业的股东之间发生，则大多会分配至项目公司。原因在于前者与项目公司成本的确认有关，而后者有利于优化收购方未来支付的交易价款结构，便于税收筹划。

（5）分立至项目公司的目标项目是否可以获取完整并可用于税务抵扣的成本票据

因对房地产企业进行公司分立的最终目的仍是对目标项目进行转让或合作开发，因此，与目标项目相关的成本票据的获取是所有收购方极为关心的问题，对于缺失的成本票据，一般会要求在分立前进行相应的处理。

收购方对上述问题的考量，系“先分再转”模式下被分立企业制定分立方案的重要基础和依据。

3. 分立方案的制定

根据《中华人民共和国公司法》第四十六条规定，公司分立的方案由董事会制定。分立方案主要涉及如下几个方面：

（1）确定分立的基准日：一般以分立所依据的审计报告中所确定的审计日为分立基准日。

（2）资产划分：划分范围包括流动资金、动产、不动产和无形资产等。

（3）业务划分：包括资质、许可、知识产权、业务资源的归属和业务范围的划分。

（4）债务处置方案：对分立前需清偿的债务应确定清偿方案，对分立前未到期或无法清偿的债务需明确分立后的承担主体。

（5）员工安置方案：公司分立若拟适用增值税优惠政策的，项目公司也需接收被分立企业的一部分工作人员。

（6）分立进度及资产交割安排。

（7）其他事项的安排。

在“先分再转”模式中，被分立企业董事会制作公司分立方案时，不仅要依据本企业核实的资产负债情况及后续发展需要进行，同时也会参考收购方基于前期尽职调查对分立方案提出的意见和建议，以便于后续收购方与被分立企业及其股东最终确定的交易方案可以实现。

4. 分立方案的确定与实施

（1）公司股东会关于分立方案的决议

根据《中华人民共和国公司法》第三十七条、第四十三条规定，公司分立应当由股东会以会议决议方式决定，该项决议必须经代表三分之二以上表决权的股东通过。如果被分立企业的《章程》对于分立方案的表决另有规定的，则需按照《章程》规定进行表决。

分立决议或一人有限公司的分立决定应当包括：分立形式，分立前后公司的名称，分立后公司的注册资本，分立后原公司债权、债务的承继方案，公司分公司、持有其他公司股权的处置情况。

根据《中华人民共和国公司法》第七十四条规定，对股东会关于公司分立的决议投反对票的股东可以请求公司按照合理的价格收购其股权。自股东会会议决议通过之日起六十日内，股东与公司不能达成股权收购协议的，股东可以自股东会会议决议通过之日起九十日内向人民法院提起诉讼。因收购异议股东持有的公司股权后，被分立企业应进行减资，为不影响公司分立的进度，通常情况下，对于异议股东的股权多通过转让给其他股东的方式解决。

（2）签署《分立协议》

公司分立经股东会决议通过后，由分立后的各公司的代表根据股东会的决议，就资产分割、债权债务的分担、股权安排等事项及其具体实施办法进一步达成一致协议。

（3）编制公司财务及财产文件

根据《中华人民共和国公司法》第一百七十五条规定，公司分立时应当进行财产分割，分割的具体数额和办法根据股东会决议和分立协议进行。为妥善处理财产分割，还应当编制资产负债表及财产清单，该项工作一般由董事会负责实施。

（4）通知债权人并发布公告

根据《中华人民共和国公司法》第一百七十五条第二款规定："公司应当自作出分立决议之日起十日内通知债权人，并于三十日内在报纸上公告。"

其中，通知债权人应通过适当的方式进行，即对于其中债务清晰的债权人，应通过书面方式直接将该通知送达债权人有效的联系地址，并应尽量与债权人协商确定债权转移或清偿方式；对于因未结诉讼等原因导致债权金额暂无法确定的债权人，也应通过书面方式告知分立事项。即在债权人明确的情况下，无论债权金额是否确定，被分立企业均不应通过报纸公告等针对不特定人的媒介作为通知送达方式，否则可能被认定为未履行通知义务而导致分立过程存在瑕疵。

分立的报纸公告一般应在全国范围内发行的报纸上发布，其内容主要包括：分立各方的名称、分立形式、分立前后各公司的注册资本等。

（5）依法办理工商登记手续

解散分立的，新设立的公司要办理设立登记，原公司办理注销登记；存续分立的，派生的公司办理设立登记，原公司办理变更登记。因公司分立申请办理公司登记，自公告刊登之日起四十五日后，可以同时申请办理公司注销、设立或者变更登记。

但需注意的是，若项目公司为存续公司而非新设公司的，一般会在分立完成后申请对项目公司进行名称变更，并启用新的印鉴，以便于区分责任。

（6）资产交割

根据分立方案，对于分立至新设公司的不动产、知识产权、需登记的动产等，应办理权属变更登记手续并缴纳相应的税费。至此，公司分立基本完成，项目公司正式设立。

5. 过渡期

公司分立完成后至收购方受让项目公司的股权以前，一般称为过渡期。若项目公司拟适用企业重组业务企业所得税特殊性税务处理的，则该过渡期需超过十二个月；若无上述要求，则根据股权转让程序的实际办理时间确定。

在过渡期内，项目公司主要工作是进行人员调配，开展分立后的相关业务衔接工作，办理商务合同的权利义务概括转移等。收购方可以在该期间开始介入项目公司管理、办理房地产开发建设手续，有的被收购方会将项目公司直接托管给收购方。

过渡期内，项目公司印章、账户、资料等一般即开始由收购方参与共管。

6. 收购方与分立后的项目公司签署股权转让协议，完成股权收购

股权转让完成后，目标公司将再次进行公司治理结构调整并完成后续开发建设。

关于过渡期及股权转让阶段相关具体操作事宜，可参考本节“先投再转”模式下的相关内容介绍。

（三）“先分再转”模式主要交易风险及解决方案

1. 目标公司就被分立公司分立前的债务承担连带责任的风险

根据《中华人民共和国公司法》第一百七十六条规定：“公司分立前的债务由分立后的公司承担连带责任。但是，公司在分立前与债权人就债务清偿达成的书面协议另有约定的除外。”虽然现行《中华人民共和国公司法》取消了旧法中公司债权人要求“清偿债务”和“提供担保”的请求权，但即使被分立企业按照《中华人民共和国公司法》第一百七十五条规定履行了通知义务，而债权人未予回应的，也并不产生“除权”的效果，分立后的各公司仍应就分立以前的债务承担连带责任。

为解决隐性负债、或有负债、隐瞒负债给收购方带来的投资风险，收购方

可要求被分立企业及其股东配合实施如下解决方案：

（1）在公司分立阶段尽量梳理及确认可能发生的债务金额，并在与债权人充分洽商的基础上就其处理方式在分立方案中进行明确。

（2）在与被收购方的交易对价中预留部分款项，待或有负债的风险消除或达到其他约定条件后再支付给被收购方。

（3）要求被收购方就或有债务提供可行的第三方担保或者不动产的抵押担保，但因或有负债能否发生具有不确定性，由此导致此类担保的效力可能存在争议。因此，具体操作时需注意此类担保应以合法并可操作性的形式执行。

（4）在收购协议中约定回购条款，当或有债务达到一定的标准后，强制被收购方溢价反向收购已经转让的股权，并需提前落实回购价款资金来源。

（5）在收购协议中约定被收购方未充分披露各类负债时应承担的违约责任。

2. 无法隔绝原股东瑕疵出资的风险

因项目公司的注册资本金来源于被分立企业中原股东的出资，公司分立程序虽然使得原出资被分割，但是瑕疵并未被分割；若仅部分出资存在瑕疵，通常情况下也无法严格区分该瑕疵部分对应的是分立后的哪个公司的出资。若被收购方的股权存在出资不实、抽逃出资等瑕疵且收购方对该瑕疵情况明知的，则一旦出现债权人追索的情况，可能会导致收购方需就瑕疵出资承担连带责任。为此，也需采取类似于上述防止债务风险的措施，对瑕疵出资风险予以隔绝或救济。

3. 分期开发项目成本难以区分的风险

房地产开发企业经营过程中往往会同时获取毗邻的多宗用地，并作为一个房地产项目开发，各地块进行一体规划，建设工程对外发包也一体进行。在此情况下，有关多宗地块的同类事项可能仅签订了一份商务合同。但若收购方选择仅就其中的部分地块进行合作，则存在此前签署的商务合同及税务票据是否可以分割的问题。若无法分割，则对应的成本可能也就无法在分立后的各企业之间进行分配，导致对应目标项目的成本部分也无法在项目公司确认。

为防止该风险发生，在公司分立过程中，需要做好财务调整工作，更重要的是需要与存在上述问题的商务合同的相对方签署补充协议、分割合同内容，并重新开具相应的税务票据，以便项目公司未来可用于确认目标项目成本。

（四）“先分再转”模式实例评析

1. 案情简介

某房地产公司 A 因经营不善导致现金流紧张，无法继续开发名下的房地产项目。B 公司为资金雄厚的大型房地产公司，拟参与上述房地产项目的开发。经过前期的沟通及尽职调查，B 公司发现 A 公司名下除了拟合作的目标项目用地外，还持有此前开发的其他房地产项目中大量剩余的未售商业物业，去化率低。若直接进行股权转让，则无法及时对该部分未售物业进行处置，若低价销售则会给 A 公司及其股东造成重大损失。同时，由于 A 公司在获取目标项目用地时与当地政府签署了相关的合作协议，明确其不得将项目用地转让给其他主体，因此，也无法进行资产转让。经过协商后，双方拟采取“先分再转”的方式进行合作。

在分立前，B 公司在尽职调查过程中着重了解了 A 公司的对外负债情况，发现由于 A 公司的实际控制人蔡某本身债权债务关系十分复杂，与第三方的款项往来部分是通过 A 公司进行但并未用于 A 公司经营。因此，决议分立以前 A、B 公司对 A 公司的债务情况进行了确认，根据确认结果，B 公司认为 A 公司及分立后的 C 公司的账目流动资金情况无法解决全部欠款问题。但考虑到目标项目的市场价值，各方仍同意继续进行交易。

在 A 公司及其股东与 B 公司洽商过程中，原与 A 公司实际控制人蔡某资金往来频繁的自然人王某主张其为持有 A 公司 40% 股权的隐名股东，要求 A 公司先返回其投资并支付回报，否则不同意 A 公司继续进行公司分立。

2. 项目特点

（1）A 公司对外负债金额较高且部分对外资金往来的法律性质并不清晰。

（2）A 公司实际控制人蔡某称自然人王某并非 A 公司隐名股东，仅仅是向该实际控制人蔡某提供过借款，而该笔借款虽用于 A 公司经营使用但已经在公司分立方案中列为股东借款，在该股东借款获得清偿后会清偿自然人王某。因此，关于自然人王某是否属于隐名股东存在争议。

（3）A 公司无法直接进行股权或资产转让，公司分立是进行后续合作的唯一可行的交易模式。

（4）A 公司虽无良好现金流，但持有大量物业，可以作为担保物降低 B 公司的投资风险。

3. 公司分立方案的确定

因A公司名下同时持有目标项目及其他未售物业，因此，A、B公司经协商一致，拟从A公司派生分立出C公司，A公司继续存续（分立后存续的A公司名称变更为A1公司）；将目标项目及与其相关的债权债务、负责前期报建的少量工作人员留在A1公司；原A公司中所有未售物业转为自持物业，除其中的两套房屋外，其他的自持物业及与目标项目无关的资产及人员等均分立至C公司名下。分立完成后，由A1公司股东作为交易主体与B公司进行股权转让，向B公司转让A1公司的95%股权，C公司继续通过出租等方式运营自持物业。

4. 排除影响分立的外部障碍

（1）债务风险排除方案

因对外负债金额超过A公司账目可支配的流动资金金额，因此，合作各方明确约定除A公司股东或其关联方对A公司提供的股东借款外，A公司的全部其他对外债务均由C公司承接，且A1公司未来偿还的A公司股东欠款应优先用于清偿对外负债。经A公司沟通后，大部分债权人均接受上述方案，少量不接受该方案的债权人，A公司也通过以未售物业抵债的方式解决。

对于A1公司未来可能需承担连带责任的或有负债，A公司及其股东同意在未来股权转让时A公司原股东蔡某预留5%股权暂不转让，对应股权转让价款B公司也无须支付。同时，A公司将原应分立至C公司的两套房屋留在A1公司以备清偿或有负债。若在股权转让后三年内未出现分立时未处理的债务的，则三年期限届满蔡某将A1公司5%的股权转让给B公司或其指定的主体，此前B公司未支付的该部分股权对应的转让价款及该两套房屋的销售收益将以A1公司股东分红或股权转让价款的形式支付给蔡某；若出现新的负债，则自该部分股权对应转让价款及该两套房屋的销售收益中清偿债务，不足清偿部分自未来分配给蔡某的A1公司利润中扣除或由蔡某据实承担。但蔡某继续持有A1公司5%股权期间，其不再参与A1公司经营活动，不享有A1公司其他收益的分红权，也不再负有对A1公司及其名下房地产项目投资的义务。

（2）与自然人王某的和解

王某虽称其为A公司的隐名股东，但经过A、B公司与王某进行沟通，发现王某也并不反对A公司与B公司的本次交易，且王某也急于取得收益予以变现。为此，各方同意在分立完成后，由B公司为蔡某提供专项借款，并由C公司以名下房屋为蔡某提供债权担保。蔡某以B公司提供的借款清偿王某提供的资金并适度满足王某的回报要求，至此王某不再主张隐名股东的权益。

第四节　股权交易型收购中的特殊问题

一、明股实债

（一）“明股实债”模式简介

1. “明股实债”释义

“明股实债”，顾名思义，即名为股权投资实为债权投资，也称为“阶段性股权让渡”，这并不是一个法律概念而是一个从实践中产生的概念。它是指投资方将所投资金以股权投资模式进入被投资企业，但附带股权回购条款，即约定达到一定期限或满足一定条件后，由被投资企业原股东或其关联方回购（个别情况下也由被投资企业回购）投资方持有的被投资企业股权，并支付给投资方约定的投资回报。

这种融资手段与单纯的股权投资或债权投资的主要区别在于，投资方形式上通过股权的形式投资，但通过交易结构的设计使得投资方获得等同于债权投资的固定有保障的回报，而无须承担投资亏损的风险。

2. “明股实债”的特点

房地产行业属于资金密集型行业，其对资金的强烈需求也催生了各种新型融资模式。“明股实债”的投资模式在房地产投资领域被大量运用，主要基于其有如下四方面的特点：

（1）对被投资企业而言，股权融资可以在获得大量资金注入的同时而不占用授信额度，并能够不同程度地降低资产负债比，还可以兼容其他的融资模式。

（2）对被投资企业的原股东而言，不仅能够解决融资渠道不畅的问题，且在阶段性融资结束、投资方股权退出后，原股东仍可以获得被投资企业完整的管理权利及后续的资产处置和利润分配权利。

（3）对投资方而言，此种模式可以规避有关开展金融业务资质的法律规定，并能够同时满足高投资回报率及低投资风险的要求。

（4）对资产管理方而言（包括但不限于信托公司、券商资管计划等），可以在这种交易模式中扩大管理规模并取得相当可观的收益。

3. “明股实债”的法律性质

虽然在实践中，“明股实债”已经成为房地产领域一种重要且广泛使用的融资方式，但由于它既不是典型的股权融资也不是典型的债权融资，其法律性质存在争议。在司法裁判中，其若被认定为债权投资，则受民间借贷利息比例的限制，投资方的预期收益可能无法实现；若被认定为股权投资，则在被投资企业利润率无法覆盖全部约定的收益回报的情况下，投资方也无法按照约定的金额及时间获得预期收益。

（二）“明股实债”模式交易结构

“明股实债”大量存在于“对赌协议”中，但并非所有的“对赌协议”都属于“明股实债”。就“对赌协议”的相关问题而言，在《最高人民法院关于印发〈全国法院民商事审判工作会议纪要〉的通知》（法〔2019〕254号，以下简称《九民纪要》）第二部分第一款中进行了专门规定，这对理解“明股实债”模式的交易结构具有重要意义。总结相关法律规定、最高人民法院的司法观点以及司法实践中的相关判例、实操中的相关案例，可以将“明股实债”模式的交易结构分解如下：

1. 不同股权变动模式下的投资款支付

（1）股权转让模式下投资款支付

即为了目标项目的用地获取或开发建设，被投资企业原股东将持有的被投资企业一部分股权转让给投资方；同时，投资方支付给原股东的股权转让价款全部支付给被投资企业用于目标项目用地的获取或目标项目开发建设。

（2）增资模式下投资款支付

即为了目标项目的用地获取或开发建设，投资方所投资金以增资款的方式支付给被投资企业，用于目标项目用地的获取或目标项目开发建设，被投资企业原股东所持有的股权比例被相应稀释。

（3）股债交叉模式下投资款的支付

股权转让或增资模式下“明股实债”的一种特例是，根据投资方与被投资企业原股东确认的股权变动后各方的持股比例，投资方仅支付少量（实际上可能不支付）股权转让价款给原股东，或仅进行少量金额的增资，而大部分投资款以投资方的股东借款形式直接支付给被投资企业用于目标项目用地的获取或目标项目的开发建设。此种模式中“股东借款”部分属于债权投资，不属于“明股实债”。但若投资方不仅取得了正常的债权投资收益，且借助持有的被投资企业股权在退出时通过股权回购价款、补偿款等形式实现了超过股权价值的额外收益的，则针对股权的这部分操作仍属于“明股实债”。

（4）资金监管

无论采取何种股权变动方式进行投资，为确保交易安全，投资方与被投资企业原股东双方一般还会设置多个共管账户，分别用于投资方提供的投资款及目标项目销售回款的收付监管。

2. 收益模式

“明股实债”的核心是“估值调整机制”，即为解决交易双方对被投资企业未来发展的不确定性、信息不对称以及代理成本而设计的包含了股权回购、金钱补偿等对未来被投资企业的估值进行调整的机制。简单来说，在“明股实债”的模式下，若根据被投资企业经营情况，投资方所应获得的股权收益无法满足投资方预设的投资回报要求时，被投资企业或其原股东应通过支付股权回购价款、补偿金等方式确保投资方取得预设的投资回报。实践中，为达到上述目的，在投资方、被投资企业原股东和/或被投资企业签署的《合作协议》中，一般会通过如下两种方式对收益模式进行约定：

（1）退出对价模式

合同各方当事人约定到期无条件回购或溢价回购投资方的股权，投资方通过股权转让价款取得固定收益，其收益不与公司业绩挂钩，投资方亦不追求对被投资企业的股权进行管领和支配。此种方式大多出现在融资时间短、投资方在被投资企业未达到利润分配条件即需退出的合作交易中。

（2）分红+兜底模式

根据《中华人民共和国公司法》第一百六十六条第四款的规定，被投资企业弥补亏损和提取公积金后所余税后利润，按照实缴出资比例或股东约定的其他方式进行分配。因此，投资方的投资收益来源可以包括被投资企业所分配的利润，且根据与被投资企业原股东的约定，在公司已经形成的可分配利润金额的范围内，投资方的收益可以通过倾斜分配比例的方式优先通过利润分配实现；但对于超过被投资企业可分配利润范围的投资方差额固定收益，则需要通过被投资企业或股权回购方支付兜底补偿款或兜底调差价款（如股权转让价款）的方式支付给投资方，以实现投资方的全部固定收益。

3. 股权回购

（1）回购主体

股权回购的主体一般为被投资企业原股东或者其指定的关联方，且此种回购交易在投资方支付投资款以前即需要交易各方签署协议予以约定，并需要股权回购方提供相应的担保措施以确保投资方的回报足额实现。

在特殊情况下，也有被投资企业回购投资方股权的情况存在，但回购完成后，被投资企业需进行相应的减资处理。

（2）回购模式

根据股权回购行为系通过合同约定的条件强制触发，还是需根据一方的意思表示进行触发，可分为强制回购与非强制回购。

A. 强制回购

即在合作协议中明确约定了股权回购的具体时间或条件，在达到该时间或条件时，投资方需按照预设的条件转让股权，回购方有义务按照预设的条件受让股权，任何一方均不得拒绝。

B. 非强制回购

即在合作协议中仅约定了投资方“有权”转让股权的条件，或回购方“有权”收购股权的条件，而是否实施回购则取决于“有权”方是否在达到条件后行使该项权利。而权利方一旦行使回购权利，则相对方必须予以配合。

（三）“明股实债”模式主要交易风险及解决方案

1. 关于合同效力的争议

（1）投资方与被投资企业原股东之间的约定适用“自愿原则”

《中华人民共和国民法典》第五条规定：“民事主体从事民事活动，应当遵循自愿原则，按照自己的意思设立、变更、终止民事法律关系。”明股实债关系的建立系基于自愿订立的“合同”，因此，合同的履行也应根据合同约定遵循“自愿”原则。对投资方与被投资企业原股东内部关系产生的股权权益争议纠纷，即使属于“明股实债”，也可以认定当事人之间的约定有效。

（2）投资方与被投资企业之间的约定并非必然无效

《最高人民法院关于审理联营合同纠纷案件若干问题的解答》第四条第（二）项规定：“企业法人、事业法人作为联营一方向联营体投资，但不参加共同经营，也不承担联营的风险责任，不论盈亏均按期收回本息，或者按期收取固定利润的，是明为联营，实为借贷，违反了有关金融法规，应当确认合同无效……”根据该规定，投资方与被投资企业之间关于固定回报补偿的约定，违反了法律的强制性规定，应认定为无效。

虽有上述规定，但实践中一般认为，即使在各方关于投资回报约定无效的情况下，投资方的权利也并非无法得到救济。在投资方的投资被认定为债权投资而非股权投资的情况下，其后果是投资方可以向被投资企业主张债权，但受限于《最高人民法院关于审理民间借贷案件适用法律若干问题的规定》中关于“借贷双方约定的利率超过年利率 36%，超过部分的利息约定无效”的规定，投资方可能无法获得预期的收益，一般认为高出上述比例的部分无法得到法院支持。

同时，《九民纪要》中对“对赌协议”效力的规定，也体现了司法实践中对此类约定的法律效力认定的变化。其认为“既要坚持鼓励投资方对实体企业特别是科技创新企业投资原则，从而在一定程度上缓解企业融资难问题，又要贯彻资本维持原则和保护债权人合法权益原则，依法平衡投资方、公司债权人、公司之间的利益”。“投资方与目标公司订立的‘对赌协议’在不存在法定无效事由的情况下，目标公司仅以存在股权回购或者金钱补偿约定为由，主张‘对赌协议’无效的，人民法院不予支持。”因此，“明股实债”交易的约定并非必然无效，需结合是否属于抽逃出资、是否达到利润分配条件等因素进行综合考量予以认定。

(3) 对外关系的“外观主义”

对于公司股东身份的确定，《中华人民共和国公司法》第三十二条作了原则性规定，根据该条第二款、第三款的规定，记载于股东名册的股东，可以依股东名册主张行使股东权利；登记事项发生时，公司有义务及时办理变更登记，并明确了登记的公示效力。第三人不受当事人之间的内部约定约束，而是以当事人之间对外的公示为信赖依据。因此，投资方若主张其投资属于债权性质并要求取得固定回报的，则违反了公司法的强制性规定并侵害了公司债权人的利益，应属于无效。相较于其他债权人而言，被投资企业如果进入破产清算程序，股权投资只能在债权之后得到受偿，投资方的收益权具有劣后于其他债权投资人的风险。

基于对合同效力的上述争议，为降低投资方的风险，可以通过分红 + 兜底的方式对投资方的收益模式进行约定，并将兜底的主体约定为被投资企业原股东而非被投资企业，同时由被投资企业原股东指定的其他主体就该原股东的款项支付义务提供足额担保，以最大限度降低投资方的投资风险。

2. 对被投资企业经营管理权的限制

《中华人民共和国公司法》第四条规定："公司股东依法享有资产收益、参与重大决策和选择管理者等权利。"虽然"明股实债"交易中，投资方一般不要求行使对被投资企业日常经营事务的管理权。但是出于交易安全的考量，投资方一般也会要求享有对被投资企业日常经营管理事项的知情权和重大事项的最终决策权，并会委派人员担任被投资企业核心岗位的管理人员，参与被投资企业一定金额的对外付款或缔约行为的审批过程。而被投资企业或其原股东作为投资方投资回报的支付义务方及被投资企业经营风险的最终承担方，也应对投资方的管理权利进行严格限制，以避免被投资方利用大股东地位过分干预被投资企业的经营活动，或出现转移利润、非公允关联交易等损害被投资企业及其原股东方利益的行为。

3. 担保措施的有效性

实践当中，被投资企业或其原股东就回购股权及按约支付投资回报，一般会向投资方提供一定形式的担保，但此类担保可能因如下两种因素而无法实现担保效果：

（1）因"主债权"不具有真实性、合法性而无效

实践当中存在投资方向被投资企业原股东支付股权转让价款，原股东将资金投入被投资企业，被投资企业将名下房地产项目抵押给投资方，作为支付返还收益的担保措施的交易。

但若在返还收益的支付条件尚未成就、回购交易尚未开始时被投资企业破产，或者付款义务人为被投资企业原股东而担保合同约定的主债务人为被投资企业的情形下，则因主债权未真实存在或所担保的主债权存在效力瑕疵，而导致出现担保无效的情形。

同时，在明股实债合同无效情况下产生的返还投资款的债务，属于合同之债，不属于担保范围，因而也并不具有法定优先和约定优先的效力。

（2）因担保物权设置方式存在瑕疵而无法实现优先受偿权

不动产抵押担保、部分权利质押担保需以登记为生效要件，动产抵押和部分质押担保虽可以交付实物或权利凭证为生效要件，但未经登记不具有对抗第三人的效力。若不具备上述生效或对抗要件时，则约定的担保措施无法确保投资方优先受偿权的实现。

4. 退出方式的可操作性

虽然投资方、被投资企业及其原股东可能在合作协议中已经对投资方未来通过股权转让方式退出合作关系的权利进行了约定，但基于以下原因，投资方的退出可能无法顺利实现：

（1）对退出程序的启动方式未明确约定。

（2）对投资方退出时回报收益取得的路径未明确约定。

（3）对投资方退出时应取得回报收益计算方式的约定存在歧义。

（4）投资方或被投资企业和/或其原股东（含其指定的作为回购方的关联方）拒绝配合回购。

（5）原约定的回购方不具有回购能力。

（6）被投资企业进入破产程序或出现其他影响投资方退出的情形出现。

对于其中的前五种情形可以通过协商并签订补充协议的方式推动各方履约，或通过诉讼方式解决争议与纠纷；但若出现第（6）种情形的，则将可能会导致投资方的投资目的落空，甚至无法收回全部投资。

（四）“明股实债”模式实例评析

1. 案情简介

2016 年 12 月，某投资方 A 公司与某房地产开发企业 B 公司、B 公司的唯一股东 C 公司、C 公司的大股东及法定代表人贾某共同签订了《增资协议书》，A 公司向 B 公司增资人民币 8000 万元。协议中关于业绩对赌部分的内容为：B 公司 2018 年净利润不低于 5000 万元人民币；如果 B 公司 2018 年实际净利润未能达到 5000 万元的，则首先，A 公司有权要求 B 公司予以补偿，如果 B 公司未能履行补偿义务，A 公司有权要求 C 公司履行补偿义务；补偿金额的计算公式为“［（5000 万元－2018 年实际净利润）/5000 万元］×8000 万元”。其次，A 公司有权要求 C 公司回购 A 公司因增资所持有的 B 公司的股权，回购价格按照增资额 8000 万元每年上浮 20% 计算。B 公司就上述回购价款的支付为 C 公司提供信用担保。

因 B 公司 2018 年实际净利润仅为 2000 万元，未达到《增资协议书》约定的该年度承诺净利润额。A 公司遂于 2019 年 6 月要求 B 公司、C 公司向其支付补偿款 4800 万元，并要求 C 公司按照 12672 万元的价格回购 A 公司持有的 B 公司股权。

2. 项目特点

（1）B 公司缺乏对补偿款的支付能力，但仍具备盈利能力，未来可持续产生较为稳定的利润。

（2）C 公司的收入来源仅限于 B 公司的经营收益，且贾某缺乏继续为 C 公司投资的能力。

（3）B 公司经营所使用的资金，除来源于 A 公司的增资款及 C 公司的实缴出资和股东借款外，不存在其他金融借款或大额民间借贷资金。

3. 业绩补偿

关于 B 公司支付业绩补偿的约定，虽然部分法院认为其违反了《中华人民共和国公司法》的强制性规定，损害了公司及公司债权人的利益，是无效约定。但鉴于 B 公司经营资金的来源比较单一，在不损害债权人利益的情况下，若 A、B 公司均同意自愿履行，则 A 公司要求 B、C 公司支付业绩补偿款的权利还是应该得到保护，但需受限于司法解释规定的对民间借贷利率上限标准的规定。

针对 B、C 公司缺乏资金但名下持有未销售房地产项目的现状，可以通过以房抵债等方式予以解决或保障。

4. 股权回购

本案中约定的是“非强制回购”的股权回购模式，在 A 公司已经主张要求 C 公司实施回购行为的情况下，C 公司有义务予以配合。但鉴于 C 公司缺乏支付股权回购价款的能力，也应许可 C 公司引进新的合作方收购 A 公司所持有的 B 公司的股权，且在此情况下，A、C 公司对所持有的 B 公司股权的处置都应受“股权回购”约定的限制，即任何一方未经对方同意，均不得擅自处置其所持有的 B 公司股权。

二、小股操盘

（一）小股操盘模式简介

“小股操盘”是指在房地产公司中的非控股股东作为操盘方，负责控制公司的经营管理及房地产项目的开发建设，其他股东均不参与公司日常经营管理的一种管理模式。

从法律风险控制角度，即使实行认缴出资制，注册资本实际上也属于股东对公司的一种债务，因此，具有投资能力的房地产开发企业在与合作方共同对外投资时，基于风险防控的考虑，往往不再追求注册资本金或持股比例方面的优势，而更关注于对合作公司的实际控制权的享有。同时，对外投资的方式也逐渐从股权投资转为债权投资。基于上述原因，“小股操盘”模式便应运而生。

“小股操盘”并非一种单独的交易模式，而是股权合作过程中合作各方对合作公司运营方式的一种安排。“小股操盘”就意味着在同等的资产规模下可以支持更大的经营规模，获得更大的市场份额，也成为操盘方捍卫市场地位的一种战略安排。相较于传统的大股东方操盘，小股操盘方式对于操盘方来讲，具有投入小、收益大、管理和品牌输出快、放大自有资金投资回报率等优点，从而越来越受到品牌开发商的青睐。

（二）小股操盘模式交易结构

1. 公司治理结构设置

（1）股东会的一致行动或特别投票权

因《中华人民共和国公司法》对股东会的职权及表决程序等事项规定的较为详细，因此，在“小股操盘”模式下，一般通过尽量限制股东会会议决议事项范围并约定全体一致决议或高比例决议的决议机制，使得大股东无法在股东会会议中独立形成有效的决议。有时也通过直接设置“同股不同权”的表决方式，提高操盘方所代表的表决权，或者赋予操盘方“一票否决权”“一票通过权”等特殊表决权来实现“小股操盘”。

（2）董事会的相对多数决议程序

所谓“小股”是根据股东的出资比例而言，而董事会的组成或执行董事的任命则与股东的出资比例没有直接关系，因此，在董事会或执行董事的层面，通常是由操盘方在董事会中占据多数席位或担任执行董事，从而可以单独决定绝大多数董事会（执行董事）职责范围内的事项。在设立董事会的公司中，董事长一般由操盘方推荐的人员担任；在设立执行董事的公司中，操盘方推荐的人员担任执行董事。董事长或执行董事一般同时担任合作公司的法定代表人。

（3）总经理负责制

总经理由操盘方推荐的人员担任，负责除股东会、董事会/执行董事、监事（会）职权以外的合作公司全部日常经营事务。总经理可能由董事长或执行董事兼任，是公司经营管理和行政工作的组织者和领导者，操盘方主要通过总经理实现对企业的经营自主权、业务工作的指挥权、企业内部人事任免权和对员工的奖惩权等。

（4）其他高级管理人员的平衡分配

对于合作公司的财务总监、设计总监、招标采购部门负责人等，一般由合作各方根据业务专长进行平衡分配。但若一方推荐的人员担任部门正职负责人时，其他合作方推荐的人员一般会担任部门副职负责人，以确保知情权或重要事项的参与决策权。

2. 操盘方投资回报方式

操作方除获得合作公司的股东分红、债权性投资的利息、担保费用以外，往往还会向合作公司收取品牌使用费，并获得管理费结余。

品牌价值是一种重要的无形资产，而品牌使用费是指操盘方将其品牌授权给合作公司使用，合作公司利用操盘方品牌获得更好的市场回报，从而由合作公司支付给操盘方的费用。

管理费是指合作公司行政管理部门为管理组织经营活动而发生的各项费用。在小股操盘模式下，操盘方一般对合作公司的管理费采取包干使用的方式，即操盘方按照销售收入的一定比例安排使用合作公司管理费。若实际发生的管理费少于包干金额的，则结余部分归操盘方所有，并由操盘方开具发票给合作企业；若实际发生的管理费高于包干金额的，则由操盘方负责补足差额，合作公司不再列支。

3. 操盘方的“并表”权

根据合作各方的意愿、项目状况、合作公司发展前景等，操盘方可能会要求“并表”权。“并表”即“合并财务报表”，是指反映母公司和其全部子公司形成的企业集团整体财务状况、经营成果和现金流量的财务报表。根据《企业会计准则第33号——合并财务报表》第七条第一款、第二款规定：“合并财务报表的合并范围应当以控制为基础予以确定。控制，是指投资方拥有对被投资方的权力，通过参与被投资方的相关活动而享有可变回报，并且有能力运用对被投资方的权力影响其回报金额。”同时，该准则中对如何认定对被投资方“拥有权力”进行了规定。而根据上述公司治理结构的安排，可以实现操盘方对合作公司的“并表”权。

4. 操盘方的融资义务和资金统筹权利

合作公司的资金来源分为股东投入（包括股权性投入和债权性投入）和外部融资两部分。即使在“小股操盘”的情况下，股东投入也一般由合作各方按照持股比例对等同步进行，而外部融资则一般由操盘方承担主要义务。该“外部融资义务”体现在两个方面，一方面是落实外部融资机构，另一方面是提供外部融资机构接受的担保措施。该担保措施一般由合作各方共同提供，合作公司向提供担保的股东支付一定金额的担保费用。但若需由操盘方单方提供担保措施的，则操盘方还会要求未提供担保的股东额外向操盘方支付更高比例的担保费用。

对于以合作公司名义募集到的资金，一般由操盘方负责统筹使用。使用方式也分两种情形，一种是在合作公司内部封闭运行，另一种是根据操盘方所属集团的要求，支付至集团设立的财务公司专门账户中，由集团统一调拨使用，但财务公司会向合作公司支付相应的资金利息。

5. 操盘方的项目管理权利

操盘方的“操盘”内容主要是针对合作公司名下房地产项目的开发过程而言，即操盘方向合作公司开放其资源方平台，通过操盘方所属集团完善的招投标体系及供方管理机制，为合作公司争取条件更优的设计、施工、采购等方面的供应商，以较低的价格获得更好的市场资源和服务。

6. 操盘方的提前退出

房地产项目开发周期一般较长、资金占用率高，而操盘方追求的却是资金的高周转率和投资的高回报率。为此，操盘方一般会在销售达到一定比例并完成相应的结算、利润分配后提前退出合作公司，以固定其投资收益。操盘方的退出方式包括股权转让或不等比减资等。

操盘方退出时，合作各方会对合作公司剩余资产价值进行评估或按照约定的方式进行计价，以此作为合作方退出时股权受让方或合作公司应支付对价的依据。

（三）小股操盘模式主要交易风险及解决方案

1. 防止操盘方滥用“操盘权”

“小股操盘”项目中，合作各方的关系较为稳定，在房地产项目开发完毕以前，一般不会涉及股权变动或对外投资等重大决策事项。但在一般管理事项方面，基于公司治理结构方面的特殊安排，操盘方对合作公司及其名下房地产项目的“控制”性甚至超过了一般同股同权情况下大股东的权利。因此，对“操盘方”的权利限制，特别是对公司重大对外担保、销售方案实施、目标成本控制等方面的限制，仍需在合作各方的合作协议及合作公司章程中进行明确约定，并对操盘方怠于履行管理职责导致的合作公司或合作方损失设置赔偿或追索机制，以避免操盘方滥用权利进行利润转移、虚增业绩等行为。

2. 防止大股东利用优势地位不当干涉操盘方的“操盘权”

小股操盘项目中，操盘方对合作公司的控制权往往是相对的，大股东也具有一定的决策权或者可以联合其他股东对股东会、董事会的决议事项产生重大的影响。合作过程中，经常出现大股东认为操盘方提供的市场资源没有明显优于通常的市场条件，或销售节奏未能实现利益最大化等问题，而导致合作关系破裂的情形。因此，在签署合作协议时，应明确大股东对项目管理的参与程度（可以通过具体金额或调整幅度等进行界定），以避免项目无法推进的情况出现。

3. 避免出现“公司僵局”

因为资金实力、市场理念、项目定位、公司发展方向等各个方面的差异，操盘方与大股东往往会在合作过程中就具体业务的开展产生重大分歧。而基于操盘方的管理优势和大股东的股权优势，很容易导致合作公司出现公司僵局，使得股东会、董事会无法形成有效决议或项目无法推进，导致公司经营和项目开发均陷入停滞。

因此，在合作协议签署及公司治理结构设计时，一方面应严格明确各方分工，对于操盘方和大股东违反职责的行为分别设置相应的惩罚或补偿机制；另一方面应细化股东会会议和董事会会议的召集程序、议事规则、表决机制等内容，以避免公司僵局的出现。同时，在合作协议及公司章程中应对“公司僵局”进行明确的定义，预设公司僵局情况出现时的解决机制，以便于一旦出现公司僵局，可以确定最终决策机制或提前启动股权转让、减资或清算注销等退出程序，以避免各方损失的扩大。

（四）小股操盘模式实例评析

1. 案情简介

A 公司为某集团化管理的品牌开发商在某市设立的一家房地产企业，曾开发过一个房地产项目，但已经销售完毕。B 公司为设立于该市的一家存续时间超过十年的房地产企业。鉴于 A 公司的品牌优势及资金优势、B 公司在当地的资源优势，A、B 公司决定形成战略合作关系，并共同设立项目公司获取房地产开发用地。

为此，A、B 公司组成联合体共同参与了一宗房地产开发用地（以下简称目标项目）的公开竞买，并在竞得后合作成立 C 公司受让目标项目用地。C 公司注册资本金 1000 万元，其中 A 公司持股比例为 34%、B 公司持股比例为 66%。双方同意由 A 公司对目标项目进行操盘。

2. 项目特点

（1）合作双方通过新设公司进行合作开发，合作双方的关系相对简单，且不需要进行尽职调查。

（2）目标项目系公开出让用地，获取后可直接进入开发流程。

（3）A 公司希望借助与 B 公司的合作在该市获取更多的房地产开发用地。

（4）B 公司希望通过与 A 公司合作，一方面解决越来越严重的融资难题，更主要的是看重 A 公司的品牌价值和制度优势，拟借助合作学习先进的管理经验。

3. 合作机制的设置

（1）在合作协议及 C 公司章程中，仅将《中华人民共和国公司法》第三十七条规定的必备事项约定为 C 公司股东会的职权范围，并约定股东会会议形成决议采取全体一致决议的表决方式。

（2）C 公司董事会由三人构成，其中 A 公司推荐两人，B 公司推荐一人。B 公司推荐的人员担任董事长。董事会的职权除了《中华人民共和国公司法》第四十六条规定的事项外，还包括对外担保事项的审批，设计方案、成本目标、销售方案的制定及一定范围内对其变动的事项，公司盈余资金的分配和调用事宜等。董事会会议决议事项仅需二分之一以上的董事同意即可通过。

（3）C 公司的总经理由 A 公司推荐的人员担任，总经理为 C 公司的法定代表人。对于不属于股东会、董事会的 C 公司日常经营事项，均由总经理决定。

（4）财务总监由 B 公司推荐的人员担任，A 公司推荐的人员担任财务经理，其他部门的部门经理由 A 公司推荐的人员担任，部门副经理由 B 公司推荐的人员担任。

（5）C 公司按照 A 公司所属集团制定的制度和标准进行管理，利用 A 公司的招标采购系统进行对外发包，执行 A 公司所属集团合作供应商的协议价格。C 公司建设成本若超过了董事会决议通过的目标成本，则超出部分由 A 公司负责承担及补偿给 C 公司。

（6）在 C 公司具备项目融资条件以前，A、B 公司按照持股比例向 C 公司对等投资；在C公司具备项目融资条件以后，由A公司负责通过金融机构为C公司融资。若金融机构融资需在以目标项目用地抵押担保之外另行提供保证担保的，则双方股东应对等提供，C公司支付担保费用；若金融机构不接受其中一方的担保导致需另一方提供全额担保的，则未提供担保的一方应向超额担保方支付额外的担保补偿费用。

（7）经董事会决议后，C公司的盈余资金可以由双方股东同步同比例调用，但需要向C公司支付利息。

（8）C公司使用A公司品牌及商品房定价机制、销售系统，C公司向A公司支付品牌使用费。C公司的管理费按照销售额的2%计算由A公司包干使用，若有结余则由A公司开具管理费发票后从C公司提取。

（9）C公司按照双方股东的持股比例进行利润分配，但若一方怠于履行投资义务，则其利润分配比例相应调减。

通过以上合作机制的设置，可以确保合作双方的分工明确，权责清晰，有利于防止纠纷发生及公司陷入僵局。

4. 退出机制

在目标项目整体实现经营性正现金流且目标项目累计签约面积达到地上总可售面积的95%以后，A公司可以要求通过股权转让或不等比减资的方式提前退出合作。届时，对于未售物业按照公允价值进行评估。

因A公司负责C公司的工程质量管理，因此，在A公司退出后，由A公司委托同品牌的物业服务单位（即目标项目的前期物业服务单位）代表A公司继续负责目标项目后续的工程质量、维修保养、交付等方面的监督管理事项。

第四章
房地产项目资产交易型收购

第一节　资产收购模式简介

一、房地产资产收购概述

资产收购是指收购方向转让方支付资产转让价款，由转让方将目标资产的所有权转移给收购方的一种收购方式。资产收购中适用的法律一般为《中华人民共和国民法典》、《中华人民共和国城市房地产管理法》、《中华人民共和国企业国有资产法》、《城市房地产开发经营管理条例》及《企业国有资产监督管理暂行条例》等法律法规。

通过资产收购方式，收购方一方面可以获得目标资产的开发经营权及相应的收益，另一方面又可以免予承担转让方及目标项目之前可能存在的债务及担保等相关风险，法律风险及将来出现纠纷的可能性较低，是一种法律风险较低、适用范围较广的资产并购方式。

二、房地产资产收购特点

1. 法律关系简单，适用范围广

房地产资产收购属于合同法上的买卖关系，法律关系较为清晰简单，不易产生争议。一般来说只要目标资产的权属清晰，无查封、抵押等权利限制情况，并在满足法律规定的特定交易条件后均可正常交易，法律对资产收购的限制性要求较少，该种交易模式的适用范围较广，可以说是在其余并购交易模式无法实现情况下的兜底性交易方式。

2. 交易风险较低并易于控制

资产收购的情况下，交易关注焦点主要集中于目标资产本身，包括目标资产的权属是否清晰，转让方是否持有合法的权属证书；资产是否存在抵押、查封等权利限制情况；是否已达到法定交易条件等，一般无须考虑转让方公司本身的债权债务情况。而收购资产的法律风险基本都可以通过前期项目尽职调查的方式发现，一般不会存在影响交易安全的重大隐藏法律风险，资产收购模式的法律风险较低，也易于控制，这也是资产收购方式的重要特点及优势。

3. 交易时产生的税费较高，但后期有节税空间

资产收购情形下，收购方及转让方因此产生的交易税费较高，一般包括有增值税、土地增值税、所得税、印花税及契税等，对交易双方的利益有较大影响，交易税费的测算及如何承担也是影响资产收购能否顺利推进的重要考量因素之一。

由于资产收购时需要进行各项税费的清缴，受让方可以获得较为完整的资产价格和税务发票，项目后期可用于抵扣的成本增加，因此，在项目后期开发销售、竣工清算时的税负会相应降低。

4. 部分资产收购需满足特定条件

根据《中华人民共和国城市房地产管理法》的相关规定，房地产转让时应满足土地出让金已支付完毕并取得土地使用权权证，且开发投资额应达到投资总额25%以上的条件，否则将无法办理产权转移登记手续。

另外根据国有资产管理相关法律规定，国有资产对外转让时，除特殊情形外，应当通过产权市场公开进行交易。

因此在进行资产收购时，应当结合目标资产的具体情形和实际情况，确定相应的资产收购条件，确保资产收购交易顺利完成。

5. 受地方政策影响较大

资产收购方式受地方政策的限制和影响较大，例如部分城市目前存在不受理在建工程转让（法院执行案件除外）和在建工程抵押的情形。另外，受让方取得目标资产后还需完成土地使用权变更以及后续开发建设相关证照变更手续，在具体办事流程上受地方政策影响较大，实操中经常会碰到各种问题和困难。除此之外，资产收购中还会涉及地方政府希望保留税源的问题，因此，在收购非本地项目时，收购方最好能够在目标资产所在地新注册企业作为收购主体，

避免因非本地企业直接收购目标资产而产生税收分配问题，进而导致地方政府审批上出现障碍。

三、房地产资产收购的适用情形

如上所述，基于资产收购具有有效隔离转让方及目标资产原有风险、交易程序较为简单，但所涉交易税费较高等特点，其一般适用于目标资产本身较为优质、交易规模不大且股权收购存在较大风险（如转让方公司的历史沿革周期较长、债权债务复杂、或有负债及隐性负债存在可能性较大、股东内部存在争议不能形成一致意见等）的情形。

第二节　资产收购模式交易结构

通过资产收购方式实现对房地产项目的收购，其具体交易结构需要在法律尽职调查后，根据不同的项目情况予以确定。

一、资产收购条件

《中华人民共和国城市房地产管理法》第三十八条规定："下列房地产，不得转让：（一）以出让方式取得土地使用权的，不符合本法第三十九条规定的条件的；（二）司法机关和行政机关依法裁定、决定查封或者以其他形式限制房地产权利的；（三）依法收回土地使用权的；（四）共有房地产，未经其他共有人书面同意的；（五）权属有争议的；（六）未依法登记领取权属证书的；（七）法律、行政法规规定禁止转让的其他情形。"

第三十九条规定："以出让方式取得土地使用权的，转让房地产时，应当符合下列条件：（一）按照出让合同约定已经支付全部土地使用权出让金，并取得土地使用权证书；（二）按照出让合同约定进行投资开发，属于房屋建设工程的，完成开发投资总额的百分之二十五以上，属于成片开发土地的，形成工业用地或者其他建设用地条件。转让房地产时房屋已经建成的，还应当持有房屋所有权证书。"

第四十条规定："以划拨方式取得土地使用权的，转让房地产时，应当按照国务院规定，报有批准权的人民政府审批。有批准权的人民政府准予转让的，应当由受让方办理土地使用权出让手续，并依照国家有关规定缴纳土地使用权出让金。

以划拨方式取得土地使用权的，转让房地产报批时，有批准权的人民政府按照国务院规定决定可以不办理土地使用权出让手续的，转让方应当按照国务院规定将转让房地产所获收益中的土地收益上缴国家或者作其他处理。”

根据上述法律规定，房地产项目转让时应当满足以下转让条件：

1. 目标资产已缴清全部土地出让金，并取得权属证书。

2. 目标资产属于房屋建设工程的，转让前已完成开发投资总额的 25% 以上，属于成片开发土地的，应当形成工业用地条件或其他建设用地条件。

实践中，不动产登记机构一般是通过审计机构出具项目审计报告的方式，来确定目标资产是否已达到法定 25% 的投资强度要求。另外，该 25% 的投资强度要求中一般不包含土地出让金，且部分省市根据自身情况会设置比 25% 更高的投资强度要求，因此，在具体项目收购时应当先行与当地政府主管部门做好沟通，避免出现资产收购协议签订后无法完成产权过户登记的情况。

3. 目标资产不存在查封、抵押等权利限制情形。

4. 目标资产权属清晰，如目标资产存在共有权人的，共有权人同意转让目标资产。

5. 如目标资产是以划拨方式取得土地使用权的，在转让前还应报经政府批准，并由受让方办理土地出让手续，补缴土地出让金后方可转让。

二、资产收购程序

在满足上述资产转让条件的基础上，资产收购的交易程序一般包括以下步骤：

1. 交易双方签订合作框架协议，以便资产收购方锁定目标项目并进场开展尽职调查，以核查目标资产的法律及财务风险，确定交易模式。

2. 前期法律及财务尽职调查，以确定目标资产的法律风险情况和相关财务成本费用，为将来最终在资产收购协议中确定交易方式和风险防控措施打好基础。

3. 签订正式资产收购协议，明确资产收购的相关内容，如资产收购价格、税费承担方式、资产现场交付办理、资产过户登记办理、在建工程建设手续办理、项目法律风险防范措施、项目前期借款及代建等内容。

4. 对目标资产进行投资情况审计，并将包括审计报告在内的目标资产过户登记手续提交不动产登记部门，完成目标资产过户登记。过户登记完成前，需要根据税务机关要求结清有关交易税费。

5. 对目标资产进行现场交接，包括相关权证资料、建设工程资料等。需要特别注意的是，在建工程转让时，因目标资产前期已确定施工单位并实际进场施工，施工单位对目标资产享有实际控制权，另外，大量建设工程资料及竣工验收资料也保存在施工单位手中，对目标资产的顺利建成、验收等具有重要作用。因此，在目标资产正式收购前，收购方与转让方应当共同与施工单位做好对接工作，协商处理好后续施工及工程款结算支付事宜，避免在目标资产过户完成后无法顺利完成工程现场及资料的交接，影响工程的正常建设施工及竣工验收。

6. 完成工程建设手续的变更，如建设用地规划许可证、建设工程规划许可证、建设工程施工许可证等材料的变更手续。

三、资产收购所涉交易税费

1. 资产收购中交易双方的税费主要包括以下内容：

（1）转让方税费：包括所得税（根据转让方性质分为企业所得税及个人所得税）、增值税、土地增值税、印花税、城市维护建设税及附加五种。

（2）收购方税费：包括契税和印花税两种。

上述税费的具体税率需要根据项目具体情况以及项目转让时的税收政策最终确定，是决定资产收购是否能够顺利完成的重要因素之一。

2. 资产收购中所涉主要税种简述

（1）企业所得税

《中华人民共和国企业所得所得税法》规定，在中华人民共和国境内，企业和其他取得收入的组织为企业所得税的纳税人，应缴纳企业所得税。企业分为居民企业和非居民企业，其中居民企业是指依法在中国境内成立，或者依照外国（地区）法律成立但实际管理机构在中国境内的企业；非居民企业是指依照外国（地区）法律成立且实际管理机构不在中国境内，但在中国境内设立机构、场所的，或者在中国境内未设立机构、场所，但有来源于中国境内所得的企业。

居民企业应当就其来源于中国境内、境外的所得缴纳企业所得税。非居民企业在中国境内设立机构、场所的，应当就其所设机构、场所取得的来源于中国境内的所得，以及发生在中国境外但与其所设机构、场所有实际联系的所得，缴纳企业所得税。非居民企业在中国境内未设立机构、场所的，或者虽设立机构、场所但取得的所得与其所设机构、场所没有实际联系的，应当就其来源于中国境内的所得缴纳企业所得税。

企业所得税的税率为 25%。非居民企业在中国境内未设立机构、场所，或者虽设立机构、场所但取得的所得与其所设机构、场所没有实际联系的，对于其来源于中国境内的所得适用税率为 20%。

应纳税所得额等于企业每一纳税年度的收入总额减去不征税收入、免税收入、各项扣除以及允许弥补的以前年度亏损后的余额。企业转让资产时，该项资产的净值可以在计算应纳税所得额时扣除。

根据《财政部、国家税务总局关于企业重组业务企业所得税处理若干问题的通知》（财税〔2009〕59 号）规定，资产收购属于企业重组的方式之一，资产收购时企业所得税的税务处理分为一般性税务处理和特殊性税务处理。

一般性税务处理中，转让方应确认资产转让所得或损失。收购方取得资产的计税基础应以公允价值为基础确定。实践中，公允价值大多以评估机构的评估结果作为依据进行认定。

资产收购符合以下要求的，适用特殊性税务处理规定：（a）具有合理的商业目的且不以减少、免除或者推迟缴纳税款为主要目的；（b）收购企业收购的资产比例不低于被收购企业全部资产的 50%；（c）资产收购后的连续 12 个月内不改变收购资产原来的实质性经营活动；（d）收购发生时的股权支付金额不低于其交易支付总额的 85%；（e）资产收购中取得股权支付的原主要股东，在重组后连续 12 个月内，不得转让所取得的股权。

（2）个人所得税

目标资产转让方为自然人，应缴纳个人所得税。根据《中华人民共和国个人所得税法》第二条及第三条规定，财产转让所得应缴纳个人所得税，财产转让所得适用比例税率，税率为 20%。

（3）增值税

《中华人民共和国增值税暂行条例》规定，在中华人民共和国境内销售不动产的单位和个人，为增值税的纳税人，应当缴纳增值税。销售不动产、转让土地使用权的增值税税率为 11%。

在资产收购中，转让方将固定资产等实质经营性资产转让给受让方，无论受让方以货币资产还是以非货币性资产形式支付对价，都属于销售行为，转让方都应当缴纳增值税。

但需要注意的是，根据《国家税务总局关于纳税人资产重组有关增值税问题的公告》（国家税务总局2011年第13号）规定，纳税人在资产重组过程中，通过合并、分立、出售、置换等方式，将全部或者部分实物资产以及与其相关联的债权、负债和劳动力一并转让给其他单位和个人，不属于增值税的征税范围，其中涉及的货物转让，不征收增值税。另外根据国家税务总局2013年第66号《关于纳税人资产重组有关增值税问题的公告》规定，纳税人在资产重组过程中，通过合并、分立、出售、置换等方式，将全部或者部分实物资产以及与其相关联的债权、负债经多次转让后，最终的受让方与劳动力接收方为同一单位和个人的，其中货物的多次转让行为均不征收增值税。因此，在资产收购中，如果转让方在转让目标资产的同时，还转让与目标资产相关联的债权、负债以及劳动力的，则不属于增值税的征税范围。

（4）土地增值税

《中华人民共和国土地增值税暂行条例》（2011年修订）规定，转让国有土地使用权、地上的建筑物及其附着物并取得收入的单位和个人，为土地增值税的纳税义务人，应当缴纳土地增值税。土地增值税按照纳税人转让房地产所取得的增值额和规定税率计算征收。增值额为纳税人转让目标项目所取得的收入减除规定扣除项目金额后的余额，其中规定扣除项目包括取得土地使用权所支付的金额，开发土地的成本、费用，新建房及配套设施的成本、费用，或者旧房及建筑物的评估价格，与转让房地产有关的税金以及其他财政部规定的扣除项目。

土地增值税实行四级超率累进税率：

增值额未超过扣除项目金额50%的部分，税率为30%；

增值额超过扣除项目金额50%、未超过扣除项目金额100%的部分，税率为40%；

增值额超过扣除项目金额100%、未超过扣除项目金额200%的部分，税率为50%；

增值额超过扣除项目金额200%的部分，税率为60%。

（5）契税

《中华人民共和国契税暂行条例》规定，在中华人民共和国境内转移土地，房屋权属（包括国有土地使用权出让、土地使用权转让、房屋买卖、房屋赠与、房屋交换），承受的单位和个人为契税的纳税人，应当缴纳契税。

契税税率为3%～5%，具体适用税率由省、自治区、直辖市人民政府按照本地区的实际情况确定，并报财政部和国家税务总局备案。

契税的计税依据以国有土地使用权出让、土地使用权出售、房屋买卖为成交价格。如前述成交价格明显低于市场价格并且无正当理由的，由征收机关参照市场价格核定。

因此，在资产收购中，受让方应按照成交价格的3%～5%计算缴纳契税。

（6）印花税

《中华人民共和国印花税暂行条例》规定，在我国境内书立、领受应纳税凭证的单位和个人，是印花税的纳税义务人，应缴纳印花税。应纳税凭证包括：（a）购销、加工承揽、建设工程承包、财产租赁、货物运输、仓储保管、借款、财产保险、技术合同或者具有合同性质的凭证；（b）产权转移书据；（c）营业账簿；（d）权利、许可证照；（e）经财政部确定征税的其他凭证。资产收购涉及印花税，可能还涉及征收印花税的凭证，主要包括第（a）项、第（b项）、第（d）项。

（7）城市维护建设税

《中华人民共和国城市维护建设税暂行条例》规定，凡缴纳消费税、增值税、营业税的单位和个人，都是城市维护建设税的纳税义务人，应当缴纳城市维护建设税。城市维护建设税，以纳税人实际缴纳的消费税、增值税、营业税税额为计税依据，分别与消费税、增值税、营业税同时缴纳。

城市维护建设税税率：纳税人所在地在市区的，税率为7%；纳税人所在地在县城或镇的，税率为5%；纳税人所在地不在市区、县城或镇的，税率为1%。

四、资产收购的特殊情形

（一）先建后转

资产收购时，如目标资产尚未达到法律规定的25%投资强度要求的，根据《第八次全国法院民事商事审判工作会议（民事部分）纪要》（法〔2016〕399

号）第13条规定以及最高人民法院（2004）民一终字第46号“上诉人柳州市全威电器有限责任公司、柳州超凡房地产开发有限责任公司与被上诉人南宁桂馨源房地产有限公司土地使用权转让合同纠纷案”裁判文书的认定，《中华人民共和国城市房地产管理法》第三十九条第一款第（二）项规定仅仅是行政管理部门对不符合法定投资开发条件的土地在办理土地使用权权属变更登记问题上所作出的限制性规定，而非为认定土地使用权转让合同效力的要件，并不影响资产转让协议的效力。因此，在目标资产尚未达到25%投资强度要求时，资产收购交易的双方签订的资产收购协议仍然合法有效，对于资产过户转让手续则可以通过以下方式处理：

1. 收购方以代建方身份先行介入项目建设，并直接向项目投资，在项目投资强度达到25%的转让条件后，办理目标资产的过户登记手续，收购方前期投入的工程价款等自应付转让方的转让价款中扣除。

关于项目代建的具体内容详见本书第五章第三节“代建管理”。

2. 转让方继续投资建设，如转让方自身资金不足的，收购方可以与转让方签订借款合同，以借款形式提供目标资产前期投资建设所需资金，并在达到法律规定的25%投资强度要求后，办理目标资产的过户登记手续，收购方前期提供的借款自应付转让方的转让价款中扣除。

需要注意的是，为了防止转让方将收购方提供的项目建设资金挪作他用，影响将来目标资产的转让过户，降低收购方的法律风险，收购方可以考虑一方面要求转让方将目标资产抵押给收购方，作为前期借款的担保；另一方面可以通过三方监管的方式直接将借款支付给目标资产的建设施工单位，确保提供的借款专款专用，保证资金安全。

（二）国有资产公开市场交易

根据《中华人民共和国企业国有资产法》、《企业国有资产监督管理暂行条例》以及《企业国有资产交易监督管理办法》的相关规定，对于国有资产的对外转让行为，除应满足法律规定的一般交易条件外，还应当满足国有资产转让的特殊要求，具体如下：

1. 国有资产转让是指国有及国有控股企业、国有实际控制企业的重大资产转让行为。国有及国有控股企业、国有实际控制企业包括：（1）政府部门、机构、事业单位出资设立的国有独资企业（公司），以及上述单位、企业直接或间接合计持股为100%的国有全资企业；（2）上述第（1）款所列单位、企业单独或共同出资，合计拥有产（股）权比例超过50%，且其中之一为最大股东的企业；（3）第（1）款、第（2）款所列企业对外出资，拥有股权比例超过50%的各级子企业；（4）政府部门、机构、事业单位、单一国有及国有控股企业直接或间接持股比例未超过50%，但为第一大股东，并且通过股东协议、公司章程、董事会决议或者其他协议安排能够对其实际支配的企业。

2. 国有资产转让应当经过资产评估程序，转让方应当委托具有相应资质的评估机构对转让标的进行评估，转让价格应以经核准或备案的评估结果为基础确定。转让项目的首次转让底价，不得低于经核准或备案的转让标的评估结果。

3. 国有资产转让原则上应通过产权市场公开进行，通过公开挂牌交易的方式确定受让方。实践中，一般都是通过各地设立的产权交易所进行挂牌交易。

另外，对于国家出资企业内部或特定行业的资产转让，可以在转让方逐级报国家出资企业审核批准后，在国有及国有控股、国有实际控制企业之间通过非公开协议转让方式进行。

4. 国有资产公开转让除国家法律法规或相关规定另有要求的外，资产转让不得对受让方设置资格条件。

5. 转让方采取信息预披露和正式披露相结合的方式，通过产权交易机构网站对外披露转让信息，公开征集受让方。转让方应当根据转让标的情况合理确定转让信息公告期：（1）转让底价高于100万元、低于1000万元的资产转让项目，信息公告期应不少于10个工作日；（2）转让底价高于1000万元的资产转让项目，信息公告期应不少于20个工作日。

6. 转让方披露信息包括但不限于以下内容：（1）转让标的基本情况；（2）转让行为的决策及批准情况；（3）受让方资格条件（适用于对受让方有特殊要求的情形）；（4）交易条件、转让底价；（5）目标资产是否有优先购买权人，优先权人是否放弃优先购买权；（6）竞价方式，受让方选择的相关评判标准；（7）其他需要披露的事项。

7. 信息披露期满未征集到意向受让方的，可以延期或在降低转让底价、变更受让条件后重新进行信息披露。降低转让底价或变更受让条件后重新披露信息的，披露时间不得少于20个工作日。新的转让底价低于评估结果的90%时，应当经转让行为批准单位书面同意。

转让项目自首次正式披露信息之日起超过12个月未征集到合格受让方的，应当重新履行审计、资产评估以及信息披露等产权转让工作程序。

在正式披露信息期间，转让方不得变更转让公告中公布的内容，由于非转让方原因或其他不可抗力因素导致可能对转让标的价值判断造成影响的，转让方应当及时调整补充披露信息内容，并相应延长信息披露时间。

8. 产权交易机构负责意向受让方的登记工作，对意向受让方是否符合受让条件提出意见并反馈给转让方。产权交易机构与转让方意见不一致的，由转让行为批准单位决定意向受让方是否符合受让条件。

9. 意向受让方通过竞价方式参与项目竞拍，并确定最终的受让方。竞价可以采取拍卖、招投标、网络竞价以及其他竞价方式，且不得违反国家法律法规的规定。

10. 受让方确定后，转让方与受让方应当签订资产交易合同，交易双方不得对已达成的交易条件和交易价格进行调整。

11. 交易价款应当通过产权交易机构以货币进行结算，交易价款原则上应当自合同生效之日起5个工作日内一次性付清，金额较大、一次性付清确有困难的，可以采取分期付款方式付清交易价款。

12. 资产交易合同生效，且受让方按照合同约定支付交易价款后，产权交易机构应当为交易双方出具交易凭证，并以此办理目标资产的过户登记等相关手续。

另外需要说明的是，实践中在出现转让的目标资产为在建工程项目或转让目标资产的权属状况较为复杂等情形时，在目标资产挂牌交易前，产权交易机构通常会要求转让方提供律师事务所出具的法律意见书，对目标资产转让的相关法律情况进行分析论证，并将该法律意见书作为目标资产的挂牌交易条件之一。一般来说，该法律意见书中应至少包含以下九个方面内容：

1. 对目标资产转让方的主体资格发表意见：根据有关法律、法规及公司章程的规定，从转让方的工商登记或其他证明材料等方面，说明其是否依法设立、存续。

2. 对转让方的内部决策情况发表意见：根据有关法律、法规及其公司章程的规定，说明转让方对外转让目标资产的内部决策审议和批准程序是否合法。

3. 对拟转让的目标资产情况发表意见：（1）说明拟转让国有资产的权属登记情况，说明转让方是否为拟转让目标资产的合法权利人，目标资产转让是否已符合法定转让条件，转让是否存在法律障碍；（2）说明拟转让的目标资产的权属情况是否明确，是否存在权属纠纷，是否存在有担保物权或查封等限制交易情形。

4. 对转让方提出的受让方基本条件的合法性发表意见：说明转让方对受让方提出的应当具备的基本条件是否符合有关规定，是否存在不合理设置受让方资格条件的情况。

5. 对拟转让目标资产所涉及的债权债务处理方案发表意见：（1）说明拟转让目标资产所涉及的各项重大合同及其他重大债权债务情况（如施工合同及其履行情况），是否存在影响目标资产转让的重大诉讼、仲裁或重大纠纷及是否存在重大的潜在纠纷和风险；（2）对拟转让目标资产所涉及债权、债务等处理方案的制定、审议，通过程序是否合法有效和处理方案实施是否存在法律障碍进行说明。

6. 对拟转让目标资产所涉及的职工安置方案发表意见：如目标资产转让涉及职工安置的，应对职工安置方案的制定、审议，通过程序是否合法有效和职工安置方案实施是否存在法律障碍进行说明。

7. 对拟转让目标资产的批准程序的合法性发表意见：说明目标资产转让已履行哪些批准程序，尚需履行哪些批准程序，程序是否合法。

8. 产权交易机构认为需要补充的，或律师认为需要发表意见的其他问题。

9. 律师对目标资产转让发表的结论性意见。

第三节　资产收购模式主要交易风险及解决方案

一、资产收购的法律尽职调查

（一）尽职调查的内容

在进行资产收购前，需要对目标资产进行详尽的法律尽职调查，以便充分发现目标资产存在的法律风险。概括来说，资产收购的尽职调查，就是利用各种有效方法，包括借助中介机构，对目标资产的规划情况、权属状况、投资情况、建设手续办理情况、资产所涉债权债务情况等进行全面审慎调查，主要包括资产权属关系判断、资产建设规划情况判断、资产建设投资情况判断等。

具体来讲资产收购尽职调查的主要内容包括：

1. 核实目标资产的权属情况，包括土地性质（出让/划拨）、土地出让金缴纳情况、权属证书办理情况、共有权人情况等。

2. 核实目标资产的规划审批情况、剩余使用期限情况及闲置情况，包括目标资产的规划用途及规划建设条件、国有土地使用权的剩余期限、是否构成闲置土地及是否存在被政府收回的风险等。

3. 核实目标资产的建设手续办理情况，包括建设用地规划许可证、建设工程规划许可证、建设工程施工许可证等建设手续的办理情况，以及其他建设手续的审批及备案情况。

4. 核实目标项目的权利限制情况，包括是否存在抵押、查封等限制交易情形等。

5. 核实目标资产的投资情况，包括已完成投资数额情况，是否达到法定转让条件的投资强度要求情况等。

6. 核实目标资产的建设施工情况，包括与目标资产相关的施工合同等的签订及履行情况，相关工程费用的结算支付情况，以及施工单位对于目标资产转让的配合情况等。

7. 核实目标资产的优先权人情况，包括目标资产是否存在承租人等法定优先购买权人。

8. 核实目标资产的国有资产审批情况，包括国有资产转让是否已按照规定要求完成相关批准程序，是否符合法律规定转让形式及要求等。

9. 核实目标资产转让可能涉及的税费情况，法律尽职调查中一般仅对目标资产转让可能发生的税费种类及相应税率进行核实，目标资产转让中最终需要缴纳的税费情况应由收购方另行委托的专业财务人员核实确定。

10. 核实目标资产转让的决策批准情况，包括转让方是否已按照公司章程规定的内部决策程序通过了对目标资产的转让决议，是否存在有关争议等。

11. 核实目标资产的对外销售情况，包括目标资产是否已办理预售许可手续，是否存在已将部分房屋对外网签出售等情况。

12. 核实目标资产的拆迁补偿安置情况，包括是否需要进行拆迁补偿安置以及相应拆迁补偿安置合同的履行情况。

需要特别说明的是，一般而言在项目完成法律尽职调查前，收购方尚无法确定最终的收购方式，因此，在进行尽职调查时，除了应对目标资产本身进行全面调查外，还应对转让方公司等相关情况进行全面调查核实，以求全面了解项目情况及有关法律风险，为收购方确定最终收购方式提供决策依据。

（二）尽职调查的目的

通过对目标资产的全面尽职调查，尽可能地了解拟收购资产的各项情况，提前发现资产收购过程中可能存在的法律风险，并有针对性地提出合理的解决方案及风险防范措施，确保收购方能够以最经济、最安全的方式完成资产收购。

二、资产收购的主要交易风险及解决方案

（一）土地是否属于划拨用地

根据《最高人民法院关于审理涉及国有土地使用权合同纠纷案件适用法律问题的解释》第十一条规定，未经有批准权的政府批准签订的国有划拨土地的转让合同应认定为无效，因此，收购方在收购目标资产前，应当通过核实土地获取文件、土地权属证书等方式确定土地性质。对于国有划拨土地，应当在收购前及时办理相关批准手续并补缴土地出让金。

（二）目标项目未处理债权债务情况

根据《最高人民法院关于建设工程价款优先受偿权问题的批复》（法释〔2002〕16号）第一条规定，建设工程施工承包人的优先受偿权优于抵押权和其他债权。由于资产收购时工程尚未竣工，工程款往往也尚未完全支付完毕，而工程款未支付完毕对于收购方将来能否顺利接收项目并继续建设具有重要影响。因此，可以通过调查承发包人签订的施工合同、结算文件等，了解其未结算工程款的情况，并就此在资产收购前先行与施工单位协商好后续施工及工程款结算事宜，避免产生纠纷。

（三）目标项目是否存在共有权人

根据法律规定，共有房地产转让时，应当取得共有权人同意。因此，在目标资产收购前，应当通过核实权属证书、前往不动产登记部门调查等方式确定目标资产的共有权人情况，并在取得共有人同意后完成资产收购。

需要特别说明的是，根据《中华人民共和国婚姻法》第十七条规定，夫妻在婚姻关系存续期间所得的财产，归夫妻共同所有。而房地产转让项目由于所涉金额较大，法院一般认为登记权利的一方并不必然享有配偶方的家事代理权，如转让方的配偶不同意转让的，将可能导致资产收购协议无效进而影响收购方的合法权益。因此，对于仅登记在夫妻一方名下的房地产项目，在收购前收购方应当核实其是否属于夫妻共同财产，为避免相关争议发生，在签署资产收购

协议时，收购方应要求转让方配偶共同签署协议或出具同意转让的声明，以规避相应的法律风险。

（四）目标项目是否存在抵押、查封等权利限制情况

根据《中华人民共和国城市房地产管理法》的相关规定，目标资产存在抵押、查封等权利限制情形时，目标资产不得进行转让。因此，收购方应当通过前往不动产登记部门调查等方式核实目标资产的抵押及查封等权利限制情况，如发现目标资产存在抵押、查封等权利限制情况的，收购方可以通过与转让方、相关债权人协商替代清偿的方式消除目标资产存在的抵押权及查封限制等措施，相关替代清偿的费用可以自应付转让方的资产转让价款中扣除，以促成资产收购交易完成。

（五）目标项目是否构成闲置土地

根据《中华人民共和国土地管理法》及《闲置土地处置办法》的相关规定，土地闲置满一年的，应按照土地出让或者划拨价款的百分之二十征缴土地闲置费；土地闲置满两年的，由市、县国土资源主管部门按报经有批准权的人民政府批准后，无偿收回土地。因此，在进行目标资产转让前，收购方应核实清楚目标资产的开发建设情况及土地闲置情况，并应向政府主管部门核实是否存在土地被依法收回的风险，以避免出现资产转让后被征收土地闲置费或无偿收回土地，给收购方造成严重损失。

（六）目标项目投资强度是否已达到法定要求

根据《中华人民共和国城市房地产管理法》的相关规定，目标资产转让前，收购方应要求转让方提供有资质的审计机构出具的项目投资审计报告，以核实项目是否已达到25%的投资强度要求。另外，在正式进行资产收购前，收购方还可以通过将审计报告提交不动产登记部门提前核查的方式确定是否符合当地的资产转让要求，以避免出现资产收购协议签订后无法办理产权过户手续的情况，影响收购方的合法权益。

（七）目标项目是否存在承租人

根据《中华人民共和国民法典》的相关规定，承租人对所承租的房地产在同等条件下享有优先购买权，否则，转让方将承担相应的赔偿责任。因此，在资产收购前，应当查询项目的租赁合同备案登记情况，并现场查看房地产是否存在占用和使用的情况。如存在承租人的，应要求承租人签订放弃优先购买权

的声明，以避免将来产生争议，影响交易完成。

（八）目标项目是否需要进行拆迁补偿安置

根据《城市房地产开发经营管理条例》第二十一条规定，房地产开发企业转让房地产开发项目时，尚未完成拆迁补偿安置的，原拆迁补偿安置合同中有关的权利、义务随之转移给受让人。项目转让人应当书面通知被拆迁人。因此，在资产收购前，收购方应当核实项目是否存在拆迁补偿安置情况及拆迁补偿安置合同的履行情况，以避免项目转让后由于拆迁补偿安置问题影响项目建设或产生高额的拆迁补偿安置成本，进而影响项目收益。

第四节　资产收购模式实例评析

一、案例简介

A 地产公司成立于 1997 年，1999 年以出让方式取得位于某市“城中村”、土地使用权面积约为 1.6 万平方米、土地用途为综合用地的国有建设用地一宗（以下简称该地块）。由于该地块系“毛地”出让，地上原有 34 户拆迁安置居民，虽已拆除 21 户，但随着城市的发展，该“城中村”成为整个城市中的黄金位置，剩余 13 户村民要求拆迁安置补偿的金额不断上涨，A 地产公司与 13 户村民的拆迁安置补偿事宜迟迟未能达成一致，导致该地块一直未开发建设。在此期间，因 A 地产公司的集团公司经营不善，且其自身内部股东之间纠纷等原因，导致其资金链断裂，引发大量诉讼。由于该地块处于城市中心位置，长时间未能解决房屋拆迁问题，不仅影响城市美观，还造成了已拆迁村民未能回迁安置，引发社会矛盾，当地政府要求 A 地产公司尽快恢复开发建设。B 地产公司（以下简称收购方）系本地大型房地产开发企业，在 2016 年获知上述信息后，拟收购该地块或与 A 地产公司合作开发。

二、项目特点

该地块地理位置优越，开发建设后销售收益较为可观。但 A 公司成立时间较长，股权发生多次转让，历史遗留问题较多，存在或有债务和隐性负债的风险较大。同时 A 公司股权存在质押、冻结情况，涉诉较多且已有部分案件进入执行阶段，因未履行生效法律文书确定的义务，A 公司已被列入失信被执行人名单。同时，该地块土地使用权剩余使用期限不足 33 年，由于一直未开发建设，存在被认定为闲置土地的风险。

三、法律尽职调查

在开展法律尽职调查前，收购方尚未确定最终的收购方式，因此，在尽职调查过程中，我们对 A 地产公司的设立、经营、债权债务及该地块的用地取得、规划及地上建筑物的相关情况均进行了全面重点调查，为收购方确定最终收购方式提供决策依据。

（一）公司基本情况

1. A 地产公司成立于 1997 年，法定代表人及股东均进行过多次变更，注册资本也因股东变更进行过多次增资、减资。

2. A 地产公司其中两位股东将其股权质押给金融机构，所担保的最高债权金额分别为 15 亿元。

3. A 地产公司目前负有债务 194 笔，债务金额达 1 亿元。

4. A 地产公司为其他关联公司提供担保，担保金额为 500 万元。

5. A 地产公司欠缴企业所得税、罚款及滞纳金约 600 万元。

6. A 地产公司有 7 件未结诉讼案件，4 件未结执行案件。因未履行生效法律文书确定的义务，A 公司已被列入失信被执行人名单。

7. A 地产公司房地产开发经营资质已失效。

8. 因股权多次变更，公司负责人及相关工作人员也随之变更多次，对于相关情况均无法提供全面的资料及信息。

（二）土地基本情况

1. A 地产公司以出让方式共取得 3 宗土地，土地使用权面积共计约为 5.3 万平方米，土地出让金及相关税费已全部缴清，均已取得《国有土地使用权证》，无其他共有权人。其中两宗土地已开发为项目一期，剩余该地块拟开发建设成项目二期。

2. 通过向当地规划部门核实，该地块规划用途及规划建设条件等均未变更。用地控规为住宅二级用地，项目一、二期的规划要求为建筑密度 $<25\%$，绿地率 $>40\%$，容积率 <2.0，一、二期统一核算建筑面积、容积率等指标。根据该地块面积约为 1.6 万平方米推算，项目二期规划建筑面积约为 3.2 万平方米。

3. 该地块上共有34户拆迁安置居民，目前已拆除房屋21户，尚有13户房屋未拆除，预计拆除费用为7000万元。

4. 该地块仅取得国有土地使用证，尚未办理建设用地规划许可证、建设工程规划许可证、建设工程施工许可证等建设手续。

5. 该地块上不存在抵押，存在一笔法院查封，查封金额约为200万元。

6. 因该地块上未能解决拆迁问题，导致长时间尚未开工建设。

7. 通过向当地国土部门核实，该土地因历史遗留问题至今未拆迁完毕，相关政府部门未就该土地出具《闲置土地认定书》，不存在土地闲置问题。

8. 如转让该地块需要缴纳增值税（营业税）、城市维护建设税、教育费附加、地方教育费附加及地方水利建设基金、土地增值税、契税、企业所得税、印花税等税费。

根据上述法律尽职调查所获得的信息可知，A地产公司设立时间较长、股权变更复杂，现股东对于公司曾经的经营及对外担保情况不了解，历史遗留问题较多、债权债务复杂，或有债务及隐性负债存在可能性极大。为了有效隔离A地产公司及该地块原有风险，我们向收购方建议采用资产收购的方式收购该地块，与A地产公司签署相关的收购协议，并要求A公司提供必要的履约担保以担保其对相关协议义务的履行及责任的承担。

四、项目的收购

（一）签署《土地转让协议》

鉴于该地块至今未开发建设，未达到土地转让法定的最低转让条件，因此，收购方采用了先建后转的方式进行收购。A地产公司作为甲方，收购方作为乙方签署了《土地转让协议》，双方约定先行合作建设（收购方实际管理），待投资额达到该地块开发投资总额的25%之后，A地产公司将该地块及在建工程转让给收购方，并办理相关手续材料。

此外，双方就转让价款及支付方式、转让税费承担、地上建筑物的拆除及补偿、A地产公司的债务及纠纷处理、合作建设期间的工作模式、审批手续办理、规划设计、招标采购、工程建设管理、房屋销售及物业管理、履约担保、违约责任等条款进行了约定。

（二）合作开发建设

为尽快达到法定转让建设条件，双方约定以A地产公司名义继续开发建设，但由收购方选派人员组成项目管理部负责实际操作，项目建设过程中的所有招标采购均由收购方主导完成，同时，双方共同设立项目建设专用银行账户，银行预留财务印鉴全部由收购方保管，工程建设所需资金，由收购方根据工程建设进度划拨到专用资金账户后支付给合同对方，通过以上措施确保该地块顺利完成建设，避免项目失控。

（三）合作担保

为降低收购方的风险，保障收购方投入资金的安全，收购方要求A地产公司提供了以下担保：1. 土地抵押，将该地块抵押给收购方指定的委托贷款银行，为投入资金提供担保；2. 股权质押，将A地产公司股东所持的全部股权质押给收购方，作为合同履行担保的同时避免合作期间A地产公司股东发生变化，确保交易稳定；3. 保证担保，A地产公司实际控制人及相应关联方为本次合作提供连带责任保证担保。

通过以上多种组合担保方式，收购方有效化解了该地块转让前存在的法律风险，为该地块后续顺利转让奠定了坚实基础。从后期操作实践情况来看，上述担保方式的设立对促使交易双方尽快完成该地块转让手续起到了十分重要的作用。

（四）完成土地转让手续

1. 委托评估机构进行评估

该地块投资额达到开发投资总额的25%后，双方共同委托有资质的审计机构对该地块的投资强度进行了审计，并以此为基础开始启动该地块土地转让手续的办理。

2. 办理土地变更登记手续

在达到土地转让条件并完成投资额审计后，A地产公司将该地块及地上在建工程一并转让给收购方，双方按照《土地转让协议》的约定共同向不动产登记部门办理了土地变更登记手续，并缴纳有关交易税费。

3. 变更工程建设手续

双方办理完毕土地使用权变更登记手续并完成了工程现场交接后，A地产公司协助收购方完成了包括建设用地规划许可证、建设工程规划许可证、建设工程施工许可证、预售许可证等在内的其他相关手续材料的变更，双方顺利完成项目交割。

目前，该项目开发建设状况良好。本次资产收购的成功完成与收购方根据项目实际情况选定的正确资产收购方式密不可分，此次交易再次印证了准确完备的项目尽职调查以及据此选定的合适资产收购方式是确保资产收购顺利完成的决定性因素。

第五章
房地产项目契约型合作

第一节　联建式合作

一、联建式合作模式简介

（一）概述

房地产项目合作开发，通常是指合作各方分别以提供出让国有建设用地使用权、资金等作为合作条件，共同投资、共享利润、共担风险的一种房地产项目合作开发模式。

根据合作关系载体的存在形态不同，房地产项目的合作开发分为如下两类：

一是法人型合作开发模式，即合作各方设立项目公司，一方以出资、转让等方式将拟合作的项目用地登记至合作公司名下，其他方以现金出资并提供其他开发相关资源，合作各方通过项目公司对目标项目进行合作开发，并通过项目公司共担风险、共享利润。

二是契约型合作开发模式，即合作各方不设立项目公司等经济实体，而仅仅按照签订的合作开发房地产合同的约定，利用一方提供出让的国有建设用地使用权、其他方提供的资金等资源进行合作开发，按照约定的方式共享收益、共享利润。

对于法人型合作开发模式，本书中虽未单独介绍，但相关合作要点与第三章所述的收购双方在合作开发阶段的相关合作内容类似，在此不再赘述；本节将重点介绍契约型合作开发模式，实践中一般称之为“联建”模式。

联建式合作开发中，因开发建设及销售过程中，目标项目始终登记在提供开发用地的一方名下，因此，提供开发用地的一方，我们称为“项目方”，提供开发资金和其他开发资源的一方，我们统一称为“投资方”。

（二）联建模式特点

1. 以联建协议为合作载体

联建式合作模式下，因合作各方不成立实体的项目公司，因此，各方合作关系的载体为合作各方签署的合作开发房地产合同（以下简称联建协议）。在联建协议中，各方就投资义务、项目管理、利润分配等合作事宜进行具体约定，并按照签署的联建协议进行合作开发，达成各自合作目的。

2. 共同投资

联建协议签署后，资金方将项目开发建设资金提供给项目方或以项目方的名义对外支付；目标项目虽仍登记在项目方名下并以项目方作为建设单位进行开发，但资金方也有权参与管理。

3. 共担风险

“共担风险”指的是合作各方共同承担房地产项目开发过程中的经营风险及市场风险。“共担风险”系“合作开发房地产合同”与其他房地产相关合同的最主要区别。就此，在《最高人民法院关于审理涉及国有土地使用权合同纠纷案件适用法律问题的解释》（以下简称《土地使用权合同纠纷司法解释》）第二十四条至第二十七条进行了明确规定，即对于合作一方虽提供资源但不承担经营风险，则不构成“合作开发房地产合同”。其中，提供土地使用权的当事人不承担经营风险，只收取固定利益的，应当认定为土地使用权转让合同；提供资金的当事人不承担经营风险，只分配固定数量房屋的，应当认定为房屋买卖合同；提供资金的当事人不承担经营风险，只收取固定数额货币的，应当认定为借款合同；提供资金的当事人不承担经营风险，只以租赁或者其他形式使用房屋的，应当认定为房屋租赁合同。

4. 共享收益

联建模式下，虽然目标项目一直系登记在项目方名下，但项目方却需要根据与资金方约定的方式与资金方共享收益，取得收益的方式包括按照事先约定的比例计算税后利润或房屋等。但需注意的是，联建协议中仅能对分配现金或房屋等的固定比例进行约定，而不能约定固定数量，否则即属于“固定收益”，违反了“共担风险”的原则，根据《土地使用权合同纠纷司法解释》第二十四条规定，可能实质上构成“土地使用权转让合同”。

二、联建模式交易结构

联建模式下，因在对外关系中一直由项目方作为“建设单位”，因此，资金方需要通过交易结构的设置约束项目方。而资金方通过为项目方提供资金及资源，对目标项目具有一定的管理权，又类似于股权合作中的“隐名股东”；但因资金方的合作目的是获取目标项目开发收益而非项目方的股权，因此，资金方的权益与“隐名股东”存在巨大差异，项目方也需要通过交易结构的设置对资金方进行限制。为此，联建模式一般通过如下交易步骤开展：

（一）合作前期尽职调查

联建模式中的尽职调查一般是双向的，既有资金方对项目方的尽职调查，也有项目方对资金方的尽职调查；前者是为了防止项目方经营情况恶化对资金方取得合作收益产生不利影响，而后者则是为了防止资金方实力不足导致项目建设无法完成。

1. 对项目方的法律尽职调查

（1）土地权属审查

主要审查内容为项目方是否合法享有目标项目用地的土地使用权，具体包括查阅《国有建设用地使用权出让合同》、土地出让金缴费凭证、政府相关批文、报批手续等文件，调查土地是否存在权属争议、是否存在违约行为（如逾期开工、欠缴出让金）、是否涉及土地闲置、是否存在权利瑕疵（如设定抵押、存在查封）、是否与其他方就土地使用权有过合作等；通过对上述文件及信息的审查，确保项目方提供的土地使用权不存在重大瑕疵，在资金方提供注资后能够顺利开发建设。

（2）开发建设主体资格审查

为确保联建协议的有效性及目标项目的顺利开发，项目方作为“建设单位”，应当具备与目标项目建设规模相匹配的房地产开发企业资质等级，以免资质等级不够影响项目正常开发；若未办理过开发资质证明或资质证明已经过期的，则需向建设主管部门申请办理房地产开发企业暂定资质。

（3）目标项目审查

审查内容主要包括土地现状是否为净地、是否存在未完成的拆迁问题、是否存在在建工程（以及建设进度情况）、是否存在已售物业，以及土地规划指标、土地用途等，明确项目各项内容是否符合双方合作的要求。

（4）公司债权债务审查

联建模式下，资金方需将目标项目建设所需资金注入项目方；如项目方自身负有其他重大债务或者对外提供了数额较大的担保，一旦项目方陷入纠纷导致无法经营或目标项目被查封、抵押，则资金方仅作为一般债权人，资金方的合作利益无法获得保障且其所投入的资金也无法获得优先受偿，从而直接影响资金方投资的安全性。

因此，在资金方决议进行合作以前，应对项目方的债权债务情况进行充分的尽职调查，调查内容包括查阅资产负债表、企业信用报告、对外担保情况、借款合同签署及资金往来情况等，或委托会计师事务所进行财务尽职调查。

此外，资金方还可以通过中国裁判文书网、公司所在地法院立案庭现场问询、要求公司提供涉诉情况等多种途径了解公司的涉诉情况，综合判断项目方债权债务情况。

（5）公司资信审查

房地产项目合作通常涉及金额较大，合作前期建议要求合作方提供公司章程，审查合作方对外合作或者金额超过一定比例的投资是否有限制性约定，要求项目方通过股东会会议决议或其他章程规定的形式取得关于对外联建合作的有效决议。

此外，公司的履约能力等资信情况也应当一并进行综合审查。

（6）公司管理架构审查

虽然项目方作为“建设单位”，但因资金方共同承担了目标项目开发的经营风险，所以在目标项目开发建设过程中，资金方应享有与其投资额相匹配的项目管理权；若资金方具备优越于项目方的开发管理经验，联建协议中还会约定由资金方负责操盘并提供品牌、合作资源等方面的支持。

为了方便资金方参与经营，通常项目方部分董事、监事、高级管理人员会由资金方委派的人员担任，并通过上述人员确保资金方对项目方经营过程中与目标项目有关事项的决策参与权。因此，在合作前期应当了解公司管理架构模式，便于设计后期的管理架构；同时，也应通过尽职调查排除“隐名股东”等影响合作的因素存在，或提前进行相应的交易结构安排。

2. 对资金方的法律尽职调查

审查内容也包括对资金方公司资信审查、债权债务审查、公司管理架构审查等，其与对项目方审查的相同之处不再一一赘述。但需注意的是，对两个主体同类事项的审查，可能在调查深度上存在区别，尤其是其中资金方的资信调查，应当全面、认真、细致，既要了解其注册资金、资金实力和融资能力，还要了解其经营管理水平及诚信情况。如涉及品牌输入，则应当审查品牌持有方是否为合法权利人，是否有权授权使用品牌。

（二）协商确定联建协议内容

《最高人民法院关于审理涉及国有土地使用权合同纠纷案件适用法律问题的解释》（以下简称《土地使用权合同司法解释》）第十四条规定“合作开发房地产合同，是指当事人订立的以提供出让土地使用权、资金等作为共同投资，共享利润、共担风险合作开发房地产为基本内容的协议”。上述法律规定为联建协议的基本要点，而各个联建项目的联建协议内容根据不同项目特点及交易双方的需求会存在差异，以下我们仅就通常情况下联建协议的架构和协议要点进行简要介绍：

1. 鉴于条款

鉴于条款是介绍合作背景、明确合作目的的重要条款。在实务中，合作双方从前期接洽到正式文件签署，通常会经历漫长的谈判过程，形成各种备忘录、会议纪要等文件，甚至还涉及合作各方为满足合作条件而必须与第三方实施的其他前期工作，如与第三方签署相关协议、向第三方支付相应款项、自第三方取得与合作标的有关的权益等；其中的重要事实需在鉴于条款进行概况性陈述。通过鉴于条款可以由各方厘清合作的脉络，介绍既定事实等合作背景信息，表达各方的真实目的和意图，是整个联建协议的“前言”。

2. 目标项目概况

目标项目概况包括项目名称、项目用地规模、项目规划建筑面积、项目容积率、建筑限高、项目占地范围等。该部分主要是介绍目标项目的具体情况。

3. 合作方式

合作方式是签约各方关于合作条件提供、经营方式选择、风险承担及利润分配比例等方面事项的约定；因在目标项目建成且销售完毕前，项目用地一直登记在项目方名下，资金方的权利主要通过协议来约定，因此，关于合作方式的约定，是整个联建协议的基础，其主要内容包括：

（1）合作条件提供

对于项目方来讲，项目用地一直登记在项目方名下，项目方有义务负责或配合资金方办理目标项目开发建设所需的一切项目用地及建设手续；但资金方一般会要求保管目标项目用地权证，以防止项目方擅自处置目标项目或以目标项目对外提供担保。

对于资金方提供的资金，一般系根据工程进度节点支付至以项目方名义开立的与资金方的共管账户中，并根据与施工单位等工程供应商签署的合同对外支付；若资金方还同时提供管理经验、品牌和渠道等资源的，则还需就该部分资源的投入方式进行约定。

（2）收益取得方式

联建模式下，项目方与资金方一般系按照约定的一定比例分配建成的物业；关于物业划分方式，一般按照楼栋或单元整体分割，并约定面积调差机制。对于分得的物业，各自分别组建销售团队进行所分得物业的销售。在以项目方名义缴纳各项税费以后，项目方将资金方分得物业所对应的销售收益支付给资金方。

个别情况下，资金方与项目方也会协商共同销售，对于销售所得利润由各方按照一定的比例进行分配。

（3）项目管理方式

具体包括一方操盘、联合操盘等各种不同的项目管理方式；具体操作方式，详见以下第 4 部分“关于管理架构的设置”。

4. 关于管理架构的设置

（1）管理机构及管理人员

若项目方为操盘方的，则资金方主要委派人员监管资金安全和参与目标项目开发建设过程中的重大事项审批；若资金方为操盘方的，则项目开发建设过程中的相关工作均由资金方以项目方名义开展，但项目方可能会对资金方的成本控制、销售业绩等方面的管理效果进行考核；若系合作各方联合操盘的，则合作各方一般会根据业务专长进行具体的工作划分。但无论采取何种操盘方式，资金方一般会委派人员担任项目方的部分董事、监事、总经理或其他高级管理人员。

（2）分支机构的建立

联建模式下，为了便于目标项目管理，一般需就目标项目相关成本投入及收益取得单独开户、单独建账、单独核税。因此，合作各方一般会在项目方公司名下设立一个分公司，作为专门负责目标项目开发的内部主体责任单位。该分支机构一般有单独账户、印章；该分支机构的负责人一般由操盘方推荐的人员担任。

（3）其他管理事项

若设立分支机构的，则合作各方一般会约定分支机构负责管理目标项目有关的权证资料，并开设分支机构的专门账户作为各方监管资金进出的共管账户；同时，各方会对分支机构印鉴与总公司印鉴的使用范围进行划分，项目方总公司的印鉴一般也由资金方参与共管。

若不设立分支机构的，则项目方取得的与目标项目有关的权证、资料、账户一般均由合作各方共管，且项目方公司一般也会刻制合作专用章，并共管该印章，与项目有关的文件签署均使用合作专用章。

5. 风险隔离措施

因项目方可能同时从事多种投资经营活动，项目方所从事的其他投资经营活动的损益情况也会影响资金方投资收益的实现。为此，需在联建协议中约定项目方其他投资经营活动与目标项目开发建设的风险隔离措施问题，该等措施包括：

（1）分别设立分支机构经营，单独建账、单独核算；

（2）将与目标项目开发无关的其他投资经营活动转让给项目方股东或其他主体进行；

（3）暂停进行其他投资经营活动，并约定在目标项目开发完毕且资金方取得约定收益后再重新开展；

（4）开展其他投资经营活动时项目方与资金方的联合审批。

6. 资金担保措施

为了保证资金方的投资安全，项目方或其股东通常会向资金方提供资产抵押、保证或者股权质押等多种形式的履约担保，担保范围包括资金方提供的投资款以及有权取得的合作收益。

7. 违约责任

违约责任条款是一种特殊形式的担保措施，也即权利受到侵害时守约方可采取的救济措施。但需注意的是，为了避免争议发生时各方就责任承担产生争议、确保守约方利益获得充分保障，联建协议中涉及各方重要权利的事项，不能仅仅简单笼统地约定违约方要承担违约责任和赔偿责任这种兜底条款，而应当尽量根据实际情况对重要违约事项逐条详细列举，并明确约定违约金和赔偿金的计算标准或方式。

此外，需特别注意的是，对于守约方追究违约方责任所发生的费用（包括但不限于律师费、调查取证费用）、采取补救措施所发生的费用及因一方违约导致守约方遭受第三方索赔而发生的损失等，若无特别约定的，可能在司法实践中难以获得足额的赔偿，因此，在联建协议的违约责任条款中需对此进行特别约定。

8. 通用条款

通用条款通常包括定义、保密、陈述与保证、争议解决、通知、协议生效及其他等，这些条款看似面目相似，实则用处极大，是非常重要及不可缺少的条款。

如陈述与保证条款所涉及的事实是各方合作的基础，合作协议执行过程中发现陈述与保证不实，可能会对合作目的的实现造成根本性的影响，合作方可能因此提出合同效力瑕疵或主张解除合作协议并索赔。

再如通知条款，貌似是程序问题，但合作过程中双方往来函件、纠纷发生后诉讼或仲裁文书的送达等均涉及实体权利是否形成或是否可以受到司法保护。为此，通知条款中一般会约定，各方承诺协议中预留的联系地址为有效地址，其他方或法院、仲裁机构等按该地址邮寄或送达的邮件均能送达本方，若出现拒收、代收、退回等情形，均视为已送达本方。

三、联建模式主要交易风险及解决方案

（一）合作协议无效风险

1. 合作双方均无房地产开发资质的，合作协议无效

前述《土地使用权合同纠纷司法解释》第十五条规定：“合作开发房地产合同的当事人一方具备房地产开发经营资质的，应当认定合同有效。当事人双方均不具备房地产开发经营资质的，应当认定合同无效。但起诉前当事人一方已经取得房地产开发经营资质或者已依法合作成立具有房地产开发经营资质的房地产开发企业的，应当认定合同有效。”

房地产作为一种重要的生活和生产资料，事关人民群众的生命、财产安全及社会公共安全；同时，由于房地产开发项目一般都具有资金量大、工艺复杂、

专业性强、技术性高等方面的特点，国家对房地产项目的开发建设实行了严格的市场准入制度，不具备房地产开发资质的单位不得从事房地产开发。

但根据前述《土地使用权合同纠纷司法解释》的规定，如合作协议签订时合作各方不具备房地产开发资质的，并非认定合同当然无效，即起诉前当事人一方已经取得房地产开发经营资质应当认定合同有效。而在本节所述联建关系中，因目标项目的权属不发生转移，此处应取得房地产开发经营资质的一方应为项目方，否则双方无法为目标项目办理房地产开发建设手续，即使进行了相关建设行为，也应属于违章建筑而无法用于销售及取得合法收益。

2. 以未经批准的划拨土地使用权投资合作的，合作协议无效

《土地使用权合同纠纷司法解释》第十六条规定："土地使用权人未经有批准权的人民政府批准，以划拨土地使用权作为投资与他人订立合同合作开发房地产的，应当认定合同无效。但起诉前已经办理批准手续的，应当认定合同有效。"

国有划拨土地使用权与出让土地使用权的权属性质存在差异；目标项目若系通过划拨方式取得国有土地使用权，则使用权人对目标项目用地并不具有完全的支配权。因划拨用地系基于特殊目的而由国家提供给某些特殊土地使用者使用，这种特殊土地使用者一般是基于公益目的而设立的非营利性单位，而划拨用地的用途也有严格的限制；所以，国有划拨土地使用权是不具备市场交易性的，未经批准一般不得不得出租、转让、抵押，也无法用于合作开发房地产项目。

但合作协议中约定以国有划拨土地使用权合作的，并非均认定合同当然无效。根据前述《土地使用权合同纠纷司法解释》的规定，起诉前已办理出让手续的应当认定合同有效。

（二）资金方资金安全风险

由于目标项目系登记在项目方名下，资金方投入的开发建设资金存在被挪用或者因项目方债务纠纷被冻结、资金方投入资金所形成的工程被查封等问题，如何保障资金方所投入的资金严格按照合作协议约定用于项目开发，需要在交易流程以及相关配套措施设置中进行提前安排。

为办理联建项目的转账结算、投资资金使用等，合作各方通常约定设立"共管账户"，以共同监督项目资金的使用；配合专用印鉴的管理，进一步降低投资风险；同时，在联建协议中还需明确未按照约定用途使用资金时的违约责

任条款等。

此外，资金方在联建协议签署的同时应要求项目方提供有效担保。若合作开发过程中合作各方拟以目标项目作为担保物进行项目融资的，则项目方向资金方提供的担保物不应为目标项目用地或项目方股东持有的项目方股权；因为目标项目用地作为履约担保后，金融机构一般不再接受其作为融资担保；而若在金融机构以后设置抵押担保，则项目价值不一定可以涵盖两类债权人的全部债权金额；同时，项目方的股权价值一般依附于目标项目价值，目标项目一旦设置了抵押权，则项目方的公司股权价值的担保效应也相应降低。

（三）资金方项目管理权无法落实的风险

为了防止项目方擅自处分目标项目，资金方通常要采用有效措施对项目方的项目管理权进行限制。一方面，合作协议中约定资金方的经营权，明确哪些事项需要经过资金方同意方可实施，并约定违约责任；另一方面，资金方可以直接参与目标项目日常的经营管理，监督项目进展。

（四）资金方收益权无法实现的风险

因联建的目标项目登记在项目方名下，销售收益也均需以项目方的名义收取；参与合作的资金方无法直接取得建成后房地产项目的物权及其销售收益。若项目方擅自处分目标项目及其销售收益，则会严重侵害资金方的权益。此外，项目方自身债务可能导致目标项目受到司法查封等权利限制。资金方合作收益需要合作协议中约定的担保措施和相关配套措施予以保障。

就以上（二）（三）（四）项风险的防范措施，在本节第二部分交易结构介绍中已有详细描述，在此不再赘述。

四、联建模式实例评析

（一）案例简介

“某温泉国际会展度假城”项目是由 A 公司与 B 公司合资兴建的集国际会议、展览、旅游为一体的综合性休闲旅游度假项目。项目总占地面积约 9000 亩，总投资额超过 100 亿元。该项目拟以“国际展览中心”和“国际游艇俱乐部”为设计主题，以“会议、展览、游艇、温泉”为基本理念，建设国际会议展览中心、国际游艇俱乐部、五星级度假酒店、国际商务会所、休闲娱乐及学校、医院、幼儿园等公共设施，按国际一流标准把该项目建设成为“国际会展度假城”，以及沿海黄金旅游线上特色鲜明的综合性休闲旅游、温泉度假项目。

2009年，A、B公司合资设立子公司C公司，作为该项目的开发主体，并由C公司与当地政府签署了该项目投资协议。

项目一期规划建设国际会议、展览中心、五星级酒店及配套旅游商业用房，涉及多个地块；C公司已经完成部分地块开发建设，剩余会展中心和商业配套未开工；项目二期规划建设住宅、人才公寓等业态，C公司已经办理完毕项目用地出让手续并取得不动产权证，但尚未开工建设；项目三期用地因涉及未解决的拆迁问题，土地管理部门暂未供地。

鉴于项目本身投资数额大、建设业态多、建设周期紧等因素，仅依靠现A、B公司的能力完成存在一定困难；因此，A、B、C公司决定引入新的资金方，共同完成项目开发。

D公司作为一家大型房地产企业在该市设立的全资子公司，因在该市还未获得开发用地，因此，拟与A、B、C公司对该项目进行合作开发。

（二）项目特点

1. 目标项目立项时即以“高起点、高标准、国际一流”，打造一个新的地标性建筑群为目标，被列为某市重点项目。因此，A、B、C公司需确保引进的合作方具有相应的管理能力，以保证项目建设品质。

2. 项目建设所需资金体量庞大，需投资方具有良好的融资能力。

3. 项目中会展中心、酒店等均为自持物业，对项目收益率有较大影响。

4. 项目用地被分割为多个地块，但需按照统一的规划方案进行建设，否则会导致建筑压线或无法做足规划指标的问题。

5. 二期项目用地的建设进度远远落后于出让文件的约定，已经构成闲置用地。

6. C公司除进行了目标项目建设外，还就目标项目用地拆迁工作提供了大量资金，根据项目用地出让时的文件，该部分拆迁成本将通过后续用地的出让金返还予以补偿。

（三）合作方式的确定

1. 法律尽职调查

因目标项目的建设内容复杂，且C公司获取目标项目后已经持有较长的时间；而A、B公司分别已经与多家意向合作方进行了谈判。因此，资金方首先对目标项目及项目方进行了尽职调查，以作为确定合作方式的依据。尽职调查的内容主要包括：

（1）项目背景调查

因本项目为市重点项目，在当地具有较大影响，资金方了解目标项目信息的渠道较多。为此，资金方在与项目方正式接洽之前通过自有渠道了解了目标项目的背景情况、项目方此前与其他意向投资方的洽商情况以及当地政府对目标项目后续开发的态度。经了解，当地政府也积极推动目标项目开发建设，在审批手续的办理上以及地方税收优惠政策等方面都有了明确的优惠政策。

（2）项目内调

在与项目公司接洽过程中了解到，C公司虽为A、B公司就目标项目新设的项目公司，但该公司设立时间较长，且因一期用地开发对外签署了大量的商务合同尚未履行完毕；而根据与政府签署的投资协议，C公司尚有部分项目用地未取得。目标项目各地块的供地、开发进度存在较大差异。

针对此现状，内调重点收集了与合作地块有关的证照、批文，以及项目公司证照、章程、债权债务明细、涉及合作地块签署的相关协议、涉诉情况等，并到项目现场进行了查勘，了解项目现状情况。同时，就拟目标项目事宜，要求股东各方出具了同意合作的书面文件。

（3）项目外调

结合内调情况，分别到项目公司注册地市场监督管理部门调阅了项目公司注册登记档案以及股东股权质押、冻结情况；到不动产登记中心调取了拟合作地块的土地登记信息并查询土地的抵押、查封情况；到人社部门调查项目公司用工及社保缴纳情况；到项目公司所在地法院调取涉诉情况等。此外，通过网络公开途径检索了与项目公司及目标项目有关的信息。

2. 联建合作方式的确定

根据上述调查结果，D公司认为：因一期用地剩余未建部分多为自持物业，资金占用过大，而三期用地出让节点尚无法确认，因此，仅与C公司进行二期用地的合作。因C公司存续时间较长且持有不属于合作范围内的用地，所以无法通过股权转让或增资等方式进行股权式合作；而因二期用地获取成本中还包括与其他地块无法分割的拆迁成本，项目规划指标也无法完全切割，因此也无法进行项目转让。

综合上述因素，A、B、C、D公司经协商一致，决定采取联建模式进行合作，即由C公司以二期用地作为合作条件，D公司以二期用地的开发建设资金投入及项目管理作为合作条件，双方以C公司名义进行二期用地的联建开发，项目建成后 D 公司分得约定比例的建成物业的销售收益。

(四) 联建合作的开展

基于前期尽职调查内容和资金方测算结果，双方就联建模式和合作要点进行了洽谈，并签署了《合作协议》，根据约定进行联建合作开发，其中：

1. 建设资金提供

D 公司按照项目建设进度提供建设资金，其中第一期资金不迟于签约后 5 日内支付至以 C 公司名义开立的与 D 公司的共管账户中；本项目不再进行金融机构融资，对于 D 公司提供的资金，D 公司不计取利息。

2. 利益分配及风险承担

D 公司提供的建设资金对应二期用地 50% 的权益，即二期用地全部建设完成后，D 公司可以分得建成物业中 50% 的销售权益；C、D 公司各自权益物业的划分按照集中竖向分割的原则，在二期用地取得《建筑工程施工许可证》以后进行确定。若二期用地非因任何一方的原因导致出现经营风险和亏损的，由 C、D 公司双方按照 5∶5 的权益比例共担。

3. 资金方风险防控措施

为了保障资金方出资安全，各方协商采取了如下措施：

(1) C 公司全部账户、章程、证照均与 D 公司进行共管；

(2) D 公司委派人员担任 C 公司财务负责人，以管控资金收支情况；

(3) A、B 公司将持有的 C 公司股权质押给 D 公司，C 公司将二期用地抵押给 D 公司，作为 D 公司资金投入按照约定用途使用及后期收益取得的担保。

4. 项目管理

二期用地由 D 公司操盘；在合作协议签署后，C 公司成立了分公司负责二期用地的建设。分公司刻制项目专用印章，财务单独开立资金账户，账户往来款等单独核算。

二期项目建设期间，D 公司委派人员担任 C 公司董事、C 公司分公司的负责人及各个业务部门的负责人，具体落实开发建设各个环节的工作。

第二节　代建管理

一、代建管理模式简介

我国代建制模式最早源于厦门，从1993年开始，厦门市在一些基础设施和社会公益性政府投资项目中，首次采用代建制度，由政府部门代替项目使用单位，委托专业项目管理单位进行项目建设管理。

此后，国家加大对“代建制”管理模式的制度研究。2004年7月16日，国务院发布实施《关于投资体制改革的决定》（国发〔2004〕20号），该决定中明确：“对非经营性政府投资项目加快推行‘代建制’，即通过招标等方式，选择专业化的项目管理单位负责建设实施，严格控制项目投资、质量和工期，竣工验收后移交给使用单位。增强投资风险意识，建立和完善政府投资项目的风险管理机制。”至此，以官方文件明确认可了“代建制”管理模式，并在全国范围内开始“代建制”管理模式的应用和推广。

但上述决定中，仅对政府投资项目中的非经营性项目的代建进行了规定，并未明确非政府投资项目是否可以采用该模式。近年来，代建制模式逐渐从非经营性政府投资项目扩展至非政府投资的工程项目；且随着融资条件的变化、“大合规”时代的来临，越来越多的商品房开发项目也开始采用代建管理模式，其中不乏知名房地产企业将代建管理作为新的房地产投资途径并获取不逊于直接开发投资回报的案例，因此，代建管理也成为房地产投资经营的一个重要渠道。

本节主要以非政府投资的房地产开发项目为例，对代建管理模式展开分析。

（一）房地产代建管理模式基本含义

房地产代建是由委托方提供商品房开发用地并承担全部投资或融资义务，由拥有项目开发建设经验的专业代建方承接，双方通过平等协商建立合作关系，最终实现互利共赢的一种合作开发模式。

代建方可为委托方提供从项目定位、规划设计、工程管理、成本管理、招投标管理、营销管理、品牌管理至交付管理等开发全过程服务。代建方通常为具有一定市场影响力及品牌价值的专业房地产企业，其在品牌、产品、成本、融资、管理、团队等方面积累了成熟的经验，可根据委托方的需要向项目进行品牌输出，派驻专业的开发团队，承担开发任务，从而提升项目产品的销售价格和市场竞争力，并可为符合要求的项目提供融资服务，从而弥补委托方在管理经验、合作渠道、品牌价值等方面的不足。

而同时，因房地产代建可以确保代建方较为稳定的收益率，且不承担经营及市场风险，并且可以扩大代建方的项目业绩，提升品牌价值和市场影响力，因此，代建模式也越来越受到具有代建能力的大型品牌房地产企业的青睐。

（二）代建管理模式的优劣势

前文提到，委托方采用代建管理模式的主要原因是希望通过品牌房企提升项目产品的市场竞争力，实现更优的利润收益；虽然委托方需要付出一定的代建费用，但是对于不具有开发能力的房地产企业来讲，代建管理模式还是一种非常具有可行性的选择。

以下主要从代建方角度，对代建管理模式的优势和劣势进行分析。

1. 代建管理模式的优势

（1）不承担经营风险

代建管理模式属于合同类合作模式，代建项目的土地成本和融资负债均由委托方自行承担；同时，因为项目的权属没有发生转移，项目开发过程中可能存在的诸如资金压力、去化速度、项目利润等问题，都无须代建方承担，代建项目的风险较小。

（2）合作收益稳定而多样

代建项目可以为代建方带来稳定的代建管理费收益，在品牌输出的项目中还会获得相应的品牌使用费；而在垫资代建中，往往还可以获得垫资收益。

（3）获得上下游行业的合作机会

代建项目中，一般由代建方负责招投标等工作，而代建方本身会有大量的上下游企业资源，特别是在营销策划、商业招商、物业管理等方面，代建方的关联方获取代建项目后续合作机会的可能性大大提高。

（4）退出方式简单

在所有的房地产项目合作模式中，代建模式是合作双方关系最为松散的类型。合作的唯一纽带为代建合同，而代建方的投入主要为智力投入，即便存在垫资情况也往往由委托方提供抵押担保确保资金安全。因此，合作关系一旦终止，代建方在撤出人员及移交资料后即可全面退出，而代建管理费作为债权式合作收益，也可以独立于项目销售收益的实现情况而径行向委托方追索。

2. 代建管理模式的劣势

（1）合作方的诚信风险可能导致代建收益落空

为此，代建方需要通过各种途径和方式了解委托方的基本情况、资信情况、资金状况等，考察委托方的经营诉求，与其他第三方过往合作情况，还需要了解委托方管理团队的情况，从而确保合作的顺畅开展。

（2）产品定位无法完全按照代建方通常标准进行

为了迎合委托方对于成本控制的要求，代建过程中可能导致代建产品相较于代建方自有项目的质量标准降低，从而导致一定的管理责任及质量风险。

（3）协作管理成本提升

因不同的委托方有不同的要求，代建方难以实现完全标准化，因此可能导致各个端口、部门联合作业时，出现沟通效率低下、沟通成本过高的情形。

（4）品牌信誉度降低

许多客户购买房屋会首选品牌房企，主要是基于对品牌房企的信任，但因为代建项目中也体现了委托方的主观意识和要求，因此可能导致代建项目的品质相较于代建方自有项目的品质降低，从而导致品牌信誉度和市场美誉度受到一定的影响。

二、代建管理模式交易结构

（一）代建管理的合作要点

代建合作中，委托方拥有投资决策权、知情权、建议权和监督权，享有项目的投资收益，承担投资风险。代建方负责开发环节的全过程管理，双方通过签署《委托开发管理协议》等类似文件（以下简称代建合同），对项目概况、委托开发管理方式和期限、委托开发管理费用、项目移交、项目管理团队、印章和档案管理、合同管理、项目经营开发管理、项目成本管理、工程管理、项目营销管理、项目资金管理等内容进行约定。

代建管理的合作要点主要包括以下内容：

1. 委托开发管理方式和委托开发管理内容

（1）委托开发管理方式

全过程的委托开发管理方式包括前期管理、规划设计、开发报建、施工管理、销售管理、竣工验收、交付使用、质量保修和售后服务等环节的项目全过程开发管理。

(2) 委托开发管理内容

委托开发管理内容包括对项目进行前期工作管理、设计管理、项目招标和设施采购管理、工程进度管理、工程质量管理、运营管理、工程投资管理、销售管理、工程安全管理、文明施工管理、合同、档案和信息管理、工程监理、工程竣工验收及移交等。

2. 管理团队

为了便于进行项目管理，代建方的部分项目管理团队人员可能会阶段性地直接担任委托方的董事、总经理或重要部门的负责人。因此，需明确项目团队的组建方式、劳动合同的签署以及薪资、社保费用、住房公积金及福利待遇的费用承担问题。

3. 印章和档案管理

为便于项目管理并区分经营权限，代建方一般会要求委托方为代建过程中涉及的工作刻制合同专用章以供专门使用；对于委托方保管的公章、合同专用章、全部证照等的管理和使用流程，双方会在代建合同或共同组建的项目部的管理制度中进行明确约定。

同时，因项目开发形成的图纸、报审材料等档案资料，在代建过程中一般均由代建方指定专人进行保管，并提供一份原件给委托方。

4. 合同管理

项目开发建设过程中所涉及的各类合同，通常由代建方拟订，委托方确认并作为合同主体签订。为便于项目现场管理，对于其中重大的工程类合同，往往采取三方协议的模式，由代建方参与签署，并明确代建方在项目管理中代表委托方履行职责的相关细则。合同签订后，因合同履行产生的相关责任由委托方承担，但双方可就特殊情况下的责任承担问题进行约定。

通常，委托方需明确该项目授权代表，代建方将该授权代表纳入项目合同审批流程。

5. 项目经营开发管理

委托方和代建方共同商议并确定项目经营开发目标，包括项目总体开发时间节点、项目开发建设周期目标、成本目标、工程进度目标、项目整体销售目标以及年度投资、销售、回款等运营目标。

代建方应按约定向委托方报送项目经营管理报告，经营管理报告主要内容包括：

（1）项目开发主要工作（包括前期、规划设计、工程建设、招投标和采购、营销等）的进度和进展情况，以及和项目开发计划的对比分析；

（2）项目成本的发生和异动情况分析；

（3）项目各项费用的发生和异动情况分析；

（4）项目的资金使用情况和资金需求计划；

（5）委托方关注的其他重点工作情况。

6. 项目成本管理

委托方及代建方在代建合同中或代建方参与的董事会等经营决策机构决议中，应明确如下项目成本管理事项：

（1）委托方及代建方协商一致确定目标成本；

（2）明确目标成本可进行调整的情形；

（3）对于进行招投标的项目，明确招标方案的制定和招投标制度的执行等问题；

（4）代建方提供供方资源时，供方的具体选择标准和方式；

（5）材料供应管理，即明确材料供应商的选取方法；对于直接影响产品质量的材料和设备，应结合项目的实际情况，制定具体的采购标准；

（6）工程变更的确认方式，即对于非重大工程变更、重大工程变更、重大工程变更涉及前期政府审批手续变更、重大工程变更涉及调整项目工程成本管理目标等情形，明确具体的操作流程；

（7）目标成本管理未能实现时成本差额的承担方式。

7. 工程管理

（1）代建方应要求施工单位及时编制工程总体施工计划及施工组织方案，提出专业的审核意见，经各方确认后，代建方应责成施工单位编制阶段进度计划，认真按照标准、规范和设计图纸的要求督促施工单位按计划进行施工；

（2）明确工程工期相应顺延的情形，且项目开发建设周期目标可作相应调整；

（3）代建方应对承包商完成进度计划的情况进行监督和检查；

（4）安全生产管理；

（5）工程质量管理；

（6）工程保险管理。

8. 项目营销管理

（1）竞品市场分析；

（2）项目销售定价及销售策略；

（3）项目营销费用预算。

9. 项目资金管理

（1）委托方为项目的开发应建立专属账户，明确除特定情形下项目相关的全部资金往来均通过该账户进行，明确各类账户的管理主体；

（2）明确项目开发建设资金的筹集、代建方是否对委托方就该项目的融资提供担保、项目融资款项的专款专用等问题。

10. 品牌输出

项目可以使用代建方的品牌，同时需明确品牌的使用范围、使用期间以及品牌使用费的收取标准、收取主体、收取方式等内容。

（二）代建收益

代建模式的核心就是代建方通过专业开发能力的输出获得开发利润。与传统房地产开发业务相比，这一新的开发模式可以使代建方规避土地获取阶段的竞争和房地产销售政策收紧对于直接开发模式的不利影响，并能够坐享品牌、管理服务输出所产生的稳定而多样化的收益。代建收益主要来源于如下四个方面：

1. 因管理产生的收益

该部分收益主要指派驻团队基本管理费、委托开发管理费和业绩奖励；其中：

（1）派驻团队基本管理费主要包括管理团队的基本工资、福利、社会保险等，通常采用包干制，有的项目也会将其直接纳入下述“委托开发管理费”进行合并计算。

（2）委托开发管理费，具体收费标准视项目大小、物业类型、销售去化速度等因素决定，是主要的代建收益来源。委托开发管理费一般是按照销售额的一定百分比来计算，根据项目的情况不同，通常在5%－15%。

（3）业绩奖励，即委托方和代建方约定项目的经营指标，在达成经营指标之后可以提取一定比例的奖金作为代建方的业绩奖励。

2. 因品牌溢价产生的收益

该部分收益主要体现为两类：

（1）向代建方或其母公司支付的品牌使用费，该部分费用一般按照销售签约额的固定比例收取，并由持有相应品牌（主要是注册商标）的主体向委托方开具发票，由委托方直接支付。

（2）根据品牌溢价实现情况支付的浮动收益，该部分费用跟前述“因管理产生的收益”中的“业绩奖励”相类似，但其收益来源及计价方式有所不同，即“业绩奖励”的收益主要来源于市场变化及销售策略的制定，其计价系根据提前制定的基本销售目标与实际实现的销售业绩的差额按一定比例计取；而“浮动收益”则主要是来源于市场上对代建方品牌价值及其产品竞争力的认可，其计价系根据代建项目与一定范围内的竞品项目的销售差价来计算。

3. 因垫资产生的收益

在代建项目中大量存在代建方“垫资”的情况，代建方通过垫资获取稳定的利息收益，从而提高了资金的利用效率及资金回报率；代建方一般会要求委托方以代建项目用地及在建工程的抵押担保、委托方股东的股权质押担保或信用担保等方式，从而有效控制资金垫付的风险。

而对于委托方来讲，基于目前金融机构融资成本增加，且金融机构对开发贷主体资格审查要求愈益严格，中小型开发商的融资难度越来越大；信托等融资模式的被禁止也进一步加剧了开发商的“融资难”现状。而代建方垫资也可以破解委托方的资金困境，从而成为委托方选择代建管理方式进行房地产项目开发的重要原因。

4. 因获得上下游业务机会产生的收益

进入发展稳定期的房地产企业，为了应对房地产政策收紧导致的竞争加剧、利润率下降、销售去化率低等问题，往往会通过投资发展房地产上下游企业的方式，分散经营风险并实现企业资源的优化配置。其中，出现较早的是房地产开发企业投资的物业服务企业；此后随着房地产企业自持物业的增加，房地产开发企业投资的销售代理及商业运营公司也应运而生；此外，房地产开发企业本身具有施工企业资质或投资施工企业的情况也屡见不鲜。而代建项目可以使得代建方在取得代建收益的同时，优先获得上下游企业的合作机会，从而取得包括施工费、销售代理费、咨询费、物业管理费等各种形式的额外收益。

三、代建管理模式主要交易风险及解决方案

虽然代建管理模式在我国已经有了一定的发展，但是相应的配套法律法规还有待健全，配套制度尚不完善。现对代建管理模式下合作双方可能存在的交易风险和解决方案分析如下：

（一）委托方面临的交易风险和解决方案

1. 工程造价管理风险

工程造价管理是代建管理模式下委托方面临的核心风险。为了有效控制项目工程造价，委托方通常会设定一个目标成本，并可能会在代建合同中明确约定在最终工程造价突破目标成本时启动对代建方的追责机制。

（1）目标成本的形成机制

代建合同签订时，目标成本往往还无法确定，因此，代建合同中一般会约定目标成本的形成机制。实践当中，目标成本通常通过委托方与代建方共同指定的委托方内部机构，如董事会、项目部管理委员会等，通过双方签署的决议的方式进行确认。目标成本主要依据投资估算、初步设计概算、施工图预算进行确认，并可能委托专业第三方机构制作工程预算书。但是，由于代建方一般较早介入代建项目的管理，且在开发经营、第三方咨询机构合作资源等方面，有优于委托方的明显优势，因此，对目标成本制定过程中的影响可能会大于委托方，客观上有可能导致制定的目标成本在一定程度上背离市场上对于目标成本的一般认定，从而使得委托方通过锁定目标成本控制项目成本的预期落空。为此，委托方可采取如下应对方案：

①保留通过市场方式确定工程设计合作单位的权利，确保工程设计严格控制概算和预算，防止通过提高施工标准导致后续成本无法控制或出现可选择的供方主体唯一性的问题；

②慎重选择第三方合作机构，从而保证工程预算书编制的客观性；

③与代建方共同制定详尽的项目建设标准和造价审核工作机制，尽量避免不必要的可调节因素的出现。

（2）目标成本的调整

在目标成本的调整上，应该根据项目需求，限定目标成本的调整原因、程序和方式。一般而言，调整原因可能包括设计变更、市场价格波动、法律变化和不可抗力等，而对于每一种原因，都需要详述其适用前提和除外情形；调整

程序和方式也应根据委托方的内部管理制度予以细化。

2. 工期管理风险

实践中，很多委托方在项目初期仅在代建合同中约定了一个总工期目标，并未约定节点工期、工期顺延的前提、工期延误的处理机制等，导致项目在建设过程中因工期延误陷入被动。

因此，为了使代建方的工期责任落到实处，可以在代建合同中明确以下事项：

（1）细化总工期涵盖的风险范围；

（2）设置节点工期；

（3）限制工期顺延的适用条件；

（4）约定工期延误的惩罚措施；

（5）视情况设置工期提前的奖励机制。

3. 委托方决策权行使的风险

代建管理的权限大小取决于委托方保留决策权的范围。委托方的决策权范围，一方面取决于委托方的商业诉求，另一方面也受制于双方的谈判地位及合作方式。

通常，委托方保留决策权的事项可以从以下方面予以考虑：

（1）目标成本及投资估算、概算、预算、结算；

（2）项目建设标准；

（3）设计成果文件的审批；

（4）项目对外融资、对外抵押或担保；

（5）建设资金的审批及支付；

（6）设计变更（或单项变更超过一定金额）及工程索赔；

（7）停工复工及工期调整；

（8）竣工验收及工程接收；

（9）涉及项目造价、工期、质量的其他重大事项。

（二）代建方面临的交易风险和解决方案

1. 代建管理期限风险

代建管理期限往往是代建合同中易被忽略的内容，而代建管理期限实际上是划分委托方与代建方责任的一个重要标志。

一般的代建合同中，代建管理期限是始于合同签订或代建项目取得一定的权证文件（比较常见的如《不动产权证》《建设工程规划许可证》《建筑工程施工许可证》等），终于代建项目集中交付给购房人或到一定期限的质保期结束。而因施工过程中可能会出现场地交接不顺、工程停工、周边配套设施无法满足施工或交付房屋要求等问题，增加了代建工作的难度，即便在代建合同中对该期限进行锁定，在实施过程中也面临一定的不可控风险。

对于代建方来讲，应特别注意在代建合同中明确代建管理的起始和截止时间，从而明确责任期限，避免因期限约定不明导致的额外责任；同时可以在代建合同中约定，若因非代建方原因导致代建期限延长的，则代建方享有要求增加代建费的请求权。

另外，如果代建期限届满后代建方仍负有相应随附义务（如移交代建期间形成的资料、与委托方指定的保修单位移交工程现场等），也需明确相应的责任归属、增加费用的承担等问题。

2. 委托开发管理费的计价和支付风险

委托开发管理费是代建收益的核心，代建方应特别关注委托开发管理费如何计算、是否调价、何时支付的问题。

委托开发管理费通常按照销售额的一定百分比来计算，而与回款情况、委托方利润率无关。当然，在实践当中一般也应考虑调价机制，包括工作量超过一定幅度后给予调价、服务期限超过一定时限后给予调价等。在委托开发管理费的支付上，实践中，委托方大多会考虑随工程建设的重要里程碑按比例支付，具体时间节点和比例的安排属于商务决策范畴。

另外，考虑到风险与利益平衡的原则，代建合同中除了委托开发管理基础费用外，一般都会就代建目标的实现设置奖励制度，并匹配目标未达成的惩罚措施。奖惩内容主要针对造价目标、工期目标、质量目标、销售额、招商率、营业额是否达标等，具体奖惩方式和金额由委托方和代建方根据项目需求确定。从风险防控的角度来讲，应在代建合同中对上述代建目标涉及的指标定义、适用条件、除外情形以及奖惩金额的计算方式、申报流程等进行明确约定，以免发生争议。

3. 建设资金支付风险

在代建项目中，项目开发建设过程中所涉及的资金由委托方筹措，各类合同系由委托方作为合同主体对外签订；即便是在代建方垫资代建的项目中，垫资的资金释放也需满足一定的前提条件。若委托方缺乏融资能力或无法满足代建方垫资的释放条件，则会直接影响工程建设进度并引起工程款支付纠纷。代建方仅作为管理方，无法防止资金迟延支付对工期及工程管理的影响。

为了保证建设资金的正常支付，代建方可以从以下方面予以考虑：

（1）委托方为项目的开发应建立专属账户，除政府要求必须专门设立的账户外，项目其他资金均通过该账户进行核算；

（2）项目融资款项由金融机构发放到项目账户后，必须全部用于项目的开发建设，非经代建方审核同意，委托方不得挪作他用；

（3）项目以土地、在建工程抵押等方式取得的融资，需优先用于项目的开发建设；

（4）项目开发过程中，由代建方根据项目建设需要编制资金使用计划，委托方专属账户应保留一定期限内对外支付所需的资金（包括但不限于工程费用、管理费用、营销费用、财务费用、税金等各项支出）；

（5）若因委托方未足额支付、迟延支付、拒付各项工程款和费用等引起的一切纠纷或造成工程工期、进度、质量等受到影响的，一切风险责任由委托方全部承担；

（6）对于委托方银行账户，委托方需配合代建方进行查询，保障代建方对委托方资金情况的知情权。

4. 对工程合同相关供方的管理风险

在代建管理模式下，建设单位仍然是委托方，因此对外签署的勘察设计、施工监理、采购服务等各类合同的发包方仍为委托方，从合同相对性角度，代建方无法直接基于上述工程合同的约定直接对相关供方进行管理；特别是现场施工情况复杂、隐蔽工程及交叉施工的情况众多，若无法实现代建方对现场管理的有效管控，会导致代建工作无法正常开展。为此，一般通过如下两种方式解决该问题：

（1）由代建方作为工程管理方直接参与各类工程合同的签署，并明确代建方有权代表委托方进行验收、检查、评价等各项管理工作；

（2）在供方出现违约或违法行为时，赋予代建方直接对供方进行提醒、警示、惩处或追究其他违约责任的权利。

四、代建管理模式实例评析

（一）案例简介

A 公司（委托方）已取得位于某区合计约 9 万平方米的国有建设用地使用权，规划建设住宅商品房和写字楼；A 公司已经缴纳了全部项目用地的土地出让金并取得《不动产权证》，可依法进行房地产开发建设。

B 公司（代建方）为国内某知名房产公司下属专业负责房地产项目受托开发管理的公司，具有履行该项目代建所需的相应资质、资格和能力。该国内知名房产公司依托多年的房地产开发经验，逐步建立起完善的品牌管理与维护体系、质量控制体系以及房地产延伸价值服务体系等，并储备了大量优秀的管理人才，在房地产开发建设各阶段、各环节均具有较强的专业技术支持力量。B 公司有意通过输出专业的管理及技术，获取代建收益。

A 公司充分认可 B 公司在房地产开发建设领域的管理能力和经验，同意委托 B 公司全面负责该项目开发建设的管理工作，B 公司也同意接受该委托。

（二）项目特点

1. 项目用地系通过公开出让方式获取的净地，权属清晰，并完成权属登记，可直接进行开发建设。

2. A 公司资金状况良好，无阻碍土地开发的重大风险因素，如重大债权债务、土地权利限制等。

3. A 公司基于以下原因不选择自行开发：一是缺乏项目开发经验；二是希望通过品牌房企的开发、冠名，获得更高的销售溢价，实现超额利润；三是希望通过与品牌房企的合作，学习项目开发管理经验，并积累上下游企业的合作资源。

4. A 公司看重的是 B 公司作为国内知名房企的品牌影响力、质量和口碑，是否有助于实现快速去化和提高售价，能否为项目带来高额利润。

（三）项目代建的具体操作

1. 合作关系建立

A 公司与 B 公司签订《委托开发管理合同》，对项目基本情况、委托开发管理内容、委托管理目标、委托管理期限、委托管理服务相关费用等事宜作出明确约定。

2. 合作实施

(1) 委托管理范围和内容

包括前期管理工作、规划设计管理、成本管理、工程管理、营销管理、竣工验收和交付管理、客户服务及房产保修管理、前期物业服务督导、档案管理、人力资源管理、行政管理。

(2) 委托管理目标

明确开发建设周期目标、销售目标、工程成本管理目标。

(3) 委托管理期限

自合同生效之日起至项目销售管理目标完成且最后一期销售物业交付满60日为止。

(4) 委托管理服务相关费用

包括日常管理费用、项目营销费用、项目代建管理费、业绩奖励服务费用。

上述委托管理服务费用，不包含项目开发建设过程中实际发生的应由A公司承担并支付给相关第三方的费用。

(5) 项目管理团队

代建期间，B公司委托人员担任A公司董事会的董事，了解A公司与代建项目有关的管理事项。

A公司和B公司共同委派人员组成项目管理团队，并以项目部的名义与工程各供方进行合作；项目部设置独立的印章、账户，与A公司其他经营活动相分离。

(6) 合同和印章管理

项目开发建设过程中的施工、原材料或服务等各类合同由B公司负责拟订，以A公司作为采购方签订，由B公司进行合同履行的全过程管理；为便于对供应方的管理，B公司可以共同签署上述各类合同。

A公司公章由A公司指定专人进行保管，财务印章由A公司委派的财务人员保管。项目部的印章由双方委派的人员共管并专门用于现场事务管理。

(7) 财务和资金管理

项目财务负责人由A公司委派、任命，项目财务和资金管理由A公司负责。

项目开发建设资金全部由A公司负责解决；B公司在一定限额内提供垫资；该垫资资金通过B公司合作的金融机构委托贷款的方式支付给A公司，A公司需提供B公司及金融机构均认可的担保财产。B公司垫资期间，代建项目原则上不再进行金融机构贷款；若B公司提供的垫资不足以满足项目开发资金需求的，由A公司负责提供差额资金或与施工单位协商以建成的房屋冲抵工程款。

项目开发过程中，由B公司人员根据项目建设需要编制项目年度资金使用计划，A公司有权复核、修改，经A公司批准且双方盖章确认后实施。

项目开发建设过程中的各类应付合同款项，由A公司直接根据相关约定、管理制度及签证文件，支付给各专业工作单位。合同履行期间，A公司有权定期或不定期委托第三方财务咨询机构对项目财务进行审计。

（8）品牌使用

为提升项目房产的市场美誉度，增加项目房产的品牌附加价值，B公司同意授权并许可在项目宣传推广中使用B公司品牌，A公司需向B公司支付品牌使用费。双方对品牌许可使用范围、品牌使用方式、品牌许可使用费的支付、品牌许可使用支持、品牌使用终止等事宜作出明确约定。

（9）代建收益的实现

项目实现销售后，销售回款从政府资金监管账户解付后，除用于项目本身建设资金需要、税金缴纳外，应首先用于归还B公司提供的委托贷款资金本息及支付B公司有权收取的委托管理服务相关费用、品牌使用费。在B公司全部债权及收益实现以前，A公司股东不主张要求A公司偿还股东借款或进行利润分配。

第六章
房地产项目不良债权收购

第一节　不良债权收购模式简介

一、房地产项目不良债权概述

当前，随着经济形势及房地产行业发展的变化，越来越多的房地产项目因开发商无力偿还自身的贷款或借款，使得相关的贷款或借款成为不良债权，由此导致涉及的房地产项目成为烂尾项目。上述债权，我们统称为房地产项目不良债权。

（一）房地产项目不良债权的特点

1. 债权数量众多

众所周知，房地产行业是资金密集型行业，一个房地产项目往往需要大量的资金投入，而开发商为了自身的收益最大化，通常会放大资金的杠杆效应，大幅举债。这就导致一个房地产项目往往附着大量的债权人。而且，开发商除了向银行等金融机构借款外，还会在资金紧张时通过民间借贷的方式进行融资，这也使得一个房地产项目的债权结构更为复杂。

无论是金融机构债权，还是民间借贷债权，其多会为相应债权设定抵押担保，因此，债权数量众多也意味着该不良债权所对应的房地产项目往往设定有多个抵押权。

2. 债权规模庞大

由于一个房地产项目附着了大量的债权人，必然导致不良债权的债权规模庞大。我们近年来接触到的房地产项目不良债权的债权规模动辄十几亿元到数十亿元不等，开发商的债务负担十分沉重。

另外，在一些大型的企业集团中，往往有专门从事房地产开发的子公司，其名下的土地及在建工程往往成为企业集团融资的抵押物，这也使得一个房地产项目所附着的债权已经不仅仅是其为了开发自身项目所进行的融资，也包括为企业集团其他公司抵押担保所进行的融资，使其债务危机的化解更加困难。

3. 诉讼查封众多

一个房地产项目的不良债权到了金融机构要对外处置的阶段，债务人也就是开发商往往已被其众多债权人起诉，且债权抵押物或债务人的其他财产往往也已经被查封。实务中常见到房地产项目的不良债权抵押物同时存在十余个查封。并且，这些诉讼或仲裁案件也往往处于不同的阶段，有的还未开庭审理，有的正在上诉，而有的可能已经进入了强制执行程序。

在多个查封同时存在的情况下，这种债权很容易形成不良债权，因为债务人此时自身已经没有能力解决蜂拥而至的债权人索债，相应的房地产项目极易形成烂尾，并且化解的难度大。

4. 影响社会稳定

在一个不良债权所对应的房地产项目形成烂尾后，面临的一个问题就是之前已经购买房屋的购房人权益的维护。这些购房人在项目烂尾后，往往通过投诉等方式，给当地政府及相关部门施加压力，对社会稳定造成一定的影响，尤其是涉及保障性住房的时候。在处置这种不良债权时，需考虑的因素较多，这时候收购方不能仅从自身经济效益或纯粹的商业角度出发，往往还需要兼顾政府维稳的压力及纠纷处理的社会效果，需要牺牲自身的部分利益或者就某些方面作出妥协，以便协助政府一同化解危机。

（二）房地产项目不良债权形成的原因

探究房地产项目不良债权形成的原因，其意义在于针对不同原因形成的不良债权，需要制定不同的收购及处置方案以便有针对性地进行交易安排。

1. 开发商转移项目资金

在房地产开发贷收紧的情况下，某些开发商在取得开发贷后，往往将相应的资金转移至其他房地产项目使用，或者用于其他用途。而一旦出现该项目房屋滞销，或者其他债权人先行起诉查封项目的情况，则其资金周转不灵就会形成项目烂尾，从而使得相关金融债权形成不良债权。

2. 集团公司资金链断裂

在集团公司子公司进行房地产项目开发的情况下，如集团公司资金出现问题无法对子公司的项目进行资金支持，或者子公司名下的项目土地及在建工程为集团其他子公司提供抵押担保，而集团公司资金链断裂，其他子公司无力偿还借款时，相关债权人往往会争先恐后地提起诉讼并查封项目，这种联动效应形成后，往往导致项目房屋无法销售取得回款，而借款债权也无法偿还，相关金融债权极易形成不良债权，项目也会烂尾。

3. 项目管理效率低下

对于一些中小开发商而言，由于其开发能力有限，项目管控不严，营销能力不强，或者项目本身存在定位错误、区位不佳、周边环境影响等不利于销售的因素，导致项目房屋出现滞销的情况无法及时完成去化，资金沉淀日益加大。一旦其资金周转出现问题，相关债权人就有可能提起诉讼并查封项目，并且，项目的总包施工单位也可能主张行使其建设工程价款优先受偿权，从而使得项目开发及去化举步维艰。

4. 房地产市场形势的影响

房地产市场有其自身的发展规律及周期，而且受政策的影响较大，在房地产市场下行的情况下，原本资金流正常的项目可能因房屋销售不畅，或限购、限售、限贷等政策影响而无法及时销售去化，从而拖累开发商贷款及借款的及时偿还。如果开发商不能及时对项目进行资金支持，则可能会导致项目烂尾，相关金融债权形成不良债权。

二、房地产项目不良债权收购

与传统的房地产项目收购所采取的资产收购或股权收购方式不同，房地产项目不良债权的收购标的，系附着于该房地产项目上的不良债权，即房地产项目不良债权的收购是通过收购不良债权并结合其他的处置手段从而实现对房地产项目的收购。

具体来讲，收购方通过对不良债权的收购，进而取得对房地产项目的抵押担保或查封等权益，从而获得对整个房地产项目的实质掌控。如上所述，由于产生不良债权的房地产项目其资产状况较差（存在较多的抵押及查封），采取资产收购方式将遭遇无法完成房地产项目产权变更登记的操作障碍；而持有房地产项目的开发商由于负债累累（包括或有负债），其股权价值较低，且直接收购其股权也存在较大的商业及法律风险。而不良债权的收购方式，往往可以克服上述两种收购方式的不足，使得投资方实现其项目收购的目的。

第二节　不良债权收购模式交易结构

通过收购不良债权的方式实现对房地产项目的收购，其收购模式及交易结构往往需要在法律尽职调查后，根据不同的项目情况予以量身定制。以下对通常情形下房地产项目不良债权收购的一般模式及交易结构进行阐释。

一、房地产项目不良债权的收购

（一）收购全部债权

在房地产项目不良债权所涉债权数量较少，或者债权规模不是特别大的情况下，可以采取收购全部债权的方式进行收购。在全部债权收购后，相应的抵押权、其他担保物权及查封权利也一并由收购方受让，由此收购方就可以从全局上把控整个项目，避免项目再度陷入连环诉讼导致僵局，并为盘活项目提供契机。

（二）收购单一或多个关键债权

在房地产项目不良债权所涉债权数量较多，或者债权规模较大的情况下，收购方往往不愿动用过大的资金进行投入，导致资金占用成本过高，其通常会选择对项目的关键债权进行收购。通过收购关键债权后，获得对整个不良债权的控制权，并使得其他单个债权不再具有单独受让的价值，由此，收购方可以最少的成本获得后续项目处置的主动权。

在不良债权收购的定价方面，对于一些抵押物充足的不良债权，或者在房地产市场上行、抵押物价值提升的时期，金融机构或资产管理公司在转让时不再对不良债权的本金进行打折，或者即使打折，其折扣往往很低，有些金融机构或资产管理公司甚至还要收取部分利息。

另外，为最大限度地控制债权收购的风险，收购方还可以在收购的同时综合采用贷款展期、增信（追加担保）、增加还款主体等措施，保障自身的权益，避免开发商债务状况进一步恶化后遭受损失，从而为后续处置债权赢得空间。

二、房地产项目不良债权的处置

目前，在不良债权处置方面通常采用的方式包括债务重组、债权转让、司法拍卖、债转股、资产证券化、破产重整等。以下着重介绍债务重组、债权转让以及司法拍卖的方式。

（一）债务重组

对于因开发商转移项目资金、集团资金链断裂等原因所形成的不良债权，进行债务重组往往是首选的处置方式。债务重组包括以下几个关键的步骤：

1. 重组方案的谈判

这也是最为关键的步骤。收购方在收购部分关键债权后，取得推动整个项目的主动权，其后便可以各个击破，与其他金融债权人及民间借贷债权人协商，采取债务展期、利息减让、债务豁免等方式，最终达成债务重组协议，促使各债权人解除对项目的查封，从而为下一步的处置奠定基础。

当然，在重组方案的谈判中，也包括收购方与开发商（债务人）关于项目合作方案的谈判，具体包括合作方式（合作开发、增资入股、委托代建）、项目启动、资金监管、债务偿还（回购的安排）等。

2. 注入资金

房地产项目不良债权处置成功的关键是房地产项目的盘活，其离不开资金的支持。另外，对于未全部收购债权的不良债权，在处置过程中除通过债务重组方式解决项目查封外，有时也需要陆续注入资金收购其他债权人的债权来解决项目查封解除问题。

对于注入资金的方式，既可以以收购方的自有资金注入，也可以引入资金方，通过设立基金（合伙企业）的方式，加入资金杠杆，提升处置的效率和收益率，也就是说收购方通过基金交易架构的设计，不仅可以获得前端的债权利息的固定收益，而且也可以通过参与项目开发获得后端的项目开发收益。这也是目前比较流行的一种交易方式，在我们参与的房地产项目不良债权处置过程中，几乎均加入了基金的交易架构设计。

3. 盘活项目

一个烂尾项目的重新启动，往往需要理顺与项目总包施工单位、关键分包单位、关键供货商的商务关系，有时还需要解决部分项目报批报建手续的遗留问题（如土地、规划、建设、销售手续等）。在取得资金支持后，如不能理顺与项目开发其他相关方的关系、完善项目的报批报建手续，想要及时启动项目复工也会面临一些障碍。

4. 引入合作方或代建方

如收购方本身不是专业的房地产开发商，没有相应的人员能够参与整个房地产开发项目，应当由专业的人做专业的事。而且，对于因项目管理效率低下等导致的不良债权，引入专业的运营管理及销售团队就显得尤为重要。在引入合作方或代建方的过程中，开发商、收购方与合作方或代建方往往需就合作或代建模式、相关费用的支付、利润的分配、债务的偿还等事宜进行协商谈判并达成一致。

5. 及时去化

收购方参与房地产项目不良债权的处置，由于其占用资金数额较大，且风险较高，其往往要求资金快进快出，这就需要项目房屋的及时去化做支持，从而加速资金的流转，保障债务的偿还。而且，对于因房地产市场下行导致的不良债权，对房屋进行合理的定价从而加速去化也是完成处置的有效方式。

（二）债权转让

在对房地产项目不良债权进行债务重组后，基于收购方及合作方的前期投入和对项目各方面关系的理顺，其往往能够提升不良债权自身的价值，再叠加房地产项目增值的外部影响，此时选择恰当的时机进行债权转让，也能够实现收购方的完美退出。

另外，对于收购方借助资产管理公司提供通道服务的房地产项目不良债权，或者在收购后发现项目处置难度极大或者退出通道不畅的不良债权，寻找更有实力的接盘方进行债权转让往往也是主要的处置方式。

在实务操作中，不良债权的转让可以通过产权交易所进场公开交易的方式或者协商转让的方式，其所涉及的主要是一些程序性的问题，在这里就不做过多的展开。

（三）司法拍卖

对于债权规模较大的房地产项目不良债权，如项目自身的价值难以涵盖整个债权的偿还，或者对于债权人众多的不良债权，由于各债权人之间的债权受偿顺序关系难以协调可能导致无法达成债务重组协议的，司法拍卖就成为项目处置最为有效的方式。

但目前，实践中最终采取司法拍卖方式处置的项目较少，究其原因在于司法拍卖的效率较低，历时较长，会给收购方带来较大的财务成本压力，而且其结果也存在不确定性。同时，在建工程的司法拍卖也涉及很多复杂的法律问题，法院的处理也较为谨慎。比如评估阶段对于项目价值的认定，包括剩余可售房屋价值的认定、整个项目的成本及负担的认定（包括工程续建成本、前期欠款、需补缴的土地出让金、欠缴税费等），这将会直接影响项目的评估价及起拍价。起拍价格过高可能会影响项目的顺利成交，起拍价格过低往往又不利于保障债权人债权受偿。另外，拍卖完成后，各权利人受偿顺位的确定、债权分配金额的确定（包括政府前期投入的返还等）以及总包施工单位复工启动资金的支付等问题错综复杂，往往也会导致拍卖成交价款迟迟不能及时发放，最终也会影响到项目的盘活及复工的顺利启动。而且，拍卖过程中各债权人还可能提起相关的执行异议及执行异议之诉，也需要收购方采取措施予以应对，以免造成对项目司法拍卖的不利影响。综上，项目司法拍卖的过程中充满了各利益方之间的博弈，其结果往往存在不确定性。

有关司法拍卖的其他具体内容，详见本书第七章。

第三节　不良债权收购模式主要交易风险及解决方案

一、房地产项目不良债权的法律尽职调查

（一）尽职调查的内容

在收购不良债权之前，需要对不良债权进行详尽的法律尽职调查，以便充分发现项目的法律风险。不良债权的尽职调查实际上贯穿了不良债权收购及处置盘活的每一个阶段和环节，包括收购前尽职调查和收购后尽职调查。概括来说，不良债权的尽职调查，就是利用各种有效方法，包括借助中介机构，对不良债权的存续状态、权属状况、资产质量进行审慎调查，主要包括资产权属关系判断、资产法律关系与状态判断以及资产价值判断等。

具体讲包括综合判断主从债权的合法性、有效性及法律瑕疵，查明债权的诉讼或执行情况，了解债务人的背景、经营现状和财产状况，查清债务人主要

财产的现状及瑕疵，分析债权实现的障碍，判断债务人的偿债能力，总结债权实现的可能性及可实现程度，为投资者确定拟收购债权的合理价值，并为收购后采取何种处置措施提供参考依据。实际上就是从项目的投入及产出这一角度进行调查并确定下一步项目如何推进。

由此可以发现，房地产项目不良债权的法律尽职调查与传统的房地产项目尽职调查相比，在调查的侧重点方面存在明显的区别。

（二）尽职调查的目的

通过对房地产项目不良债权的尽职调查，要尽可能地了解拟收购债权的情况，发现资产的潜在价值，也就是价值发现，这是不良债权尽职调查的首要目的，因此，不良债权的尽职调查应不仅从法律角度入手，还要更多地从商务角度出发，提前给投资人算经济账。

另外，通过不良债权的尽职调查，要详细核实转让方披露的不良债权相关信息，独立判断并为交易结构设置限制性的条款。同时，通过尽职调查，要对拟收购不良债权确定收购价格，初步确定债权收购后的处置意向、方式、方法及退出的路径。

二、房地产项目不良债权的主要交易风险及解决方案

（一）项目土地是否属于划拨用地

根据《中华人民共和国担保法》第五十六条的规定，如果项目土地属于划拨用地，则将来抵押物拍卖时，抵押权人的债权受偿顺序要在土地出让金之后，这对抵押权人的权益是有实质影响的。虽然这类项目土地为划拨用地的可能性不大，但必须要首先予以排除。

（二）建设工程价款优先受偿权

根据《最高人民法院关于建设工程价款优先受偿权问题的批复》（法释〔2002〕16号）第一条规定："……建设工程施工承包人的优先受偿权优于抵押权和其他债权。"根据该司法解释和司法实践，以在建工程设定抵押权的，建设工程价款的优先受偿权要优先于抵押权。由于烂尾项目通常尚未整体竣工和投入使用，工程款往往也尚未完全支付完毕，这势必会影响抵押权人将来的债权受偿顺位。

为核实承包人未获偿付的工程款情况，可以通过调查承发包人签订的施工合同、结算文件等，初步了解其未付工程款的金额。同时，还应核查承包人是

否已出具放弃其建设工程价款优先受偿权的书面文件，当然，实践中对于该放弃是否有效还存在争议，一种观点认为优先受偿权属于法定权利，不得自行放弃或限制，因此该种约定属于无效，承包人仍可行使优先受偿权；另一种观点认为放弃权利属于承包人意思自治的范畴，不应加以干涉，应按照当事人的约定执行。《最高人民法院关于审理建设工程施工合同纠纷案件适用法律问题的解释（二）》第二十三条规定："发包人与承包人约定放弃或者限制建设工程价款优先受偿权，损害建筑工人利益，发包人根据该约定主张承包人不享有建设工程价款优先受偿权的，人民法院不予支持。"根据上述规定，若此种约定损害建筑工人利益，则属于无效约定。也就是说，承包人举证建筑工人的利益因此受到损害的，仍可行使建设工程价款的优先受偿权。

（三）项目的产权登记情况

由于烂尾项目尚未整体竣工，项目初始登记（即大产证）没有办理，但土地登记和其他登记（如抵押、查封等）的基本信息仍应进行查询。除此之外，针对烂尾项目，还应着重调查以下问题：

1. 项目办理产权登记尚缺乏的主要手续及其原因，由此可以了解将来项目办理初始登记的难度和进度（抵押物将来是否能够办理初始登记，对拍卖的顺利成交和过户登记手续的办理会产生影响）。

2. 项目办理产权登记的权属单元。产权登记的权属单元可以是幢、层和套，相比而言，以套为单元更易于项目处置。由于烂尾项目尚未办理大产证，无法确定其权属登记情况，但可以通过面积测绘报告来进行初步判断。这会决定将来抵押物处置时，是按套销售，还是按层销售，抑或是按幢销售。

（四）项目的房屋销售情况

《最高人民法院关于建设工程价款优先受偿权问题的批复》（法释〔2002〕16 号）第二条规定："消费者交付购买商品房的全部或者大部分款项后，承包人就该商品房享有的工程价款优先受偿权不得对抗买受人。"购房人的权利优先于承包人的建设工程价款优先受偿权，而建设工程价款优先受偿权又优先于抵押权。所以，通常认为购房人的权利也会优先于抵押权。因此，必须要核查项目的对外销售情况，从而判断整个项目的价值。

收购方可以通过核查项目是否取得预售许可，当地房管局网站上是否存在项目房地产销售信息，初步判断项目房屋是否有正式销售情况，以及确认销售的数量。但很多时候，虽然项目房屋没有正式销售，但也会存在线下认购的情形。所以，还应进一步核查项目是否存在认购情况，主要调查是否存在认购协议、是否收取相应的认购款项等，同时，也可以通过查看相关会计科目明细的方式（如预收账款），以相互印证判断。

（五）项目的房屋租赁情况

《中华人民共和国民法典》第四百零五条规定："抵押权设立前，抵押财产已经出租并转移占有的，原租赁关系不受该抵押权的影响。"根据该规定，如果抵押权设立之前，抵押物已经出租的，将来拍卖抵押物时，只能带租约拍卖，这无疑对抵押物处置价值是有影响的。所以，必须要核查项目是否存在对外出租的情况。

关于抵押之前已经出租的情况，实践中有两类情形：一类是抵押登记前已经办理了租赁合同备案的，另一类是虽未办理租赁合同备案，但在抵押登记前承租人已经实际占有使用租赁房屋的。在核查时，应查询项目的租赁合同备案登记情况，并现场查看房屋是否存在他人占用和使用的情况。

（六）项目财产保险

《中华人民共和国民法典》第三百九十条规定："担保期间，担保财产毁损、灭失或者被征收等，担保物权人可以就获得的保险金、赔偿金或者补偿金等优先受偿。"抵押物总是存在毁损灭失风险的，这对抵押权人的权益保障有重大影响，需要予以核查。对于项目财产保险可从保险期限、保险范围等方面进行查验。

（七）欠税情况

《中华人民共和国税收征收管理法》第四十五条第一款规定："……纳税人欠缴的税款发生在纳税人以其财产设定抵押、质押或者纳税人的财产被留置之前的，税收应当先于抵押权、质权、留置权执行。"也就是说，如果抵押人在抵押权设立之前存在欠税的情形，则这些税款的支付将优先于后设立的抵押权。所以，必须要核查抵押人也就是开发商是否存在欠税情况。

《中华人民共和国税收征收管理法》第四十六条第一款规定："纳税人有欠税情形而以其财产设定抵押、质押的，应当向抵押权人、质权人说明其欠税情况。"根据该规定，抵押权人、质权人可以向抵押人、质押人所属税务机关调查了解其欠税情况，并请求税务机关提供有关的资料、证明等。

（八）最高额抵押情况

在房地产项目不良债权中，常见金融机构与抵押人签订有最高额抵押合同。

最高额抵押与一般抵押的不同，体现在最高额抵押担保的债权范围、最高额抵押所担保债权转让、最高额抵押权是否一并转让、最高额抵押权人的债权范围如何确定（尤其是项目被查封时，判断最高额抵押权人的债权范围显得尤为重要）等方面。最高额抵押有其特殊的规则，应谨慎核查。

《中华人民共和国民法典》第四百二十一条规定："最高额抵押担保的债权确定前，部分债权转让的，最高额抵押权不得转让，但是当事人另有约定的除外。"第四百二十二条规定："最高额抵押担保的债权确定前，抵押权人与抵押人可以通过协议变更债权确定的期间、债权范围以及最高债权额。但是，变更的内容不得对其他抵押权人产生不利影响。"第四百二十三条规定："有下列情形之一的，抵押权人的债权确定：（一）约定的债权确定期间届满；（二）没有约定债权确定期间或者约定不明确，抵押权人或者抵押人自最高额抵押权设立之日起满二年后请求确定债权；（三）新的债权不可能发生；（四）抵押权人知道或者应当知道抵押财产被查封、扣押；（五）债务人、抵押人被宣告破产或者解散；（六）法律规定债权确定的其他情形。"

根据上述规定，如不良债权之前已经存在转让、抵押财产被查封等情形的，则应着重核查目前房地产项目的最高额抵押是否有效存续及抵押的范围等，以便据此评估是否收购债权以及以什么价格收购债权。

（九）以网签备案形式进行抵押及以房抵债

在房地产项目不良债权中，常见开发商以网签备案的形式为其债权人设定所谓的"抵押"，以及开发商将部分房屋售予其债权人以房抵债等。在调查中，需要甄别其效力，区别对待。这个问题相对比较复杂，在此不做进一步展开。

第四节　不良债权收购模式实例评析

一、某在建工程烂尾项目收购案

（一）案例简介

某收购方从不良资产管理公司受让了其对 A 地产公司的债权本金为 3.7 亿元的不良债权。经过尽职调查查实，A 公司名下的主要资产为地产开发项目，建筑面积约 17.6 万平方米，约 1000 套房屋，项目业态包括限价商品房、普通商品房、商业网点、幼儿园及车库。上述不良债权的抵押范围包括200余套普通商品房及商业网点。因A公司涉及的相关诉讼，项目未销售部分房屋已经全部被查封。

A公司借贷债务本金7.9亿元，开发建设债务1.9亿元（包括总包单位欠款1.4亿元），未决诉讼债务3000万元，上述债务合计为11.9亿元。政府前期为启动项目复工，通过政府平台公司投入资金4500万元。项目后期的续投资金约5.2亿元，包括建安成本、管理费用、销售费用、税金、补缴土地出让金等。

（二）项目特点

该项目虽然债务负担超过了10亿元，但仅有一笔金融借款设定了抵押，不利的是，该项目存在多个查封，债务人自身已经没有能力解决蜂拥而至的债权人索债，相应的房地产项目已形成烂尾，化解的难度较大。同时，因该项目的业态包括限价商品房，购房人在项目烂尾后通过投诉等方式，给当地政府施加了较大的压力，已经影响了社会稳定，当地政府为了维稳已经投入了大量人力、物力、财力，各方面的负担及压力都比较大。该项目不良债权形成的原因，也是开发商转移项目资金导致的。

（三）法律尽职调查

根据前期法律尽职调查所获得的信息，我们协助收购方首先核算了整个项目目前还能够产生的项目回款金额，再核算相应的成本支出，主要包括借贷债务、开发建设债务、项目续投资金（包括建安成本、销售费用及管理费用、税费、补缴的土地出让金）等，然后从整体上匡算项目的产出是否能够涵盖其成本支出。该项目经过核算，其产出远远不能涵盖项目的全部成本支出，但涵盖收购方的债权本金则完全没有问题。

在尽职调查过程中，我们着重调查了限价商品房、普通商品房、商业网点、幼儿园、车库的销售情况，包括已售已网签、已售未网签、未售未网签等情形，以及以房抵款、网签备案抵押等情形所涉及的相应房屋价值，而且，还核实了购房人未付购房款的金额，以及在途购房款即按揭贷款已经过按揭银行批准但尚未发放的金额。通过上述调查并结合经济测算，即可明确该项目未售部分的价值，即项目能够产生的回款金额，以便为后期的项目处置决策提供依据。在测算过程中，我们坚持保守测算的原则，对于某些不确定的情形，应将相关的回款金额予以调减。

（四）项目的收购与处置

1. 项目收购

由于该项目所涉债权数量较少，其中金融债权只有一笔，因此，收购方采取了收购全部债权的方式予以收购。在债权收购后，相应的抵押权及查封权利也一并由收购方受让，其即可从全局上把控整个项目，避免项目再度陷入连环诉讼导致僵局。

2. 项目处置

（1）债务重组

在该项目中，收购方作为抵押债权人，首先与项目的首封债权人进行了接洽，探讨债务重组的可能性以及路径。但由于首封债权人坚持其首封的利益不能做出让步，收购方不得不放弃了债务重组的方案。

鉴于该项目经过核算，其产出远远不能涵盖项目的全部成本支出，属于资不抵债，但其涵盖收购方的债权本金则完全没有问题。就此，在债务重组不成后，我们最终制定了项目司法拍卖的处置方案。

（2）注入资金

在该项目中，收购方也通过设立基金的方式引入投资人注入资金，并通过该基金完成了后续一系列的处置操作，下面将会进一步展开。

（3）司法拍卖及债权转让

由于无法与债务人达成重组方案，收购方经慎重研究考虑并与相关政府部门沟通后，决定对该项目启动司法拍卖程序。如前所述，整个项目司法拍卖的过程耗时长达一年之久，而且还是在政府大力支持及购房人不断投诉的压力背景之下。在司法评估过程中，就评估机构出具的评估报告初稿，我们根据前期法律尽职调查的情况，着重就相关的成本扣除事宜与评估机构进行了沟通并提出了相关书面异议，最终部分意见为评估机构所采纳，使得该项目的评估价值降低了数千万元，为后续的拍卖成交奠定了基础。

在司法拍卖过程中，收购方还先后进行了两次债权转让，实现了完美的退出。其中，第一次是在收购方与其他投资方成立了基金后，由基金受让了原收购方收购的不良债权。这一步操作后，实现了收购方的资金退出，避免了其所属集团内部资金占用成本的持续增加，并且较其收购成本，本次债权转让也实现了较为可观的盈利。第二次是在项目司法拍卖评估完成后，收购方准确判断了项目后续处置的风险及进程，及时抓住时机，由基金通过产权交易所进场公开交易的方式，将其受让的不良债权再一次转让，并且也实现了较为可观的盈利。由此，收购方实现了彻底退出，完成了整个房地产项目不良债权收购及处置的过程。

其后，该项目经过司法拍卖，在第一次流拍后，实现了第二次成交。但在拍卖款项分配的过程中遇到了障碍，具体涉及总包施工单位建设工程价款的优先受偿、政府平台公司前期垫付款项的偿还、其他债权人执行异议之诉等，导致拍卖款项迟迟无法分配。由此来看，收购方及时选择债权转让退出是明智的选择。

二、某困境集团地产项目收购案

（一）案例简介

某集团下属A公司、B公司、C公司分别向银行等金融机构借款10笔，借款本金余额为37亿余元，按合同约定利率欠息3.4亿余元（未计算复利、罚息，仅按借款合同约定利率计算正常利息），A公司、B公司、C公司以其名下的项目、土地及在建工程等提供了抵押、保证等担保。上述债务均已无法按期偿还。除此之外，A公司、B公司、C公司还向民间借贷人借款19笔，借款本金余额为8.6亿余元，按合同约定利率欠息5.9亿余元（未计算复利、罚息，仅按借款合同约定利率计算正常利息）。

A公司名下拥有已建成投入运营的某购物中心项目，占地面积5.3万平方米（其中东区2.8万平方米，西区2.5万平方米），规划总建筑面积18.6万平方米（其中东区10.7万平方米，西区7.9万平方米）。该项目于2009年9月竣工交付使用，持有经营部分于2010年4月16日正式对外营业。该项目自持经营部分包括东区地上一层至三层全部商铺、西区26套临海及临街商铺，以及东西区地下一层精品店及车库、地下二层溜冰场及车库、地下三层车库。目前，该项目开业率为52.2%，由其商业管理有限公司负责日常运营，收取租金及物业管理费。

B公司名下拥有在建的某商业写字楼项目，主体结构已于2013年6月封顶，外幕墙装饰施工已基本结束，机电安装及室内精装工程施工尚未全面启动，原定2018年末竣工交付使用。该项目地处当地核心商圈，占地面积为5000余平方米，总建筑面积10.8万余平方米，其中地上建筑面积8.4万余平方米，地下建筑面积2.4万余平方米。该项目尚未实际对外销售，仅用部分房屋进行了网签备案担保和借款抵账。

C公司名下拥有四宗土地，仅取得《房地产权证》，除此之外并未取得其他证照，也未进行开发建设。该项目至今未能开发建设的原因是土地红线内规划有市政设施，但市政设施规划一直未能通过审批，因此，该项目至今未能批复《建设用地规划许可证》。

因某集团资金链断裂，其下属A公司、B公司、C公司均涉及相关诉讼，上述某购物中心项目、某商业写字楼项目及四宗土地已经全部被查封。

（二）项目特点

该项目的负债总额较大，达55亿余元，且其中大部分债权人均已向法院提起诉讼或已进入执行程序。上述某购物中心项目、某商业写字楼项目及四宗土地均已为上述债务提供了多次抵押担保，并因上述诉讼案件而被多次查封。债务人此时自身已经没有能力解决蜂拥而至的债权人索债，债务危机化解的难度较大。有利的方面是，A公司、B公司、C公司名下的相关不动产项目系优良资产，其中，某购物中心项目可以产生后续的租金及物业管理费收益，某商业写字楼项目可以产生后续的销售收益，四宗尚未开发建设的土地可以进行后续的高端地产项目开发建设，也能够产生较高的销售收益。上述不动产项目的盘活能够为某集团债务危机的化解提供契机和空间。

（三）法律尽职调查

根据前期法律尽职调查所获得的信息，我们协助收购方首先梳理了整个项目的债务结构以及相应的抵押查封关系，明确了其中几笔关键债权，即查封了关键项目或者项目关键部分，且其抵押顺位靠前的债权。由于整个项目涉及的债权数量较多，且债权规模较大，收购全部债权必然导致资金占用成本过高，且商业风险较大，因此，可以选择先行收购项目的关键债权进而获得对整个不良债权的控制权，以最少的成本获得后续项目处置的主动权。

其次核算了整个项目目前及未来还能够产生的项目回款金额，再核算相应的成本支出，主要包括借贷债务、开发建设债务、项目续投资金（包括建安成本、销售费用及管理费用、税费、补缴的土地出让金）等，然后从整体上匡算项目的产出是否能够涵盖其成本支出。该项目经过核算，其产出基本能够涵盖项目的全部成本支出，如要获得更多的利润空间，则需要提高项目的周转速度、品质及品牌效应。

（四）项目的收购与处置

1. 项目收购

如上所述，由于该项目不良债权所涉债权数量较多，且债权规模较大，因此，收购方选择对项目的一笔关键债权进行收购，该债权相应的抵押物为某购物中心项目的地上部分，查封顺位为一封。由此，对某购物中心项目的地下部分设定抵押权的债权，如其债权人进一步推进执行拍卖程序，则地下部分单独不具备变现的价值，拍卖成交的可能性也极低。因此，收购方取得了对整个不良债权的控制权，以相对较少的成本获得后续项目处置的主动权。

2. 项目处置

（1）债务重组

收购方在收购上述关键债权后，即展开与其他金融债权人及民间借贷债权人的协商，采取债务展期、利息减让、债务豁免等方式，最终达成债务重组协议，促使各债权人逐步解除了对项目的查封，从而为下一步的处置奠定基础。

（2）引入合作方或代建方

由于收购方不是专业的房地产开发商及商业运营商，没有相应的人员能够参与房地产开发项目及商业运营项目，而且，由于该项目原本测算的产出与项目成本支出基本持平，如要获得更多的利润空间，必须要提高项目的周转速度、品质及品牌效应，这就需要引入专业的合作方。

针对该项目的特点，收购方分别引入了不同领域的专业合作方。对于某购物中心项目，由于其属于商业运营项目，收购方引入了在商业运营方面经验丰富的合作方；对于某商业写字楼项目，由于其属于商业办公项目，收购方引入了在办公写字楼开发及销售方面经验丰富的合作方；对于四宗尚未开发建设的土地项目，由于其属于临近风景区的绝版地块，收购方引入了在高端住宅、别墅开发及销售方面经验丰富的合作方。

在引入合作方的过程中，A 公司、B 公司、C 公司、收购方与合作方就合作模式、资金注入、相关费用的支付、利润的分配、债务的偿还等事宜进行协商谈判并达成了一致。

（3）及时去化

该项目相关合作事宜确定后，合作方即开始对某购物中心项目重新进行商业业态的调整及招商工作，提高项目的开业率及租金、物业管理费的回收率。对于某商业写字楼项目及高端住宅项目，合作方一方面启动项目复工，另一方面加强营销推广工作，加速去化、提高利润率，从而加速资金回笼，保障项目后续的顺利开发及债务的偿还。目前，该项目仍然在开发建设、销售、运营过程中，但其已经进入平稳运行期。

三、某经济适用房项目收购案

（一）案例简介

某涂料厂系某经济适用住房项目及5号楼的建设单位，某地产公司系受某涂料厂委托进行某经济适用房项目及5号楼建设的代建单位。2010年2月11日，某地产公司作为借款人，与共同债务人某涂料厂、贷款人签订了《固定资产借款合同》，约定贷款人向某地产公司发放固定资产贷款，借款金额2亿元，借款期限36个月，用于该项目建设。某涂料厂以某经适房项目土地及在建工程为上述借款提供抵押担保并办理了抵押登记。后某地产公司、某涂料厂向贷款人偿还了本金4000万元，剩余借款未偿还。

2013年4月23日，东方资产管理公司依法自贷款人处受让上述剩余借款本金债权1.6亿元及相应的担保权利，并与某地产公司、某涂料厂签订《债务重组协议》。但某地产公司、某涂料厂未能按时履行协议，且迄今未支付任何款项。

2016年1月25日，收购方与东方资产管理公司签订《债权转让协议（分户）》，以8000万元的对价受让其从贷款人受让的对某地产公司的债权本金1.6亿元及利息、费用和所有相关权利。

（二）债权处置过程

鉴于借款人某地产公司和共同债务人某涂料厂未向收购方偿还任何款项，收购方于2017年3月就该笔不良债权向某中级人民法院提起诉讼，各方于2017年5月4日达成一致调解意见，某中级人民法院作出《民事调解书》。但由于某地产公司、某涂料厂未按照《民事调解书》的要求履行还款义务，收购方于2017年5月向某中级人民法院提起强制执行申请。在诉讼过程中，收购方向法院提出诉讼财产保全申请，法院于2017年3月21日对某经适房项目在银行开设的两个预售资金监管账户进行了冻结。

因某经适房项目集体信访事件频发，相关方也拟尽快启动该项目的复工建设，当地政府为此与收购方进行多次沟通，要求收购方配合拨付项目复工资金等。收购方于是向某中级人民法院提交了《解除账户冻结申请书》及《撤回强制执行申请书》，某中级人民法院于2017年11月20日作出《执行裁定书》，并于11月25日解除了对该两个预售资金监管账户的冻结。同日，某涂料厂将该两个预售资金监管账户解付并将两账户中的资金转入以当地政府开发建设局名义开设的新资金监管账户中。

（三）债权项目状况

根据前期法律尽职调查、财务尽职调查及业务尽职调查所获得的信息，该项目1－4号楼已完成工程产值约80%，5号楼已完成产值约50%。后续剩余工程量主要是经适房4个楼座部分楼层装饰、安装部分及门窗、消防、通风及小区室外绿化及配套项目。5号楼现只完成主体结构，剩余装饰工程、安装工程、门窗、消防、通风及室外工程未施工。在资金到位的情况下，经适房项目及5号楼预计需12个月工期即可完工。

经过测算，经适房项目住宅部分根据合同约定预计可回收资金为1.47亿余元；商业部分预计销售收入9700万余元；储藏室预计销售收入58万余元；车位预计销售收入3300万余元；5号楼已实际销售房屋的未收回合同购房款约2870万余元（合同剩余购房款，不含土地收益金）；5号楼未销售房屋预计销售收入2亿余元。综上，该项目及5号楼预计可能收回资金共计5亿余元。

同时，经适房项目及5号楼的已完工程前期欠款、后续建设资金、补缴土地出让金、逾期交房违约金、应缴税费等共计4.17亿余元。综上，该项目在完成项目竣工验收并偿还前期项目工程欠款的基础上，盈余资金约8900万元。

（四）该项目存在问题及面临的机遇

1. 面临的问题

（1）剩余购房款回收存在不确定性

如上所述，该项目及5号楼预计可能收回的房屋销售款项约5亿元。但鉴于该项目涉及群体信访时日已久，开发商与购房人相互矛盾较深，房款顺利回收需要政府、开发商与购房人深入沟通、协调，存在不确定性。5号楼的剩余房屋已确定由当地政府全部收购，但受政府资金拨付程序烦琐等限制，收购款项全额支付时间也存在不确定性。商业部分及储藏室数量极为有限且销售难度较大，尤其是商业部分，存在有价无市的情况。因此，是否能够足额收回上述房屋销售款项及何时能够收回均存在较大的不确定性。

（2）项目后期建设支出有进一步扩大的风险

前述对项目后续建设费用的测算主要是基于后续工程量的情况，但鉴于该项目已停工数年，已完成工程是否符合建设规范、是否需要整修、返工等情况目前无法确定，在验收阶段如果出现大规模整改的情况，势必将加大后续建设资金需求，直接影响到收购方债权实现。

（3）5 号楼开发建设手续仍需完善、开发建设面临较多不确定性

由于5 号楼目前尚未办理土地出让、规划、建设、销售等相关手续，为推动该项目及5 号楼的后续开发建设顺利进行，还需通过当地政府协调国土、规划、建设、消防等主管部门，办理5 号楼开发建设销售的合法手续。该过程将较为漫长，手续烦琐，且存在较大的不确定性，时间不可控。

而且，在该项目及5 号楼的后续开发建设过程中，仍将面临购房人开发建设资金筹措、销售纠纷处理等问题，经适房项目及5 号楼能否及时竣工验收并交付也存在较大的不确定性，其不可控因素较多，耗时较长。

（4）收购方面临垫付资金及财务成本的压力

由于该项目及5 号楼复工及开发建设周期较长，由此将导致该项目不良债权处置的财务成本压力较大，不利于收购方尽快处置该项目并实现相应的收益。

2. 该项目处置所面临的机遇

目前，当地政府及相关部门计划将该项目周边部分土地纳入收储计划，在完成土地整理及相关招拍挂手续后，公开出让用于该项目二期的开发建设，经过前期努力，当地政府已原则同意该项目二期工程由收购方主导推进。如能吸引合作方共同参与该项目二期的土地整理及开发建设，则收购方可通过该项目二期的开发建设获取相应收益，确保不良债权处置实现合理收益。

（五）债权处置方案

收购方自收购该笔不良债权以来，持续承担着因收购该笔不良资产而产生的较高的财务成本。在当地政府承诺收购方主导推进项目二期土地整理和开发建设的情况下，债权处置有了新的机遇，但考虑到二期项目地块内目前主要是成套住宅，后期拆迁难度较大，周期较长，不确定性因素较多，收购方作为资产管理公司，缺乏直接开展土地整理和项目开发的能力。为达到既能有效推进不良债权处置进程，又能有效降低公司财务成本的目的，收购方拟充分利用当地政府承诺的可主导推进项目二期开发的便利条件，吸引有实力的合作方参与债权处置工作。

经协商洽谈，现某置业公司愿与收购方合作共同出资设立该项目债权专项处置基金，由该基金受让该项目不良债权，参与经适房项目及5 号楼后续开发

建设的管理，并继续向某地产公司等债务人追偿，从而实现债权处置收益。

同时，在受让该笔不良债权后，由该基金及合作方根据项目进展情况共同成立项目公司，进行项目二期用地的前期土地整理。在项目二期用地具备出让条件后，以项目公司名义参与拿地并进行项目二期的开发建设。以此为对价条件，收购方在基金中作为优先级合伙人可约定相对较好的收益率。

上述方案既能顺利实现不良债权处置，降低收购方财务成本，又能引进实力较强的房地产企业参与合作，为收购方投入资金提供托底保障和实现较好的投资收益，是现阶段比较理想的债权处置方式。

（六）债权专项处置基金设立

1. 基金结构

由收购方、合作方某置业公司及合作方关联公司出资设立有限合伙企业作为专项基金，用于受让该笔不良债权。基金初期规模 1.01 亿元，收购方作为优先级有限合伙人首期实缴出资额 6000 万元，某置业公司作为劣后级有限合伙人出资 4000 万元，优先级有限合伙人与劣后级有限合伙人的出资比例为 3:2。关联公司作为基金管理人即普通合伙人出资 100 万元。

2. 基金期限：1+1 年

3. 合伙人收益

优先级有限合伙人按照年化 10% 获得优先固定收益，如该项目及 5 号楼的销售回款不足以支付优先级有限合伙人的投资本金和固定收益的，由劣后级有限合伙人承担补足支付义务。

基金资产扣除优先级有限合伙人的投资本金及固定收益后的剩余资产（包括经适房项目和 5 号楼剩余债权价值、项目二期开发收益）为劣后级有限合伙人和普通合伙人的本金和超额收益，由劣后级有限合伙人和普通合伙人根据其实际出资比例进行分配。

4. 基金的主要作用

（1）受让该项目债权

在有限合伙企业（基金）设立后，收购方将对某地产公司等债务人享有的该笔不良债权转让给有限合伙企业（基金），有限合伙企业（基金）向收购方支付债权转让对价，从而使收购方完成对该笔不良债权的处置，达到降低财务成本及实现处置收益的目标。

关于上述债权转让的具体事宜由双方签订《债权转让协议》予以约定（包括双方协商确定的债权转让对价、支付方式、违约责任等）。在双方签订《债权转让协议》且有限合伙企业（基金）付清债权转让对价后，收购方将履行通知义务，通知某地产公司等债务人上述债权转让的事实，并要求其直接向有限合伙企业（基金）清偿相应的债务。

（2）设立项目公司参与项目二期开发

在受让该笔不良债权后，由该基金及合作方根据项目进展情况共同成立项目公司，以进行该项目二期用地的前期土地整理。项目公司的注册资本暂定为1000万元，其中，该基金持有项目公司99%的股权，合作方持有项目公司1%的股权。项目公司以合作方人员为主进行经营管理。

在该项目二期用地具备出让条件后，以项目公司名义参与该项目二期拿地并进行该项目二期的开发建设销售，取得相应的开发收益。项目二期的开发建设所需资金，可由项目公司通过获取银行开发贷的方式，或者股东贷款的方式予以投入，收购方不再投入资金。其中，对于股东贷款，应由合作方通过该基金予以投入，对于是否应支付股东贷款利息及利率标准，届时由各方另行协商确定。

如在申请银行开发贷过程中，需提高项目公司注册资本以满足贷款要求，则由合作方负责出资对项目公司进行增资（该基金与合作方作为项目公司的股东应同比例进行增资），收购方不再出资对项目公司进行增资。

（七）风险防控措施

1. 基金继续追偿债务

有限合伙企业（基金）应持续参与该项目及5号楼后续开发建设的管理。在该项目复工后，根据收购方与某涂料厂、某地产公司的协商，某涂料厂、某地产公司以其在该项目及5号楼中的房屋销售款项向有限合伙企业（基金）清偿债务及支付相应利息，并由某涂料厂、某地产公司就上述债务清偿事宜向有限合伙企业（基金）出具还款承诺书等文件，清偿节点、期限及清偿顺序（先利息后本金），应在还款承诺中予以明确。

在有限合伙企业（基金）存续期间，某地产公司等债务人在取得房屋销售款项后，在支付该项目及5号楼后续开发建设过程中发生的应付工程款之外，如有超出部分，应及时支付给有限合伙企业（基金），用于偿还上述债务（债权本金及相应利息）。有限合伙企业（基金）应根据合伙协议的约定，将某地产公司等债务人偿还的款项支付给各合伙人，用于支付其投资本金及固定收益。其中，收购方作为优先级有限合伙人应取得的固定收益应优先支付。

2. 对销售资金监管账户实施监管

根据当地政府及其他相关部门的要求，由当地政府以当地政府开发建设局名义就经适房项目及5号楼房屋销售款项的回收开立新的监管账户，由收购方、当地政府及当地房地产交易中心等共同作为该项目及5号楼房屋销售资金的监管机构。对于该项目及5号楼的后续房屋销售款项应全部存入新的监管账户。就上述监管账户中房屋销售资金的收存、拨付、使用和监督管理等事宜，由各方签订资金监管协议予以约定。

3. 劣后级托底

如有限合伙企业（基金）债权回收资金不足以支付收购方的投资本金及固定收益，或者收购方未能在两年的期限内收回全部固定收益，则合作方作为劣后级有限合伙人应承担补足支付义务，补足支付上述收购方的固定收益差额部分，劣后级补足支付义务应在合伙协议中明确，并确定为不可撤销条款。某置业公司作为在当地连续开发近20年的房地产开发企业，具有相当深厚的资金实力，具有较强的托底能力。

（八）基金退出

在该基金受让该笔不良债权之日起两年后，收购方退出该基金，由劣后级有限合伙人根据合伙协议的约定回购收购方所持有的优先级有限合伙人出资份额，并偿还收购方的资金投入，收购方实现在该基金中的退出。

第七章
房地产项目司法拍卖

第一节　司法拍卖模式简介

随着各地针对房地产行业调控政策的持续深化，房地产行业内部分化态势明显，收购交易频发。除本书前几章介绍的股权交易型收购、资产交易型收购、契约合作型收购外，房地产项目收购还有较为特殊的几种途径，如不良债权收购、司法拍卖、破产重整等。本章我们重点来介绍一下如何以司法拍卖方式完成房地产项目的收购。

一、司法拍卖模式概述

司法拍卖作为新兴的投资渠道，备受投资方的关注。具体而言，司法拍卖是指人民法院在民事案件强制执行程序中，按法定程序自行或委托第三方公开处置债务人资产，以清偿债权人债权的法律行为。在土地资源稀缺，开发商扩张势头不减的背景下，土地一级市场资源紧缺，二级市场竞争日趋激烈，通过司法拍卖、并购重组获取项目土地就成为众多房地产公司的重要选择。

通过司法拍卖途径获取房地产项目，通常是指收购方作为竞买人参与法院的司法拍卖程序，通过竞买法院拍卖的被执行人资产的方式获取房地产项目，此种模式即为房地产项目司法拍卖。

二、司法拍卖模式特点

（一）拍卖财产价值高、价格低

不动产项目价值高且不可移动，在经济活动中易成为抵押物，一旦产生纠纷该部分不动产将成为被处分的对象。

司法拍卖财产的价格通常低于市场价格。根据法律规定，法院第一次确定起拍价是以评估价格为基础，最多可以降低30%；如果一拍流拍，则第二次的起拍价以第一次起拍价为基础，最多可以降低20%。通过司法拍卖途径获取的资产，不考虑税费问题，仅资产本身价格要低于被拍卖财产的市场价值。

（二）拓宽了收购方获取新项目的信息来源

司法拍卖将通过拍卖平台网站对外公布资产信息，收购方可以通过公开途径获取拟受让项目的信息，无须居间方提供居间服务，因此，司法拍卖拓宽了收购方新项目信息获取的渠道。同时，司法拍卖也扩大了竞拍者的参与机会，促进拍卖资产能够实现其价值最大化。

（三）节省了获取项目的中间成本

与以往委托拍卖行拍卖不同，目前人民法院通过淘宝网、京东网、人民法院诉讼资产网、公拍网及中拍网等互联网拍卖平台进行拍卖，节省了拍卖行收取的高额佣金。除拍卖成交款外，收购方（即竞买人）无须支付拍卖佣金和其他费用。相比其他模式，司法拍卖模式本身可以省掉居间费。

（四）司法拍卖程序特定，获取项目时间周期不确定

司法拍卖是人民法院在民事执行程序中，依法行使公权力，对被执行人可供执行的财产采取拍卖的方式进行变价的强制措施。司法拍卖要遵循法定程序，如出现执行中止、执行异议等可能导致拍卖中止的情形时，司法拍卖最终完成时间不确定，即通过司法拍卖模式获取项目的时间不确定。

（五）法院作为主导，控制交易进程

在常规的收购方式下，通常由收购方主导交易的进行，但在司法拍卖模式中，则由法院主导交易的进行。由于涉及执行人、被执行人、债权人、优先权人等多方参与，导致收购方在整个交易中处于被动地位，此点在获取项目信息上体现得尤为突出。

（六）税筹空间有限

通常由于被执行人下落不明，或被拍卖财产无法覆盖现有债权等原因，法院通常在拍卖公告中会明确要求拍卖财产过户所产生的相应税费均由竞买人负担。由于被拍卖财产建设年代较久或者被执行人无法提供历史成本资料，会导致拍卖财产过户所产生的税费过高，尤其是土地增值税，且该部分费用无票据

可以用于冲抵成本。

第二节　司法拍卖模式交易结构

于2017年1月1日正式实施的《最高人民法院关于人民法院网络司法拍卖若干问题的规定》（法释〔2016〕18号）第二条规定："人民法院以拍卖方式处置财产的，应当采取网络司法拍卖方式，但法律、行政法规和司法解释规定必须通过其他途径处置，或者不宜采用网络拍卖方式处置的除外。"目前，网络司法拍卖已经成为人民法院拍卖的主流，本节将结合网络司法拍卖介绍收购方如何参与竞拍完成项目获取。

一、司法拍卖模式的一般流程

（一）登录法院网拍平台，获取拍卖公告

网站公布的司法拍卖公告、竞买须知详细说明了拟拍卖财产情况、处置程序、保证金及成交价款缴纳的方式和时间、法律责任等重要事项。收购方在报名前应当仔细阅读，并充分理解其含义，审慎决定是否报名。决定报名的，即视为完全了解拍卖财产情况，并接受拍卖财产现状、已知或未知瑕疵、权利负担等。

（二）与法院对接，了解资产情况，完成尽职调查

网站在公布拍卖公告和竞买须知的同时，会附执行裁定、房地产评估报告等材料，并附图、视频等对拟拍卖财产进行介绍。但此处信息有限，不能涵盖拍卖财产的所有信息，建议收购方在报名前联系法院、辅助机构实地看样，充分了解资产情况，对拟拍卖财产进行详尽的尽职调查。

（三）注册报名并缴纳竞买保证金

报名方式可以为网上报名或现场报名，选择网上报名的需注册平台网站账号，选择意向标的，点击报名，按网页提示签订报名协议、缴纳竞买保证金后即可取得竞价资格；选择现场报名的，可以到法院现场报名，如法院委托拍卖的，可以到司法拍卖辅助机构报名。具体要求及联系方式需以拍卖公告内容为准。

根据《最高人民法院关于人民法院网络司法拍卖若干问题的规定》的规

定，保证金由人民法院按起拍价的百分之五至百分之二十范围内确定，具体金额见拍卖公告。缴纳保证金的竞买人获取竞买代码、参拍密码进行竞买，竞买人悔拍的，保证金不予退还。

（四）参加网上竞价

拍卖平台通常会公布竞价规则，以人民法院诉讼资产网为例，竞价规则为："首次出价不能低于起拍价；出价者在自己领先的状态下可以继续出价；加价金额为加价幅度的正整数倍，可以输入或选择加价金额；优先购买权人可以在不加价的情况下行使优先权，接受当前最高价，取得竞价领先；顺位相同的优先购买权人之间，行使优先权在先的取得竞价领先，顺位不同的优先购买权人之间，顺位在前的优先购买权人可以行使优先权，接受当前最高价，取得竞价领先；顺位在后的优先购买权人必须加价才能取得竞价领先。"

此外，在人民法院诉讼资产网的竞买帮助一栏中设有"体验模拟竞价"，建议收购方通过模拟竞价提前熟悉竞价流程。

（五）竞拍成功支付尾款

司法拍卖以最高出价成交，最高出价的竞买人或行使优先权的优先购买权人为竞买人；拍卖平台会将竞买人缴纳的保证金在竞价结束后支付至法院指定账户。竞买人缴纳余款后，应当及时联系法院，确认价款到账，司法拍卖成交信息经法院执行裁定确认后生效。

竞买人未按拍卖公告、竞买须知的要求及时、足额缴纳余款的，法院可裁定重新拍卖，竞买人缴纳的保证金不予退还。重新拍卖时，原竞买人不得参加拍卖。重新拍卖价款低于原拍卖价款造成的差价以及费用损失由原竞买人承担，原竞买人缴纳的保证金不足差价以及费用损失的，法院可责令补交，拒不补交的，法院可强制执行。

（六）取得成交确认书、拍卖成交裁定等法律文书

网络司法拍卖成交的，竞买人应及时联系法院取得成交确认书等法律文书，并办理资产交割。不动产拍卖成交后，该不动产所有权从拍卖成交裁定送达竞买人时起转移。换句话说，拍卖成交资产的所有权转移不以办理过户登记为要件，但过户登记可以进一步公示所有权转移。

（七）缴纳税费，到相关部门办理变更登记

需要办理过户登记的，被执行人、竞买人应分别按照国家相关法律法规缴

纳税费。但实际操作中，存在由竞买人缴纳被执行人应当承担税费的情况；部分法院会从执行案款中优先支付该部分费用，或者直接明确由竞买人承担该部分税费。具体情况以拍卖公告、竞买须知内容为准。

权属登记机关办理过户登记的，法院会提前向登记机关送达执行裁定书、协助执行通知书。竞买人应持执行裁定书等资料到权属登记机关办理过户登记手续。建议竞买人在报名前确定自己是否符合办理过户登记的条件，避免竞买成功后由于身份原因无法办理过户登记，产生损失。

二、房地产项目拍卖财产的法律尽职调查

（一）拍卖财产法律尽职调查的重要性

《最高人民法院关于人民法院网络司法拍卖若干问题的规定》第十二条规定："网络司法拍卖应当先期公告，拍卖公告除通过法定途径发布外，还应同时在网络司法拍卖平台发布……拍卖不动产或者其他财产权的，应当在拍卖三十日前公告。拍卖公告应当包括拍卖财产、价格、保证金、竞买人条件、拍卖财产已知瑕疵、相关权利义务、法律责任、拍卖时间、网络平台和拍卖法院等信息。"第十四条规定："实施网络司法拍卖的，人民法院应当在拍卖公告发布当日通过网络司法拍卖平台对下列事项予以特别提示……（三）拍卖财产已知瑕疵和权利负担；（四）拍卖财产以实物现状为准，竞买人可以申请实地看样；（五）竞买人决定参与竞买的，视为对拍卖财产完全了解，并接受拍卖财产一切已知和未知瑕疵……"第十五条规定："被执行人应当提供拍卖财产品质的有关资料和说明。人民法院已按本规定第十三条、第十四条的要求予以公示和特别提示，且在拍卖公告中声明不能保证拍卖财产真伪或者品质的，不承担瑕疵担保责任。"

通过上述规定可以看出，执行拍卖的法院虽然在拍卖公告里面会披露拍卖财产已知瑕疵、相关权利义务、法律责任等，但是拍卖财产仍以实物现状（包括法律现状和物理现状）为准，法院不对拍卖财产真伪或者品质承担瑕疵担保责任。因此，对于拍卖财产为不动产的房地产项目，需要竞买人在拍卖公告发出后的三十日内完成对拍卖财产的全方位了解，包括法院公布的信息和收购方通过其他途径了解的信息。最终一旦参与了竞拍，一切未明确的风险均由竞买人承担，法院不承担责任。基于此，收购方对拍卖财产的尽职调查变得尤为重要。

法院对拍卖财产一般会进行资产评估，在拍卖公告公布的同时会将评估报告提供给竞买人。但由于被执行人可能早已下落不明，或者被执行人不配合提供相关材料，导致评估机构无法收集到详细资料作为评估依据，使得评估报告的质量并不高，无法提供竞买人想要的核心信息。因此，为充分了解拍卖财产核心状况而需要进行的尽职调查工作开展起来十分艰难。

（二）拍卖财产法律尽职调查主要内容

对拟受让的拍卖财产，收购方除需要审阅拍卖公告、评估报告外，还需要在以下方面予以调查：

1. 项目现场勘查。收购方需到项目现场实地勘查了解地上有无设置租赁权，是否存在被第三方实际占用的情形，了解占用原因，如果拍卖财产上存在租赁，未来还需要涉及清租问题，如果不存在租赁，则占用人是否系债权人，作为债权人其债权是否可以通过拍卖财产解决，无法解决的或者存在第三方侵权占用的，该情况将影响到拍卖财产后期能否顺利交割。

此外，如拍卖资产为在建工程，建议聘请专业人员到现场对工程质量、工程节点等进行勘察，并测算后期继续开发将投入的成本；如拍卖资产包含部分已建成物业，建议对建成部分进行盘点，明确是否符合交付条件，是否存在已交付的情况等。

2. 到政府相关部门调查。收购方应当到政府相关部门了解拍卖财产的基本情况，如用地性质、规划条件、建设指标、抵押、查封等情况，是否与法院拍卖公告的内容一致，有无其他更详细的内容。前述信息系基本的指标信息，如有机会和渠道，建议深入了解项目获取的背景情况，是否属于政府招商引资、产业升级的产物，是否存在其他税收政策或者项目建设要求。

3. 与被执行人对接。拍卖资产的权利人即被执行人在资产拍卖时多数情况为失联状态，如收购方能联系到被执行人，建议直接与被执行人对接拍卖财产的情况，更全面地掌握资产信息，特别是项目的不利因素，综合判断是否参与竞拍。

4. 网络检索。收购方可以利用互联网提供的便利条件，通过网络搜索的方式获取拍卖财产以及被执行人更多方面的信息。

5. 其他途径。发挥收购方的资源优势，多渠道、多途径地对拍卖财产的情况予以了解，力求全面掌握资产情况，便于作出有利判断。

三、影响司法拍卖顺利进行的特殊情况

在正式拍卖开始前、进行中或拍卖完成后，可能会存在某些特殊情况进而影响拍卖的顺利进行，对于竞买人来说，需要特别关注这些特别情况对交易的影响。这些特殊情况包括拍卖撤回、拍卖撤销、暂缓执行或中止执行、执行异议等其他强制措施。

（一）司法拍卖撤回

《最高人民法院关于人民法院民事执行中拍卖、变卖财产的规定》第二十条规定："在拍卖开始前，有下列情形之一的，人民法院应当撤回拍卖委托：

（一）据以执行的生效法律文书被撤销的；

（二）申请执行人及其他执行债权人撤回执行申请的；

（三）被执行人全部履行了法律文书确定的金钱债务的；

（四）当事人达成了执行和解协议，不需要拍卖财产的；

（五）案外人对拍卖财产提出确有理由的异议的；

（六）拍卖机构与竞买人恶意串通的；

（七）其他应当撤回拍卖委托的情形。"

（二）司法拍卖撤销

1.《最高人民法院关于人民法院网络司法拍卖若干问题的规定》第三十一条规定："当事人、利害关系人提出异议请求撤销网络司法拍卖，符合下列情形之一的，人民法院应当支持：

（一）由于拍卖财产的文字说明、视频或者照片展示以及瑕疵说明严重失实，致使竞买人产生重大误解，购买目的无法实现的，但拍卖时的技术水平不能发现或者已经就相关瑕疵以及责任承担予以公示说明的除外；

（二）由于系统故障、病毒入侵、黑客攻击、数据错误等原因致使拍卖结果错误，严重损害当事人或者其他竞买人利益的；

（三）竞买人之间，竞买人与网络司法拍卖服务提供者之间恶意串通，损害当事人或者其他竞买人利益的；

（四）竞买人不具备法律、行政法规和司法解释规定的竞买资格的；

（五）违法限制竞买人参加竞买或者对享有同等权利的竞买人规定不同竞买条件的；

（六）其他严重违反网络司法拍卖程序且损害当事人或者竞买人利益的

情形。”

2.《最高人民法院关于人民法院办理执行异议和复议案件若干问题的规定》第二十一条规定：“当事人、利害关系人提出异议请求撤销拍卖，符合下列情形之一的，人民法院应予支持：

（一）竞买人之间、竞买人与拍卖机构之间恶意串通，损害当事人或者其他竞买人利益的；

（二）竞买人不具备法律规定的竞买资格的；

（三）违法限制竞买人参加竞买或者对不同的竞买人规定不同竞买条件的；

（四）未按照法律、司法解释的规定对拍卖标的物进行公告的；

（五）其他严重违反拍卖程序且损害当事人或者竞买人利益的情形。

当事人、利害关系人请求撤销变卖的，参照前款规定处理。”

（三）司法拍卖暂缓执行或中止执行

1.《最高人民法院关于人民法院民事执行中拍卖、变卖财产的规定》第二十一条规定：“人民法院委托拍卖后，遇有依法应当暂缓执行或者中止执行的情形的，应当决定暂缓执行或者裁定中止执行，并及时通知拍卖机构和当事人。拍卖机构收到通知后，应当立即停止拍卖，并通知竞买人。

暂缓执行期限届满或者中止执行的事由消失后，需要继续拍卖的，人民法院应当在十五日内通知拍卖机构恢复拍卖。”

2.《中华人民共和国民事诉讼法》第二百五十六条规定：“有下列情形之一的，人民法院应当裁定中止执行：

（一）申请人表示可以延期执行的；

（二）案外人对执行标的提出确有理由的异议的；

（三）作为一方当事人的公民死亡，需要等待继承人继承权利或者承担义务的；

（四）作为一方当事人的法人或者其他组织终止，尚未确定权利义务承受人的；

（五）人民法院认为应当中止执行的其他情形。

中止的情形消失后，恢复执行。”

3.《最高人民法院关于人民法院执行工作若干问题的规定（试行）》第一百零二条规定：“有下列情形之一的，人民法院应当依照民事诉讼法第二百三十四条第一款第五项的规定裁定中止执行：

（1）人民法院已受理以被执行人为债务人的破产申请的；

（2）被执行人确无财产可供执行的；

（3）执行的标的物是其他法院或仲裁机构正在审理的案件争议标的物，需要等待该案件审理完毕确定权属的；

（4）一方当事人申请执行仲裁裁决，另一方当事人申请撤销仲裁裁决的；

（5）仲裁裁决的被申请执行人依据民事诉讼法第二百一十七条第二款的规定向人民法院提出不予执行请求，并提供适当担保的。”

4.《最高人民法院关于人民法院执行工作若干问题的规定（试行）》第一百零三条规定，按照审判监督程序提审或再审的案件，执行机构根据上级法院或本院作出的中止执行裁定书中止执行。

（四）司法拍卖终结执行

1.《中华人民共和国民事诉讼法》第二百五十七条规定：“有下列情形之一的，人民法院裁定终结执行：

（一）申请人撤销申请的；

（二）据以执行的法律文书被撤销的；

（三）作为被执行人的公民死亡，无遗产可供执行，又无义务承担人的；

（四）追索赡养费、扶养费、抚育费案件的权利人死亡的；

（五）作为被执行人的公民因生活困难无力偿还借款，无收入来源，又丧失劳动能力的；

（六）人民法院认为应当终结执行的其他情形。”

2.《最高人民法院关于执行工作若干问题的规定（试行）》第一百零五条规定：“在执行中，被执行人被人民法院裁定宣告破产的，执行法院应当依照民事诉讼法第二百三十五条第六项的规定，裁定终结执行。”

在上述影响司法拍卖顺利进行的几种特殊情况中，需要特别关注司法拍卖撤销。虽然法律赋予了竞买人司法拍卖撤销的权利，但该撤销不是竞买人的“后悔药”，竞买人需在报名参加竞买前做好充分的法律尽职调查并做好财务、税务等方面的测算，避免在竞买后无法实现收购目的。在司法实践中，存在竞买人在竞买后以受让土地使用性质、土地现状、土地面积与评估报告不符，或用地规划存在变更，或公告文字说明致其产生重大误解，或竞买人不符合资质条件无法办理过户手续为由请求法院撤销司法拍卖。法院通常会为维护司法拍卖活动的权威性及交易的稳定性，对请求撤销司法拍卖的，应当严格遵循法定原则。如法院已充分披露了拍卖标的的已知瑕疵且不存在过错，对于未知、不可预测或其他应由竞买人自行查询的瑕疵，法院不承担披露义务和责任。此种情况不属于“由于拍卖财产的文字说明、视频或者照片展示以及瑕疵说明严重失实，致使买受人产生重大误解，购买目的无法实现的”的情形。

网络司法拍卖竞价结束前，有依法应当暂缓、中止执行、撤回拍卖等情形的，人民法院应当决定暂缓、裁定中止拍卖或者通知撤回拍卖，竞买人缴纳的保证金将原路径退回。

四、在建工程项目司法拍卖

1. 权证变更登记问题。拍卖获取在建工程项目类似资产转让，受让方应当变更开发手续以及与资产有关的证照，如《建设工程规划许可证》《建设工程施工许可证》等，在建工程涉及部门众多，证件的变更登记能否顺利完成以及完成周期在不同地区存在差异，建议拍卖前予以了解核实。

2. 工程交割问题。拍卖获取的在建工程项目现场可能因与施工单位纠纷未解决导致施工单位在工程现场拒绝配合交接，或者出现农民工群体讨薪的问题，如不合理地解决则工程无法继续开工建设。因此，拍卖前的尽职调查工作，特别是现场勘查部分就显得尤为重要。收购方应充分了解项目现状，不能仅依据法院拍卖公告及评估报告就确定参加拍卖。

3. 成本票据问题。对于在建工程前期产生的建设成本如何计入后期开发成本的问题，由于原票据开具主体为被执行人，该部分前期费用需要与税务部门进行沟通确定，如何可以转为竞买人的开发成本。

4. 工程质量问题。拍卖前如获悉拍卖标的为在建工程，应当由专业的工程人员到现场勘查工程质量，若竞买成功，该部分在建工程如不符合质量要求，存在主体结构问题或者严重质量问题，竞买人继续开发时就需要先行维修和整改，甚至存在拆除重建的问题，这必然导致竞买人将产生额外费用。

5. 工程验收及产证办理问题。竞买人竞得在建工程之后需要变更项目的开发手续并办理项目验收，但办理项目验收往往需要原先施工单位等方面的配合。如果施工单位工程款有拖欠，其不可能会无条件配合竞买人。竞买成功后，竞买人在办理竣工验收和其他专项验收的周期和成本，需要在竞买前进行预先测算。

五、司法拍卖优先权问题

1. 优先购买权

优先购买权，是根据法律规定或当事人的约定，在同等条件下某一民事主体对特定财产享有的优先购买的权利。一般包括财产共有人对共有财产的优先购买权、房屋租赁人对出租房屋的优先购买权、有限责任公司股东对本公司股权的优先购买权等。在司法拍卖中，优先购买权人须经人民法院确认后方可报名参与竞买，否则将视为放弃优先购买权。人民法院应当在拍卖公告中声明被执行人的财产上存在优先购买权的情况，优先购买权人在竞价时可以在不加价的情况下行使优先权。如同一拍卖标的上有多个优先购买权人同时表示以最高出价接受的，可在其间再进行竞价，或由其自行协商确定买受人。

2. 优先受偿权

优先受偿权，是指根据法律规定或当事人的约定，在债务人不履行债务时，债权人即取得从债务人的财产或财产权利折价或拍卖、变卖所得价款中优先受偿的权利。通常情况下，对拍卖标的物享有优先受偿权的情况主要有担保物权的优先受偿权、建筑工程价款优先受偿权等。对于有法定优先权或设定优先受偿权的被执行人财产，人民法院依法强制拍卖所得价款应优先受偿予优先权人。

如收购方确定参与拍卖，可以考虑提前受让部分享有优先受偿权的债权，该部分债权通常可以降价受让，一方面可以减少收购方项目获取的成本，另一方面可以提前排除项目风险，提前解决后期交割中的问题。

第三节　司法拍卖模式主要交易风险及解决方案

一、拍卖财产实际价值评估问题

根据《最高人民法院关于人民法院民事执行中拍卖、变卖财产的规定》规定，除财产价值较低或者价格依照通常方法容易确定的或当事人双方及其他执行债权人申请不进行评估的，可以不进行评估外，人民法院应当委托具有相应资质的评估机构对拟拍卖的财产进行价格评估。法院针对评估机构的选定应当充分听取当事人的意见。评估报告应充分向当事人或者其他利害关系人披露，并听取当事人或者其他利害关系人的意见。

根据《最高人民法院关于人民法院民事执行中拍卖、变卖财产的规定》第八条规定：“拍卖应当确定保留价。拍卖保留价由人民法院参照评估价确定；未作评估的，参照市价确定，并应当征询有关当事人的意见。人民法院确定的保留价，第一次拍卖时，不得低于评估价或者市价的百分之八十；如果出现流拍，再行拍卖时，可以酌情降低保留价，但每次降低的数额不得超过前次保留价的百分之二十。”

司法拍卖过程中最关键的环节是拍卖保留价的确定，拍卖保留价通常参照法院委托的评估机构出具的评估报告中的评估价格确定。实践中，法院委托评估价格有时并不一定能够客观地反映拍卖财产本身的价值，可能与拍卖财产实际价值存在差异。

评估价格的确定受到多种因素的影响，比如评估机构是否能够收集与拍卖财产相关的足够的资料，若被执行人失联或者不配合提供，评估机构很难获得全面的材料进行评估；此外，评估机构针对同一资产采用不同的评估方法而得出的评估结论也差异较大。

针对法院提供的评估报告中涉及的内容，建议收购方审慎核查相关信息，并与尽职调查收集的资料进行比对，综合判断，如有必要，可自行或委托评估机构再次结合已知的信息进行更为详尽的评估，确定更为接近拍卖财产实际价值的价格。

二、竞买成功后的资产过户问题

（一）竞买人自身应符合资格和条件

曾有拍卖公告载明“竞买人应符合当地的工业产业规划要求、准入条件及其他要求，竞买人在竞拍前应到相关主管部门咨询，确定了解后再决定是否竞买，否则因此造成不能过户的责任自负”。

因此，在竞买前，收购方应当首先确认自身是否符合竞买人条件，如能成功竞得，是否存在无法履行的情况，如未能核实清楚，需承担相应的法律责任。

（二）影响变更登记的抵押、查封是否已经撤销

司法拍卖财产多存在抵押、多轮查封问题，办理过户前，应确认查封法院是否出具并向相关部门送达了裁定书、协助执行通知书等，是否已经解除了拍卖财产上的抵押、查封。

（三）司法权与行政权冲突问题

如果拍卖财产在法院查封之前没有办理产权证或初始产权登记，且没有办理的原因是被执行人存在违法行为或不具备产权登记的条件，相关政府主管部门不予登记的，在这种情况下竞买的拍卖财产可能无法办理产权变更登记。

建议在对拍卖财产进行尽职调查时可以向相关部门落实，拍卖财产是否存在办理变更登记的障碍。

三、司法拍卖的闲置土地能否办理过户登记手续

如拍卖财产为土地使用权，该土地使用权被司法拍卖后土地主管部门能否以该土地构成闲置为由拒绝配合竞买人办理不动产转移登记手续在实践中一直存在诸多争议。

我们认为，应当分不同的情况予以区别处理。首先，司法拍卖前拍卖财产未被土地主管部门认定为闲置土地，司法拍卖确定竞买人后土地主管部门不得以该理由拒绝配合竞买人办理转移登记手续。其次，司法拍卖前拍卖财产已被土地主管部门认定为闲置土地，但认定理由并非《闲置土地处置办法》第二十四条规定的“使用权人恶意囤地、炒地”的，司法拍卖确定竞买人后土地主管部门不得以该理由拒绝配合竞买人办理转移登记手续。最后，司法拍卖前拍卖财产已被土地主管部门认定为闲置土地，且符合《闲置土地处置办法》第二十四条之规定，土地主管部门有权拒绝配合竞买人办理转移登记手续。

综上，土地闲置问题政策性较强，需要结合每个项目不同情况和当地政策研究解决，该问题在尽职调查阶段也应该予以重点关注。

四、拍卖财产为划拨用地的，需补缴出让金

《中华人民共和国城市房地产管理法》第四十条第一款规定：“以划拨方式取得土地使用权的，转让房地产时，应当按照国务院规定，报有批准权的人民政府审批。有批准权的人民政府准予转让的，应当由受让方办理土地使用权出让手续，并依照国家有关规定缴纳土地使用权出让金。”第五十一条规定：“设定房地产抵押权的土地使用权是以划拨方式取得的，依法拍卖该房地产后，应当从拍卖所得的价款中缴纳相当于应缴纳的土地使用权出让金的款额后，抵押权人方可优先受偿。”

如果被拍卖财产所占用的土地是划拨的土地，那么，在竞得资产后办理变

更登记时，竞得人必须补缴土地出让金。因此，在参与拍卖时，需特别关注拍卖财产的土地性质。

五、竞拍后的交割问题

《最高人民法院关于人民法院民事执行中拍卖、变卖财产的规定》第三十条规定："人民法院裁定拍卖成交或者以流拍的财产抵债后，除有依法不能移交的情形外，应当于裁定送达后十五日内，将拍卖的财产移交买受人或者承受人。被执行人或者第三人占有拍卖财产应当移交而拒不移交的，强制执行。"

《最高人民法院关于人民法院网络司法拍卖若干问题的规定》第六条规定："实施网络司法拍卖的，人民法院应当履行下列职责……（七）办理财产交付和出具财产权证照转移协助执行通知书……"

根据前述规定，法院应当将拍卖资产交付给买受人。对于交付的理解存在两种不同的含义，一种是拍卖资产办理变更登记即为交付；另一种为实际将拍卖资产占有权转移给买受人即为交付。我们认为后一种理解更为恰当，但各地法院在实际操作中存在差异。鉴于此，土地实际占用人能否配合法院交付拍卖资产，显得尤为重要。

土地实际占用人可以分为被执行人占有和第三人占有，如被执行人占有则法院依职权要求腾退相对较容易；如土地实际占用人为第三人，包括施工单位和其他方，其工程款若未实现优先受偿或其诉求没有得到满足，相关方不但不会配合竞得人办理场地交付，而且还极有可能采取非法方式阻碍竞得人后续开发。

六、税费问题

法院强制执行的目的是强制债务人履行发生法律效力的裁判文书所确定的义务，核心是保障申请执行人的权益。《中华人民共和国民法典》规定法律文书生效物权即变更，因此，执行法院在不动产执行拍卖中，无须考虑税收问题，只需按照拍卖结果出具文书即能实现物权转移的效果。而登记机关在办理产权变更登记时需审查完税证明文件，未缴纳税款就无法办理产权变更登记，即使在法律上已经被认定为权利人，但是在权属证书的办理上，仍无法得到体现。

司法拍卖的成交价不包含变更登记时双方应缴纳的税费，如所得税、土地增值税、契税、印花税等。在司法实践中，关于拍卖产生的税费承担，法院一般采取两种做法。一种是在拍卖公告中载明“税费缴纳依照法律法规办理”，这种情况下，按照法律规定应当由被执行人（即土地出让方）缴纳的税费法院自拍卖款中优先扣除，如果收购方竞拍成功，只需要承担受让方应当缴纳的税费。另一种是在拍卖公告中载明“一切税费均由竞买人承担”，这种情况下，如果收购方竞拍成功，需要承担过户所需要缴纳的一切税费。多数司法拍卖属于后者，即相关税费通常由竞买人承担，且需在变更登记时一次性全额缴纳。

在缺少历史票据的情况下，代替被执行人缴纳的税费不属于竞买人的合理成本。如竞买人后续利用拍卖财产自行开发建设的，则上述替被执行人缴纳的税费无法税前列支扣除。因此，收购方需要考虑如何将该部分成本合理转化为“自身成本”。

如能够联系到被执行人，建议要求被执行人协助提供历史票据，此外还可考虑与税务机关协商，将竞买人承担的税费并入土地价款的总价中由税务机关代开发票，则该成本可在土地增值税税前扣除，具体方法可以咨询税务师进行税务筹划。

七、执行回转问题

《中华人民共和国民事诉讼法》第二百三十三条规定：“执行完毕后，据以执行的判决、裁定和其他法律文书确有错误，被人民法院撤销的，对已被执行的财产，人民法院应当作出裁定，责令取得财产的人返还；拒不返还的，强制执行。”本条规定的是执行回转，即在执行程序结束后，原据以执行的法律文书经过法定程序被撤销，以至于取得财产的一方当事人丧失了取得的合法依据，法院重新采取执行措施，将已经执行的财产退还给原被执行人，恢复到执行程序开始前的状态的情形。

虽然执行回转这种情况实践中出现的概率极低，但是一旦出现，给竞买人造成的损失就是巨大的。在这种情况下，法律法规尚无明确规定竞买人可以通过哪种途径进行救济。发生执行回转时，可能更多地需要依赖与相关当事人达成和解协议进行处理。

第四节 司法拍卖模式实例评析

一、案例简介

A 地产公司名下某项目（以下简称该项目）位于某市旅游度假区内中心位置，在建设之初拟将该项目打造成为当地“豪宅”标杆。但由于经营不善，对市场评估不足，以及 A 地产公司以该项目土地抵押贷款用于其他项目，A 地产公司内部股东之间的诉讼纠纷等问题，导致该项目资金链断裂，进而引发大量的诉讼并进入执行程序。由于多个执行案件被执行人一致且申请执行人均查封了该项目土地，法院对此类案件合并执行，并决定对该项目土地及地上建筑物进行整体拍卖。

B 地产公司拟整体受让该项目土地及在建工程。通过拍卖公告信息获知，该项目共 6 宗土地，土地性质为住宅用地、商业用地、娱乐用地，土地总面积约 16 万平方米，起拍价约 10 亿元。1#地块上存在已出售房产 30 余套，虽不在此次拍卖之中但属于该项目在建工程一部分，竞买人竞买后需完成后续建设并应完成已出售房产的交付事宜。5#地块上存在政府战略设施设备，需前期投入资金对该设备进行搬迁安置，搬迁后政府将给予一定的补偿，相关政策落实情况由竞买人竞买后与政府进一步处理。税费缴纳依照法律法规办理。竞买人须具备相应房地产开发资质。

二、项目特点

该项目地理位置优越，自然环境与周边环境优美，属于稀缺资源。A 地产公司 10 年前以 9 亿元竞得该 6 宗土地，此次拍卖备受地产界的关注。但该项目商业用地、娱乐用地面积比住宅用地面积大，容积率较低，在限购政策环境下“豪宅”潜在购买人有限，销售收益存在不确定性，且该项目起拍价及增价幅度均较高，潜在竞买人较多可能造成竞拍成交价格相对较高。

通过法律、财务、税务尽职调查后，收购方初步测算整个项目今后的销售金额，预计该销售金额能够涵盖相应的成本支出，有较大的利润空间。

三、法律尽职调查

对于通过司法拍卖的方式受让房地产项目的，除需对土地及在建工程的土地获取、用地规划、建设规划、土地闲置、土地占用的基本情况进行法律尽职调查外，还应当对该项目潜在的其他价值进行尽职调查，以协助收购方作出商业判断。在本项目收购中，我们着重调查了以下几个方面：

（一）土地获取及开发相关情况

通过向当地国土部门落实，该6宗土地均系A地产公司通过招拍挂方式取得，系出让土地，土地用途、使用权面积、使用期限均与被执行人披露的一致，土地出让金已缴纳，不存在逾期支付的情况。

（二）土地闲置相关情况

通过向当地国土部门落实，该项目不存在土地闲置问题，相关政府部门未就该项目出具过《闲置土地认定书》。

（三）用地规划及工程规划情况

通过向当地的规划部门落实，6宗土地均已取得建设用地规划许可证及建设工程规划许可证。该项目所在区域的土地利用总体规划、控制性详细规划未发生变更，地上建筑物的性质、建设规模、容积率等也未发生变更。收购方收购该6宗土地及在建工程后，可以按照原用地规划及工程规划许可进行建设。

（四）房屋销售、出租情况

通过书面审查及向房地产交易中心核实，1#地块已取得《商品房预售许可证》。对此，我们针对预售许可证预售房屋的销售情况逐一进行了核查，包括已售已网签、已售未网签、未售未网签等情形，以及以房抵款、网签抵押等情形，为测算该地块日后可销售房屋数量提供依据。此外，经过核实，商业用地地块均未开工建设，没有出租情况。

（五）优先购买权情况

优先购买权人是否参加竞买，将对收购方最终的竞买价格产生实质性影响。通过向法院核实，本次拍卖优先购买权人未提交申请，视为放弃了对本标的物享有优先购买权。

（六）补偿政策执行情况

向政府了解5#地块上政府战略设施设备搬迁安置前期需要投入的费用及搬

迁补偿的条件，如按照计划搬迁后可提升该地块土地容积率。目前该补偿政策仍有效。

（七）项目现场勘察情况

根据法院公告要求，在预约后多次统一前往项目现场进行了现场勘探，并使用无人机对整个地块进行航拍，确认土地使用现状、周边环境、在建工程建设进展、土地上是否有其他建筑物或违章建筑、是否出租。

（八）资产交割及办理过户情况

向相关政府部门及不动产登记中心落实拍卖后的过户登记税费缴纳、办理程序等情况。根据项目情况不同，具体的税费及办理程序不同，主要是一些金额测算及具体操作问题，在此不再赘述。

四、项目收购

（一）竞拍成功

收购方经过法律尽职调查及财务调查后决定收购该项目。收购方即按照司法拍卖流程，进行了账号注册、报名并缴纳保证金。由于该项目关注及竞买人数众多，在第一次拍卖中，收购方即参与竞拍并竞拍成功。

竞拍成功后法院向收购方出具了《网络竞价成功确认书》，确认收购方在该项目的公开竞价中，以最高应价胜出。法院向收购方送达了《执行裁定书》，裁定将被执行人所有的该项目国有土地使用权及地上在建工程的所有权变更为收购方所有。法院向不动产登记中心送达《协助执行通知书》，通知不动产登记中心协助收购方办理过户的相关事宜。

（二）竞拍过户

在竞拍成功后，被执行人作为异议人以“竞买人不具备相应房地产开发资质，不符合拍卖公告中对竞买人资格条件的要求”为由向法院提出书面异议，请求法院撤销网络司法拍卖。法院受理该执行异议案件后，立即书面通知不动产登记中心暂停协助收购方办理过户手续。

经法院审理后认为，法院在拍卖公告中确实要求竞买人须具备相应房地产开发资质，但其本意是寻找接手该项目土地及在建工程后能够继续开发的竞买人，以更好地维护好广大购房业主的合法权益。因我国现行的法律、行政法规和司法解释中没有明确的关于土地及地上在建工程竞买资格的限制性规定，故异议人认为竞买人在未取得房地产开发资质的情况下即参与拍卖程序并竞买成功违反了《最高人民法院关于人民法院网络司法拍卖若干问题的规定》第三十一条第一款第（四）项的异议理由不能成立。法院最终驳回了异议人的异议请求。法院作出上述裁定后，异议人未申请复议，收购方顺利地办理了竞拍过户登记手续并对该项目进行了开工建设。

第八章
房地产项目破产重整

第一节　破产重整模式简介

一、房地产项目破产重整概述

自2010年国务院发布《关于坚决遏制部分城市房价过快上涨的通知》（国发〔2010〕10号）以来，国家开始致力于新一轮房地产业宏观经济政策调控，特别是自2018年以来，房地产市场调整政策密集出台。在房地产行业结构优化的同时，不可避免地导致一些缺乏开发运营能力与资金实力的房地产企业难以为继，从而形成大量的僵尸企业和僵尸项目，但其中也存在具有挽救价值和可能的困境企业。随着人民法院对企业破产案件受理数量的增加，特别是最高人民法院关于适用《中华人民共和国企业破产法》（以下简称《企业破产法》）的三个司法解释的相继实施，不仅为处于困境的房地产企业通过破产程序解决债权债务纠纷提供了更多可执行的规则，也激发了投资人对持有优质项目的困境企业的投资热情。

重整制度体现了破产法的积极拯救功能，是现代破产法的灵魂所在，其通过平衡债权人、破产企业、出资人、员工等多方利害关系人的利益，实现社会资源整体价值最大化。《企业破产法》中的重整包括债务重组和营业整合两方面的内容，因此，重整的意义不仅仅是债务减免和财务调整，更在于维持企业的营运价值，这也是破产重整制度的基本价值取向。

基于上述制度特点，一方面，“重整”作为房地产企业破产程序的重要内容，可以通过引进重整投资人进行“输血”从而达到“造血”目的，相较于直接处置资产进行“清算注销”，重整过程会赋予企业资产更多的增值及溢价空间，进而最大限度地保护债权人的利益；同时，根据《企业破产法》第二条规定，引起重整程序的事由不仅包括“资不抵债”及“明显缺乏清偿能力”，还包括“有明显丧失清偿能力可能”，从而为经营困难的房地产企业通过破产重整程序焕发生机提供了更大可能。另一方面，对于重整投资人来讲，破产重整企业的房地产项目往往地理位置较为优越，在安全性、经济性等方面也均有明显优势，且大多能够得到当地政府的政策支持，重整程序结束后一般均可较为迅速地转入开发销售阶段，能够大大缩短投资周期。上述两方面的因素，使得通过破产重整程序获取房地产项目成为房地产投资并购业务的一项重要内容。

在此需说明的是，虽然《企业破产法》中规定的破产重整的对象是“企业”，而非企业名下的房地产项目；但因本书编纂目的系探讨房地产项目收并购方面的法律问题，所以本章内容主要从项目收购角度，也即重整投资人角度，对“房地产企业重整”的要素、特点、价值进行分析评判，而对破产企业的原股东及债权人的权益较少关注。相应地，本章将进入破产重整程序的房地产企业名下的房地产项目，称为“目标项目”或“破产重整项目”。

二、破产重整项目类型

（一）单一企业破产重整与关联企业合并破产重整

《企业破产法》中所规定的企业破产程序，均针对的是单一的独立企业，对于关联企业合并破产重整问题并未提及。

虽然公司法人人格独立是公司法的一项基本原则，但在实践当中，归属于同一实际控制人的多个企业之间往往存在高度关联性，甚至在业务、财务、财产、债权债务等方面都存在高度混同的情况。因此，在《最高人民法院关于适用〈中华人民共和国企业破产法〉若干问题的规定（二）》（法释〔2013〕22号）第二十三条中首次出现了“合并破产”的概念；而后在《最高人民法院印发〈全国法院破产审判工作会议纪要〉的通知》（法〔2018〕53号，以下简称《破产审判工作会议纪要》）第六部分第三十二条至三十九条对关联企业实质合并破产、协调审理（程序合并、非实质合并）进行了专门规定，其中第三十二条明确“……当关联企业成员之间存在法人人格高度混同、区分各关联企业成员财产的成本过高、严重损害债权人公平清偿利益时，可例外适用关联企业实质合并破产方式进行审理”；而第三十六条也明确了实质合并审理的法律后果，即“……各关联企业成员之间的债权债务归于消灭，各成员的财产作为合并后统一的破产财产，由各成员的债权人在同一程序中按照法定顺序公平受偿。采用实质合并方式进行重整的，重整计划草案中应当制定统一的债权分类、债权调整和债权受偿方案”。

（二）股权投资与债权投资

从重整投资人的重整资金投向来看，可以将破产重整项目分为股权投资及债权投资两类。其中：

股权投资系指将重整资金作为增资款支付给破产企业，从而稀释原股东的股权比例；或将重整资金作为股权转让价款支付给原股东，但原股东须将该股权转让价款专项用于清偿破产企业债务。

债权投资系指重整投资人以重整资金代破产企业清偿债务，从而在消灭原债权的同时，由重整投资人形成对破产企业的债权；或者以重整资金购买其他债权人对破产企业的现有债权，由重整投资人享有对破产企业的债权。通过上述两种债权投资方式，重整投资人成为破产企业的债权人，但此种模式下往往还伴随着原股东无偿或低价让渡部分股权给重整投资人，以确保重整投资人对破产企业享有经营权的情形。

（三）自管式重整和他管式重整

根据《企业破产法》第二十五条规定，管理人对破产企业的职责包括破产企业经营、财产处置、破产程序的推进等各个方面。由此可知，在我国企业破产法的立法框架内，对于进入破产程序的企业，系以管理人管理为原则。在本章中，将采取管理人管理模式的重整项目称为“他管式重整”。

但根据《企业破产法》第七十三条规定，在重整期间，经破产企业申请，人民法院批准，破产企业可以在管理人的监督下自行管理财产和营业事务。因此，破产企业在进入重整程序后可“自行管理财产和营业事务”的“自管式重整”成为“重整”制度的一大特色。而《九民纪要》第一百一十一条对“自管式重整”的适用条件进行了明确规定，即：

（1）破产企业的内部治理机制仍正常运转；

（2）破产企业自行管理有利于破产企业继续经营；

（3）破产企业不存在隐匿、转移财产的行为；

（4）破产企业不存在其他严重损害债权人利益的行为。

同时，该条对申请程序、自管范围、管理人的监督权等问题也进行了更为明确的规定。“自管式重整”无疑是考虑到原管理团队更为了解破产企业经营情况，由其管理更有利于激发企业的经营潜能达到“重生”目的，从而作出的一种特殊制度安排。

第二节 破产重整模式交易结构

根据《企业破产法》规定，破产企业或其债权人、占破产企业注册资本十分之一以上的出资人均可提出破产重整的申请。该申请经人民法院裁定受理后，需由人民法院指定管理人履行管理人职责，并由管理人组织债权申报。依法申报债权的债权人为债权人会议的成员，有权参加债权人会议，享有表决权。而重整投资人参与重整投资项目，一般系基于已经申报的债权体量及破产企业的优质资产持有情况，且主要交易安排系在重整计划中予以体现。因此，本节中关于破产重整的交易结构的阐述，将围绕重整计划的形成和实施进行。

一、重整计划的形成

（一）重整计划草案的制定

1. 制定主体

按照法律规定，对于自管式重整的项目，由自行管理财产和营业事务的破产企业负责制作重整计划草案；而对于他管式重整的项目，则由管理人制作重整计划草案。

实践当中，还存在意向重整投资人提前介入重整计划草案制定的两种特殊情况：

（1）对于已经存在意向重整投资人的项目，在递交重整申请前重整计划草案主要内容即已确定，重整计划草案制定时也会征求意向重整投资人的意见。

（2）管理人为了引进具有实力的重整投资人，通过法院或网络平台公开发布重整投资人招募信息，并要求意向重整投资人在尽职调查的基础上递交《重整投资方案》，并以该《重整投资方案》作为重整计划草案的制定依据。

无论采取上述何种方式，意向重整投资人若可介入重整计划草案的制定，则一般会提前启动与破产企业债权人的谈判及对破产企业的尽职调查，这不仅有利于保护重整计划草案最终获得批准，也有利于重整投资人发现破产企业潜在纠纷、降低投资风险、提前安排解决方案、确保重整计划实现。

2. 制定期限

破产企业或者其管理人应当自人民法院裁定破产企业重整之日起六个月内，同时向人民法院和债权人会议提交重整计划草案；有正当理由的，经申请可延期三个月提交。

3. 草案内容

一般包括如下7个方面内容：

(1) 破产企业的经营方案；

(2) 债权分类；

(3) 债权调整方案；

(4) 债权受偿方案；

(5) 重整计划的执行期限；

(6) 重整计划执行的监督期限；

(7) 有利于破产企业重整的其他方案。

（二）重整计划草案的批准

1. 债权人会议通过

人民法院应当自收到重整计划草案之日起三十日内召开债权人会议，对重整计划草案进行表决。出席会议的同一表决组的债权人过半数同意重整计划草案，并且其所代表的债权额占该组债权总额的三分之二以上的，即为该组通过重整计划草案。各表决组均通过重整计划草案时，重整计划即为通过。

自重整计划通过之日起十日内，破产企业或者管理人应当向人民法院提出批准重整计划的申请。人民法院经审查认为符合本法规定的，应当自收到申请之日起三十日内裁定批准，终止重整程序，并予以公告。

2. 人民法院强制批准

部分表决组未通过重整计划草案的，破产企业或者管理人可以同未通过重整计划草案的表决组协商。该表决组可以在协商后再表决一次。双方协商的结果不得损害其他表决组的利益。未通过重整计划草案的表决组拒绝再次表决或者再次表决仍未通过重整计划草案，但重整计划草案符合《企业破产法》第八十七条第二款规定的条件的，破产企业或者管理人可以申请人民法院批准重整计划草案。另外，为防止强制批准权被滥用，《破产审判工作会议纪要》第十八条进一步明确“……确需强制批准重整计划草案的，重整计划草案除应当符合企业破产法第八十七条第二款规定外，如债权人分多组的，还应当至少有一组已经通过重整计划草案，且各表决组中反对者能够获得的清偿利益不低于依照破产清算程序所能获得的利益”。

二、重整投资人的选任

（一）重整投资人的主体资格要求

房地产企业经营困难多数系由于资金链断裂引发，其背后往往还伴随着项目长期停工烂尾且存在多轮查封、银行不良贷款大幅攀升、建设单位欠款严重并被主张建设工程价款优先受偿权、土地权属及闲置纠纷、购房人居住权利及合同权利保护、关联企业的互保债务、隐名投资人主张权利等各种复杂的法律问题。因此，在对房地产企业的重整过程中，对于重整投资人的资金能力、项目运营能力、纠纷协调能力等方面均具有较高要求。

基于上述情况，重整投资人除需具有相应的资金及资源，可以在重整计划要求的期限内确保破产企业能够清偿债务、恢复正常经营状态之外，还需根据项目的不同特点具备相应的增项要求，其中主要涉及：

（1）重整投资人对同类项目的运营经验和管理能力；

（2）重整投资人原从事行业与目标项目的契合程度（主要基于上下游资源利用的考虑）；

（3）重整投资人自身盈利情况及信用状况；

（4）破产企业主要债务人（主要从债权数量、债权数额双重标准考量判断）对重整投资人的接受程度；等等。

（二）选任方式

1. 不公开招募

采取预重整方式的项目，在提出重整申请以前，由破产企业或其出资人自行寻找重整投资人，并由破产企业、重整投资人及债权人就重整计划达成一致；然后破产企业向人民法院提出重整申请，并提交重整计划，按照已经达成一致的重整计划进行破产重整。

人民法院受理重整申请后，由政府部门、债权人等主体推荐意向重整投资人，由管理人逐一与之进行谈判、磋商，并最终确定重整投资人。

2. 公开招募

管理人通过法院或网络平台公开发布重整投资人招募公告，通知具备实力的投资人可报名参加重整投资人招募活动，并支付一定金额的保证金；此后，通过竞争性磋商、公开竞价等方式确定重整投资人。

三、重整投资人的尽职调查

法律上并无关于重整投资人对所投资项目进行尽职调查的明确规定。结合重整投资人的选任方式可知，重整投资人对破产重整项目的尽职调查在重整程序的各个环节均可进行。在房地产企业破产重整过程中，尽职调查的重点主要包括两个方面的内容：

1. 破产企业及其资产现状

主要包括：

（1）破产企业的资产情况、财务审计、工程造价、债权债务情况、经营情况；

（2）目标项目的历史沿革和出让转让情况；

（3）目标项目抵押查封及其他权利负担的设置情况；

（4）破产企业涉诉情况；

（4）目标项目开发建设销售和第三方在先权利情况；

（5）破产企业对外担保及其他可能构成隐性负债、或有负债的情况；

（6）出资人的出资合法性、真实性、权利瑕疵及权利负担情况；

（7）破产企业主要债权人的情况；

（8）其他可能影响重整计划制定及执行的信息。

对于上述信息，可以通过管理人获取，也可以通过相关政府部门调取。

2. 重整计划的可执行性

主要是指（意向）重整投资人自行或通过管理人、破产企业提前与政府相关部门沟通，以确认在重整投资人提供重整资金以后，破产企业股权及资产上设置的权利负担是否可以消灭，破产企业是否可以恢复正常经营、办理后续开发建设销售手续，从而顺利实现重整投资目的。

对此，在《破产审判工作会议纪要》第十六条关于“重整计划的制定及沟通协调”的规定中也已经明确，“人民法院要加强与管理人或债务人的沟通，引导其分析债务人陷于困境的原因，有针对性地制定重整计划草案，促使企业重新获得盈利能力，提高重整成功率。人民法院要与政府建立沟通协调机制，帮助管理人或债务人解决重整计划草案制定中的困难和问题”。根据上述规定，对于重整计划的可执行性调查，也可以通过人民法院协助完成。

四、重整计划的执行

《企业破产法》第八十九条、第九十条规定，重整计划由破产企业执行。人民法院裁定批准重整计划后，已接管财产和营业事务的管理人应当向债务人移交财产和营业事务。自人民法院裁定批准重整计划之日起，在重整计划规定的监督期内，由管理人监督重整计划的执行。在监督期内，债务人应当向管理人报告重整计划执行情况和债务人财务状况。

而从重整投资人角度，重整计划的执行主要涉及如下三个方面的工作：

（一）资金投入

重整投资人需根据所提交的《重整投资方案》、所签署的《重整投资协议》以及获得债权人会议通过或人民法院批准的《重整投资计划》，向人民法院或《重整投资计划》中载明的其他主体支付相应的破产重整资金，用于清偿债务、解决纠纷及恢复经营。

根据《企业破产法》第九十三第一款条规定，“债务人不能执行或者不执行重整计划的，人民法院经管理人或者利害关系人请求，应当裁定终止重整计划的执行，并宣告债务人破产”。因此，若重整投资人未能按照承诺按期履行资金投入义务的，则将导致破产企业被宣告破产，从而进入破产清算程序，并导致重整投资人已经支付的保证金被没收。

（二）股权变动

为确保重整投资人的投资利益得以实现，无论是股权投资还是债权投资，一般均会由破产企业的出资人让渡部分或全部股权给重整投资人，以便于重整投资人参与破产企业重整后的经营活动、行使管理权利并取得分红等形式的收益。在此过程中就涉及对破产企业登记股权进行变动的问题。因此，若破产企业股权上存在权利限制，则需要请求人民法院协助提前予以解除。

（三）管理权交接

重整投资人的管理权包括对破产企业的管理权和对目标项目的管理权两个方面。

1. 对破产企业的管理权交接

交接内容主要包括：

（1）变更破产企业的治理结构、对公司管理团队进行调整。其中，除前述关于股权变更登记外，还包括对公司章程及董事（会）、监事（会）的人员及表决机制的变动，将新选任的董事、监事、总经理信息报市场监督管理部门备案，进行其他管理人员的选聘等。

（2）对破产企业印章、账户、财务资料、合同文件等经营资料的交接和管理。

2. 对目标项目的管理权交接

主要是对目标项目现场及目标项目权证资料的转移占有，对于部分需办理变更手续的权证资料完成相应的变更手续；另外，重整投资人一般还会在交接当天在目标项目用地红线上设置围挡，以对项目权利边界进行公示。

第三节　破产重整项目的主要交易风险及解决方案

本节主要从重整投资人角度，对获取破产重整项目过程中可能存在的风险及其解决方案进行介绍。

一、重整资金的法律性质

基于本章第一节中对破产重整项目的分类，根据投资方式的不同，重整资金从法律性质上可能构成如下四类：

（1）股权转让价款；

（2）对破产企业的增资款；

（3）对破产企业的借款；

（4）债权转让价款。

根据重整计划中载明的重整资金投入方式及对重整投资人权利的描述，一般可以准确认定重整资金的法律性质；但是也有例外情况。

比如，在破产企业已经资不抵债的情况下，若重整计划中仅约定“重整资金用于清偿债务，出资人向重整投资人让渡股权”，则该重整资金既可能会被认定为股权转让价款，也可以被认定为重整投资人对破产企业的借款。由此导致的直接后果是，若该重整资金被认定为股权转让价款，则在破产企业股权原值极低的情况下，将可能产生较高的股权溢价，在办理股权变更登记手续时需根据溢价情况缴纳大额的所得税。该所得税的纳税义务人虽然为原出资人，但实践当中一般要求取得股权的重整投资人承担，由此导致重整投资人要么需产生额外的资金支出，要么需承担股权不能变更登记的不利后果。同时，由于股权转让价款按照法律规定实际系取得股权的对价，即使原出资人不要求实际取得，对于重整投资人来讲，也仅可通过破产企业形成利润后的股东分红收回投资及获得收益，存在回报周期长，甚至因破产企业重整后继续亏损导致无法收回投资的风险。而若该重整资金被认定为重整投资人对破产企业的借款，则不存在上述股权溢价导致的大额所得税的问题，且在破产企业回笼资金后形成利润前即可通过清偿债务的方式使得重整投资人收回投资成本。因此，在涉及股权变动的破产重整项目中，对于重整资金的性质，应在重整计划或重整投资人招募公告中进行明确界定，并在股权转让依据文件（多为法院出具的裁定书）中予以明确。

二、合并破产重整完成后关联企业之间的债务确认与分割

根据《破产审判工作会议纪要》第三十六条、第三十七条规定，“……采用实质合并方式进行重整的，重整计划草案中应当制定统一的债权分类、债权调整和债权受偿方案。”“……适用实质合并规则进行和解或重整的，各关联企业原则上应当合并为一个企业。根据和解协议或重整计划，确有需要保持个别企业独立的，应当依照企业分立的有关规则单独处理。”因此，对于虽进行合并破产重整，但未实施企业主体合并的，在重整结束后关联公司之间仍构成独立的法人主体。

《中华人民共和国公司法》第一百七十五条及第一百七十六条，对公司分立情况下被分立企业的财产分割及分立前的债务由分立后的公司承担连带责任问题进行了规定。因房地产企业的主要资产为不动产，以登记为权属设立及变动的要件，因此，房地产企业合并破产重整完成后基本不涉及财产分割问题。而对于原有债务承担问题，因为原有债务通过破产重整程序基本已经获得清偿，所以对外的连带责任问题基本也不涉及。但鉴于破产企业通过重整方式得以存续，若合并破产前的原有债务未能确认主债务人及连带债务人，则可能会对后续各自经营及重整投资人投资回报的实现产生影响。因此，在破产重整后，关

联的破产企业仍需就已清偿债务的分割进行确认，以作为各自进行后续经营及履行纳税义务、返还重整投资人债务性投资、进行利润分配等的依据。

三、未申报债权的继续清偿

《企业破产法》第九十二条第二款规定："债权人未依照本法规定申报债权的，在重整计划执行期间不得行使权利；在重整计划执行完毕后，可以按照重整计划规定的同类债权的清偿条件行使权利。"因此，重整程序终结并不代表破产企业原有债务问题均已经获得解决，未申报债权的债权人后续仍可要求按照重整计划中规定的清偿比例获得清偿，这将导致重整投资人就重整企业实际承担的投资资金金额增加。

为此，实践当中一般会在招募重整投资人的公告中增加关于原有债务与重整后企业的关系及处理方案的相关内容；且重整投资人需要根据破产企业原有经营情况、进入破产程序的时间、重整过程中对破产企业的管理情况、诉讼时效及除斥期间等因素综合评估存在未申报债权的可能性。

四、项目成本的确认

房地产企业经营过程中，对项目成本的确认直接影响到土地增值税、所得税等重要税款的缴纳，涉及的金额巨大；因此，取得可作为确认项目成本依据的合同、票据等，对于重整后企业的经营管理意义重大，甚至决定了重整投资人的投资回报是否可以实现。而进入破产重整程序的企业，往往存在建账不全、权证不齐、票据及合同丢失严重的问题，严重影响了项目成本的确认。为此，需提前与税务机关沟通以确认补救措施，并协调原有工程设计、施工、供货等单位协助破产企业补充相关证明材料，以免影响最终的税务核算。

五、土地闲置及相关政府处罚风险

根据《闲置土地处置办法》第二条、第十四条规定，超过出让合同或者划拨决定书约定、规定的动工开发日期满一年未动工开发的国有建设用地；或者已动工开发但开发建设用地面积占应动工开发建设用地总面积不足三分之一或者已投资额占总投资额不足百分之二十五，中止开发建设满一年的国有建设用地，可以认定为闲置土地。除非闲置系由于政府原因导致，对于未动工开发满一年的土地，国土管理部门可按照土地出让或者划拨价款的百分之二十征缴土地闲置费；对于未动工开发满两年的，国土管理部门可无偿收回土地。

此外，在出让合同及划拨决定书中一般均会约定土地受让方开竣工的时间，以及逾期开竣工应当承担的违约责任。

破产重整项目一般存在逾期开工、长期停工等问题，按照法律规定及合同约定，破产企业应承担土地闲置及逾期开竣工的责任。而若在破产重整的过程中未能对上述问题进行处理，如要求国土管理部门豁免破产企业相应的责任，则重整完成后的企业仍需继续承担上述责任。因此，管理人或重整投资人需提前与国土管理部门沟通上述土地闲置问题的处理方案，若国土管理部门坚持要求破产企业支付闲置费用及违约金的，也需进行债权申报。此外，重整投资人还需在接管破产企业以后，与国土部门积极协商，变更出让合同约定的开竣工时间，以避免后续违约责任的承担。

六、用地、建设手续缺失或瑕疵

因破产企业长期处于非正常经营状态，且人员变动频繁，因此用地及建设手续文件的缺失或存在瑕疵的情况经常出现；甚至还存在土地出让金未足额缴纳导致国土管理部门随时有权解除出让合同，出让合同约定面积与确权面积不符，或者已开工项目缺乏规划、施工手续构成违章建筑的情形。

在此情况下，重整投资人在进行尽职调查时，需着重了解上述手续的缺失、瑕疵的原因，是否存在补救方式，补救的成本等问题，避免出现重整完成后无法正常恢复项目后续开发建设或恢复成本过高的情形。

七、欠缴税款

欠缴税款是几乎所有进入破产程序的企业普遍存在的问题。从广义上说，欠缴的税款包括已申报而未缴纳的税款，税务机关的税务事项通知书或稽查处理决定书已确定的应缴税款，也包括应申报而未申报的税款；而已实现销售的项目还大量存在隐瞒收入、转移利润的情形，导致欠缴税款的情形非常复杂。因此，破产重整项目需要税务机关提前介入，确认欠缴税额并进行债权申报；同时，根据《最高人民法院关于审理企业破产案件若干问题的规定》（法释〔2002〕23号）第六十一条、《最高人民法院关于税务机关就破产企业欠缴税款产生的滞纳金提起的债权确认之诉应否受理问题的批复》（法释〔2012〕9号）的规定，破产企业在破产案件受理前因欠缴税款产生的滞纳金属于普通破产债权；

对于因欠缴税款产生的罚款以及破产案件受理后因欠缴税款产生的滞纳金，则不属于破产债权，无法在破产重整程序中获得受偿。

因此，税务机关在申报时对于欠缴税款本金、破产案件受理以前发生的滞纳金需分别申报；对于欠缴税款本金应在破产费用和共益债务、职工债权之后优先受偿；对于破产案件受理以前发生的滞纳金应按照普通债权处理，与其他普通债权人一起参与分配，不具有优先受偿的地位。

八、信用降级影响经营

破产企业因普遍存在的长期涉诉、银行不良贷款记录、未按时参与年检、未正常纳税等问题，导致在银行及各相关行政机关的信用记录均存在不良或降级的情况；而上述情况如果未进行积极干预，由于其不会随着企业的破产重整而自动消除，必然会对重整企业后续的业务拓展、银行融资、获取新项目用地等经营活动产生阻碍。因此，《破产审判工作会议纪要》第二十一条规定了重整后企业正常生产经营保障的内容，即“企业重整后，投资主体、股权结构、公司治理模式、经营方式等与原企业相比，往往发生了根本变化，人民法院要通过加强与政府的沟通协调，帮助重整企业修复信用记录，依法获取税收优惠，以利于重整企业恢复正常生产经营”。上述规定既体现了司法部门保护重整企业的决心，也反映了实践中重整企业恢复生产经营所面临的困境。

因此，若破产企业存在上述问题，则需在重整计划制定过程中即与银行及相关政府部门进行沟通，以确定解决方案，以便于重整投资人履行投资义务后，破产企业可以尽快实现正常经营。

九、已售物业的纠纷处理

因为破产重整后企业将存续经营，所以对于重整前已经销售的物业，破产企业仍负有继续履行合同及交付房屋、车位等义务。但由于破产企业长期未正常经营，可能导致物业买卖合同、票据、银行往来证明等销售资料不全，甚至大量存在让与担保、以房抵款后再次转让等情形。

因此，对于破产企业已售物业的合同纠纷，一方面，要仔细甄别是否存在真实交易关系；特别是对于其中未办理网签手续的合同，应重点审查其签订、履行的情况，以确认是否存在通过虚构交易套取收益的情况。另一方面，因为重整后的破产企业一般由重整投资人进行经营，在项目产品的开发理念、成本控制、市场评估等方面可能与企业的原管理者存在较大差异，导致原已经签署的购房合同的履行基础发生变化。若存在上述情况导致破产企业拟与原购房人解除或变更合同的，也需要就同类纠纷制定统一的解决方案，并尽量在重整计划执行过程中协商解决完毕。

十、项目用地的除权及清理

因2010年以前房地产土地市场中还大量存在“毛地出让”的情况，因此部分破产重整的房地产企业存在未完成拆迁、未完成全部用地出让合同签署时即无法继续经营的情况。即使破产企业名下获取的出让用地系净地出让并已经签署了出让合同，也可能存在因长期停工导致施工现场被第三方占用的问题。此种占用有的属于合法占用，如破产企业对外出租场地建立临时停车场等；有的则属于非法占用，如在相邻施工现场未经许可堆放建设物料等。

因此，对于还未完成拆迁的项目，需在重整后首先进行“除权”，即完成拆迁并注销原权利人的权属登记，并完成后续的项目用地出让手续办理。对于已经属于净地但被第三方占用的项目，则需通过协商方式或者申请法院采取强制措施，将现场清理完毕。对于由此产生的费用，重整投资人应提前进行合理评估；对于其中金额较高的部分，还需与税务管理部门提前沟通确认是否可纳入项目有效成本。

但无论是否存在上述情形，在破产管理人向重整投资人移交项目用地后，重整投资人应在第一时间在现场周边设置围挡，以此种方式公示项目操盘方变更的事实。这样一方面便于保护现场，另一方面也可以促使目标项目的潜在权利人尽早向重整投资人主张权利，最大限度地减少后续开发阶段风险暴露所造成的损害。

第四节　破产重整模式实例评析

一、案例简介

A公司为房地产开发企业，B公司为生产型企业；A、B公司的控股股东及实际控制人均为吴某。A公司名下持有某市核心商圈的两宗商品房开发用地，但项目用地一因土地出让金未付清导致尚未进行物权登记，项目用地二的出让金已经付清并进行了物权登记、取得了《房地产权证》；项目用地一、项目用地二均未开工建设。

A、B两公司在经营过程中存在频繁的资金往来及互相担保的债务，且A公司以项目用地一为B公司的银行贷款提供了抵押担保，但部分银行贷款实际由A公司用于支付项目用地二的部分土地出让金。后吴某因涉嫌非法吸收公众存款罪被立案调查，A、B公司也均无法正常经营，先后有债权人到法院申请该两公司破产。后法院经审查，裁定受理两公司破产申请，并指定同一管理人对该两公司进行合并破产。经债权人申报债权，两公司有担保的债权约3亿元，职工债权约300万元，普通债权约15亿元，破产费用约600万元，共益债务约1亿元。

管理人通过网络公开发布本项目重整管理人招募信息，并要求意向投资人在对两公司进行尽职调查的基础上提交《重整投资计划》，作为选定重整投资人及制定重整计划的依据。

二、项目特点

1. 采取实质合并破产方式的必要性

A、B两公司作为吴某实际控制的关联公司，存在法人人格高度混同的情况；不仅相互之间的债权债务关系无法厘清，且连带债务也数量巨大。而除A公司名下的房地产开发用地外，A、B两公司基本上没有具有处置价值的财产；若分别进行破产，将严重损害债权人公平清偿利益。因此，A、B两公司应采取实质合并破产方式。

2. 重整投资人的经营能力需具有多样性

因A公司属于房地产开发企业，需完成后续的商品房开发；而B公司属于生产型企业，重整完成后还需继续生产。因此，重整投资人除需具备资金实力外，还需具有相应的经营能力。因两企业经营范围差别较大，若无法找到同时满足两企业后续经营需要的合格重整投资人，也可以考虑接受联合体作为重整投资人参与重整。

3. 土地资产权属及价值的瑕疵性

因A公司名下的两宗商品房开发用地尚有一宗未能支付完毕全部土地出让金及完成物权登记，且两宗用地均存在长期闲置的情形，按照法律规定及合同约定，存在土地管理部门收回商品房开发用地的风险。即使用地未被收回，A公司也需要补交土地出让金并支付相应的滞纳金及承担其他逾期开竣工的违约责任。

4. 债权关系的复杂性

因吴某利用A、B公司实施了非法吸收公众存款的违法犯罪行为，对于债权人所申报的债权，首先需甄别是否属于合法债权，是否存在虚构债权（包括已经获得清偿后又被恶意主张的债权）的情形。此外，因受害人的人数较多，所以本次破产重整不仅要实现两公司的存续经营，更重要的是要确保债权人的合法债权得到最大限度的清偿。

三、重整投资人的尽职调查

甲公司作为意向投资人报名参加了重整投资人招募活动，并在支付了一定数量的保证金和尽职调查费用以后，对本破产重整项目进行了法律和财务等方面的尽职调查。

在管理人所提供的两公司工商登记备案资料及债权人申报债权统计信息的基础上，甲公司主要对两公司实物资产情况进行了盘点、对欠缴税款情况进行了测算、对现有财务情况进行了初步审计，并主要从如下几个方面对A公司名下房地产开发用地的情况进行了尽职调查：

（1）土地出让金的补缴金额及补缴程序；

（2）土地闲置及延期开竣工责任的豁免可能性；

（3）现场用地被第三方占用情况、土地清理的费用；

（4）用地原有规划指标及设计方案审批情况；

（5）开发用地所在区域的控制性详细规划调整情况；

（6）用地被抵押、查封情况及所涉及的具体金额；

（7）周边市政设施配套情况；

（8）周边竞品的销售情况。

通过上述尽职调查，甲公司基本了解了A、B公司重新开展经营活动所需的资金、时间、流程，并与相关政府部门及贷款银行进行了交流，排除了房地产开发项目后续启动的障碍。

四、重整计划的确定

甲公司经尽职调查，决定参与A、B公司的破产重整，并向管理人提交了

《重整投资计划》。管理人通过竞争性磋商的方式确定甲公司为重整投资人，并在甲公司提交的《重整投资计划》基础上制定了重整计划，该重整计划最终经过债权人会议通过后实施。该重整计划实际即为甲公司本次投资并购活动的交易方案，其主要包括两个方面的内容：

（一）债务清偿方案

甲公司提供10亿元重整资金代A、B公司清偿债务；该资金由甲公司一次性支付至法院，并由管理人负责向债权人进行分配。鉴于部分有争议的债权（其中包括以项目用地一提供抵押担保的债权）仍处于诉讼阶段，因此重整资金首先用于支付破产费用、共益债务及有抵押物担保的债权中无争议的部分，并为尚在诉讼过程中的有抵押物担保的有争议债权预留足额清偿资金（即预留资金1）；剩余部分的资金全部用于按照相同比例清偿剩余的普通债权，对于其中尚在诉讼过程中的有争议普通债权，也按照相同清偿比例预留足额资金（即预留资金2）。预留资金根据诉讼案件结案情况进行解付，若预留资金1或预留资金2有剩余的，则均用于清偿普通债权，以提高普通债权的清偿比例。

同时，重整计划中明确，甲公司将10亿元重整资金支付到法院后，其就A、B公司原债务处理所负有的义务即履行完毕，且A、B公司原债务与重整后的公司无关；原债务清偿工作的进展情况不影响甲公司对A、B公司经营权的行使。

（二）管理权移交及后续经营方案

1. 因合并破产重整后A、B两公司已经资不抵债，包括吴某在内的两公司全体出资人持有的两公司股权均无偿让渡给甲公司；同时，由法院出具裁定确认上述股权转让，并解除两公司股权上的质押登记和A公司名下商品房开发用地上设置的抵押、查封。此后，甲公司自行办理股权转让的相关登记备案手续并承担由此产生的税费。

2. 管理人在重整资金支付至法院后五日内将A、B两公司的全部资产、财务账册、合同档案资料等移交给甲公司。甲公司自行完成现场占地的清理问题。

3. 重整计划的执行期限和监督期限为十二个月；在该期限内，甲公司确保实现A公司名下商品房开发用地的开工建设，确保B公司恢复生产能力。

附录

1. 中华人民共和国公司法（2018 修订）（节选）

（1993 年 12 月 29 日第八届全国人民代表大会常务委员会第五次会议通过　根据 1999 年 12 月 25 日第九届全国人民代表大会常务委员会第十三次会议《关于修改〈中华人民共和国公司法〉的决定》第一次修正　根据 2004 年 8 月 28 日第十届全国人民代表大会常务委员会第十一次会议《关于修改〈中华人民共和国公司法〉的决定》第二次修正　2005 年 10 月 27 日第十届全国人民代表大会常务委员会第十八次会议修订　根据 2013 年 12 月 28 日第十二届全国人民代表大会常务委员会第六次会议《关于修改〈中华人民共和国海洋环境保护法〉等七部法律的决定》第三次修正　根据 2018 年 10 月 26 日第十三届全国人民代表大会常务委员会第六次会议《关于修改〈中华人民共和国公司法〉的决定》第四次修正）

第一章　总　　则

第一条　【立法宗旨】为了规范公司的组织和行为，保护公司、股东和债权人的合法权益，维护社会经济秩序，促进社会主义市场经济的发展，制定本法。

第二条　【调整对象】本法所称公司是指依照本法在中国境内设立的有限责任公司和股份有限公司。

第三条　【公司界定及股东责任】公司是企业法人，有独立的法人财产，享有法人财产权。公司以其全部财产对公司的债务承担责任。

有限责任公司的股东以其认缴的出资额为限对公司承担责任；股份有限公

司的股东以其认购的股份为限对公司承担责任。

第四条 【股东权利】公司股东依法享有资产收益、参与重大决策和选择管理者等权利。

第五条 【公司义务及权益保护】公司从事经营活动，必须遵守法律、行政法规，遵守社会公德、商业道德，诚实守信，接受政府和社会公众的监督，承担社会责任。

公司的合法权益受法律保护，不受侵犯。

第六条 【公司登记】设立公司，应当依法向公司登记机关申请设立登记。符合本法规定的设立条件的，由公司登记机关分别登记为有限责任公司或者股份有限公司；不符合本法规定的设立条件的，不得登记为有限责任公司或者股份有限公司。

法律、行政法规规定设立公司必须报经批准的，应当在公司登记前依法办理批准手续。

公众可以向公司登记机关申请查询公司登记事项，公司登记机关应当提供查询服务。

第七条 【营业执照】依法设立的公司，由公司登记机关发给公司营业执照。公司营业执照签发日期为公司成立日期。

公司营业执照应当载明公司的名称、住所、注册资本、经营范围、法定代表人姓名等事项。

公司营业执照记载的事项发生变更的，公司应当依法办理变更登记，由公司登记机关换发营业执照。

第八条 【公司名称】依照本法设立的有限责任公司，必须在公司名称中标明有限责任公司或者有限公司字样。

依照本法设立的股份有限公司，必须在公司名称中标明股份有限公司或者股份公司字样。

第九条 【公司形式变更】有限责任公司变更为股份有限公司，应当符合本法规定的股份有限公司的条件。股份有限公司变更为有限责任公司，应当符合本法规定的有限责任公司的条件。

有限责任公司变更为股份有限公司的，或者股份有限公司变更为有限责任公司的，公司变更前的债权、债务由变更后的公司承继。

第十条 【公司住所】公司以其主要办事机构所在地为住所。

第十一条 【公司章程】设立公司必须依法制定公司章程。公司章程对公司、股东、董事、监事、高级管理人员具有约束力。

第十二条 【经营范围】公司的经营范围由公司章程规定，并依法登记。公司可以修改公司章程，改变经营范围，但是应当办理变更登记。

公司的经营范围中属于法律、行政法规规定须经批准的项目，应当依法经过批准。

第十三条 【法定代表人】公司法定代表人依照公司章程的规定，由董事长、执行董事或者经理担任，并依法登记。公司法定代表人变更，应当办理变更登记。

第十四条 【分公司与子公司】公司可以设立分公司。设立分公司，应当向公司登记机关申请登记，领取营业执照。分公司不具有法人资格，其民事责任由公司承担。

公司可以设立子公司，子公司具有法人资格，依法独立承担民事责任。

第十五条 【转投资】公司可以向其他企业投资；但是，除法律另有规定外，不得成为对所投资企业的债务承担连带责任的出资人。

第十六条 【公司担保】公司向其他企业投资或者为他人提供担保，依照公司章程的规定，由董事会或者股东会、股东大会决议；公司章程对投资或者担保的总额及单项投资或者担保的数额有限额规定的，不得超过规定的限额。

公司为公司股东或者实际控制人提供担保的，必须经股东会或者股东大会决议。

前款规定的股东或者受前款规定的实际控制人支配的股东，不得参加前款规定事项的表决。该项表决由出席会议的其他股东所持表决权的过半数通过。

第十七条 【职工权益保护与职业教育】公司必须保护职工的合法权益，依法与职工签订劳动合同，参加社会保险，加强劳动保护，实现安全生产。

公司应当采用多种形式，加强公司职工的职业教育和岗位培训，提高职工素质。

第十八条 【工会】公司职工依照《中华人民共和国工会法》组织工会，开展工会活动，维护职工合法权益。公司应当为本公司工会提供必要的活动条件。公司工会代表职工就职工的劳动报酬、工作时间、福利、保险和劳动安全卫生等事项依法与公司签订集体合同。

公司依照宪法和有关法律的规定，通过职工代表大会或者其他形式，实行民主管理。

公司研究决定改制以及经营方面的重大问题、制定重要的规章制度时，应当听取公司工会的意见，并通过职工代表大会或者其他形式听取职工的意见和建议。

第十九条　【党组织】在公司中，根据中国共产党章程的规定，设立中国共产党的组织，开展党的活动。公司应当为党组织的活动提供必要条件。

第二十条　【股东禁止行为】公司股东应当遵守法律、行政法规和公司章程，依法行使股东权利，不得滥用股东权利损害公司或者其他股东的利益；不得滥用公司法人独立地位和股东有限责任损害公司债权人的利益。

公司股东滥用股东权利给公司或者其他股东造成损失的，应当依法承担赔偿责任。

公司股东滥用公司法人独立地位和股东有限责任，逃避债务，严重损害公司债权人利益的，应当对公司债务承担连带责任。

第二十一条　【禁止关联交易】公司的控股股东、实际控制人、董事、监事、高级管理人员不得利用其关联关系损害公司利益。

违反前款规定，给公司造成损失的，应当承担赔偿责任。

第二十二条　【公司决议的无效或被撤销】公司股东会或者股东大会、董事会的决议内容违反法律、行政法规的无效。

股东会或者股东大会、董事会的会议召集程序、表决方式违反法律、行政法规或者公司章程，或者决议内容违反公司章程的，股东可以自决议作出之日起六十日内，请求人民法院撤销。

股东依照前款规定提起诉讼的，人民法院可以应公司的请求，要求股东提供相应担保。

公司根据股东会或者股东大会、董事会决议已办理变更登记的，人民法院宣告该决议无效或者撤销该决议后，公司应当向公司登记机关申请撤销变更登记。

第二章　有限责任公司的设立和组织机构

第一节　设　　立

第二十三条　【有限责任公司的设立条件】设立有限责任公司，应当具备下列条件：

（一）股东符合法定人数；

（二）有符合公司章程规定的全体股东认缴的出资额；

（三）股东共同制定公司章程；

（四）有公司名称，建立符合有限责任公司要求的组织机构；

（五）有公司住所。

第二十四条　【股东人数】 有限责任公司由五十个以下股东出资设立。

第二十五条　【公司章程内容】 有限责任公司章程应当载明下列事项：

（一）公司名称和住所；

（二）公司经营范围；

（三）公司注册资本；

（四）股东的姓名或者名称；

（五）股东的出资方式、出资额和出资时间；

（六）公司的机构及其产生办法、职权、议事规则；

（七）公司法定代表人；

（八）股东会会议认为需要规定的其他事项。

股东应当在公司章程上签名、盖章。

第二十六条　【注册资本】 有限责任公司的注册资本为在公司登记机关登记的全体股东认缴的出资额。

法律、行政法规以及国务院决定对有限责任公司注册资本实缴、注册资本最低限额另有规定的，从其规定。

第二十七条　【出资方式】 股东可以用货币出资，也可以用实物、知识产权、土地使用权等可以用货币估价并可以依法转让的非货币财产作价出资；但是，法律、行政法规规定不得作为出资的财产除外。

对作为出资的非货币财产应当评估作价，核实财产，不得高估或者低估作价。法律、行政法规对评估作价有规定的，从其规定。

第二十八条　【出资义务】 股东应当按期足额缴纳公司章程中规定的各自所认缴的出资额。股东以货币出资的，应当将货币出资足额存入有限责任公司在银行开设的账户；以非货币财产出资的，应当依法办理其财产权的转移手续。

股东不按照前款规定缴纳出资的，除应当向公司足额缴纳外，还应当向已按期足额缴纳出资的股东承担违约责任。

第二十九条　【设立登记】股东认足公司章程规定的出资后，由全体股东指定的代表或者共同委托的代理人向公司登记机关报送公司登记申请书、公司章程等文件，申请设立登记。

第三十条　【出资不足的补充】有限责任公司成立后，发现作为设立公司出资的非货币财产的实际价额显著低于公司章程所定价额的，应当由交付该出资的股东补足其差额；公司设立时的其他股东承担连带责任。

第三十一条　【出资证明书】有限责任公司成立后，应当向股东签发出资证明书。

出资证明书应当载明下列事项：

（一）公司名称；

（二）公司成立日期；

（三）公司注册资本；

（四）股东的姓名或者名称、缴纳的出资额和出资日期；

（五）出资证明书的编号和核发日期。

出资证明书由公司盖章。

第三十二条　【股东名册】有限责任公司应当置备股东名册，记载下列事项：

（一）股东的姓名或者名称及住所；

（二）股东的出资额；

（三）出资证明书编号。

记载于股东名册的股东，可以依股东名册主张行使股东权利。

公司应当将股东的姓名或者名称向公司登记机关登记；登记事项发生变更的，应当办理变更登记。未经登记或者变更登记的，不得对抗第三人。

第三十三条　【股东查阅、复制权】股东有权查阅、复制公司章程、股东会会议记录、董事会会议决议、监事会会议决议和财务会计报告。

股东可以要求查阅公司会计账簿。股东要求查阅公司会计账簿的，应当向公司提出书面请求，说明目的。公司有合理根据认为股东查阅会计账簿有不正当目的，可能损害公司合法利益的，可以拒绝提供查阅，并应当自股东提出书面请求之日起十五日内书面答复股东并说明理由。公司拒绝提供查阅的，股东可以请求人民法院要求公司提供查阅。

第三十四条　【分红权与优先认购权】股东按照实缴的出资比例分取红

利；公司新增资本时，股东有权优先按照实缴的出资比例认缴出资。但是，全体股东约定不按照出资比例分取红利或者不按照出资比例优先认缴出资的除外。

第三十五条　【不得抽逃出资】公司成立后，股东不得抽逃出资。

第二节　组织机构

第三十六条　【股东会的组成及地位】有限责任公司股东会由全体股东组成。股东会是公司的权力机构，依照本法行使职权。

第三十七条　【股东会职权】股东会行使下列职权：

（一）决定公司的经营方针和投资计划；

（二）选举和更换非由职工代表担任的董事、监事，决定有关董事、监事的报酬事项；

（三）审议批准董事会的报告；

（四）审议批准监事会或者监事的报告；

（五）审议批准公司的年度财务预算方案、决算方案；

（六）审议批准公司的利润分配方案和弥补亏损方案；

（七）对公司增加或者减少注册资本作出决议；

（八）对发行公司债券作出决议；

（九）对公司合并、分立、解散、清算或者变更公司形式作出决议；

（十）修改公司章程；

（十一）公司章程规定的其他职权。

对前款所列事项股东以书面形式一致表示同意的，可以不召开股东会会议，直接作出决定，并由全体股东在决定文件上签名、盖章。

第三十八条　【首次股东会会议】首次股东会会议由出资最多的股东召集和主持，依照本法规定行使职权。

第三十九条　【定期会议和临时会议】股东会会议分为定期会议和临时会议。

定期会议应当依照公司章程的规定按时召开。代表十分之一以上表决权的股东，三分之一以上的董事，监事会或者不设监事会的公司的监事提议召开临时会议的，应当召开临时会议。

第四十条　【股东会会议的召集与主持】有限责任公司设立董事会的，股东会会议由董事会召集，董事长主持；董事长不能履行职务或者不履行职务的，由副董事长主持；副董事长不能履行职务或者不履行职务的，由半数以上董事共同推举一名董事主持。

有限责任公司不设董事会的，股东会会议由执行董事召集和主持。

董事会或者执行董事不能履行或者不履行召集股东会会议职责的，由监事会或者不设监事会的公司的监事召集和主持；监事会或者监事不召集和主持的，代表十分之一以上表决权的股东可以自行召集和主持。

第四十一条　【股东会会议的通知与记录】召开股东会会议，应当于会议召开十五日前通知全体股东；但是，公司章程另有规定或者全体股东另有约定的除外。

股东会应当对所议事项的决定作成会议记录，出席会议的股东应当在会议记录上签名。

第四十二条　【股东的表决权】股东会会议由股东按照出资比例行使表决权；但是，公司章程另有规定的除外。

第四十三条　【股东会的议事方式和表决程序】股东会的议事方式和表决程序，除本法有规定的外，由公司章程规定。

股东会会议作出修改公司章程、增加或者减少注册资本的决议，以及公司合并、分立、解散或者变更公司形式的决议，必须经代表三分之二以上表决权的股东通过。

第四十四条　【董事会的组成】有限责任公司设董事会，其成员为三人至十三人；但是，本法第五十条另有规定的除外。

两个以上的国有企业或者两个以上的其他国有投资主体投资设立的有限责任公司，其董事会成员中应当有公司职工代表；其他有限责任公司董事会成员中可以有公司职工代表。董事会中的职工代表由公司职工通过职工代表大会、职工大会或者其他形式民主选举产生。

董事会设董事长一人，可以设副董事长。董事长、副董事长的产生办法由公司章程规定。

第四十五条　【董事任期】董事任期由公司章程规定，但每届任期不得超过三年。董事任期届满，连选可以连任。

董事任期届满未及时改选，或者董事在任期内辞职导致董事会成员低于法定人数的，在改选出的董事就任前，原董事仍应当依照法律、行政法规和公司章程的规定，履行董事职务。

第四十六条　【董事会职权】董事会对股东会负责，行使下列职权：

（一）召集股东会会议，并向股东会报告工作；

（二）执行股东会的决议；

（三）决定公司的经营计划和投资方案；

（四）制订公司的年度财务预算方案、决算方案；

（五）制订公司的利润分配方案和弥补亏损方案；

（六）制订公司增加或者减少注册资本以及发行公司债券的方案；

（七）制订公司合并、分立、解散或者变更公司形式的方案；

（八）决定公司内部管理机构的设置；

（九）决定聘任或者解聘公司经理及其报酬事项，并根据经理的提名决定聘任或者解聘公司副经理、财务负责人及其报酬事项；

（十）制定公司的基本管理制度；

（十一）公司章程规定的其他职权。

第四十七条　【董事会会议的召集与主持】董事会会议由董事长召集和主持；董事长不能履行职务或者不履行职务的，由副董事长召集和主持；副董事长不能履行职务或者不履行职务的，由半数以上董事共同推举一名董事召集和主持。

第四十八条　【董事会的议事方式和表决程序】董事会的议事方式和表决程序，除本法有规定的外，由公司章程规定。

董事会应当对所议事项的决定作成会议记录，出席会议的董事应当在会议记录上签名。

董事会决议的表决，实行一人一票。

第四十九条　【经理的设立与职权】有限责任公司可以设经理，由董事会决定聘任或者解聘。经理对董事会负责，行使下列职权：

（一）主持公司的生产经营管理工作，组织实施董事会决议；

（二）组织实施公司年度经营计划和投资方案；

（三）拟订公司内部管理机构设置方案；

（四）拟订公司的基本管理制度；

（五）制定公司的具体规章；

（六）提请聘任或者解聘公司副经理、财务负责人；

（七）决定聘任或者解聘除应由董事会决定聘任或者解聘以外的负责管理人员；

（八）董事会授予的其他职权。

公司章程对经理职权另有规定的，从其规定。

经理列席董事会会议。

第五十条 【执行董事】股东人数较少或者规模较小的有限责任公司，可以设一名执行董事，不设董事会。执行董事可以兼任公司经理。

执行董事的职权由公司章程规定。

第五十一条 【监事会的设立与组成】有限责任公司设监事会，其成员不得少于三人。股东人数较少或者规模较小的有限责任公司，可以设一至二名监事，不设监事会。

监事会应当包括股东代表和适当比例的公司职工代表，其中职工代表的比例不得低于三分之一，具体比例由公司章程规定。监事会中的职工代表由公司职工通过职工代表大会、职工大会或者其他形式民主选举产生。

监事会设主席一人，由全体监事过半数选举产生。监事会主席召集和主持监事会会议；监事会主席不能履行职务或者不履行职务的，由半数以上监事共同推举一名监事召集和主持监事会会议。

董事、高级管理人员不得兼任监事。

第五十二条 【监事的任期】监事的任期每届为三年。监事任期届满，连选可以连任。

监事任期届满未及时改选，或者监事在任期内辞职导致监事会成员低于法定人数的，在改选出的监事就任前，原监事仍应当依照法律、行政法规和公司章程的规定，履行监事职务。

第五十三条 【监事会或监事的职权（一）】监事会、不设监事会的公司的监事行使下列职权：

（一）检查公司财务；

（二）对董事、高级管理人员执行公司职务的行为进行监督，对违反法律、行政法规、公司章程或者股东会决议的董事、高级管理人员提出罢免的建议；

（三）当董事、高级管理人员的行为损害公司的利益时，要求董事、高级管理人员予以纠正；

（四）提议召开临时股东会会议，在董事会不履行本法规定的召集和主持股东会会议职责时召集和主持股东会会议；

（五）向股东会会议提出提案；

（六）依照本法第一百五十一条的规定，对董事、高级管理人员提起诉讼；

（七）公司章程规定的其他职权。

第五十四条　【监事会或监事的职权（二）】监事可以列席董事会会议，并对董事会决议事项提出质询或者建议。

监事会、不设监事会的公司的监事发现公司经营情况异常，可以进行调查；必要时，可以聘请会计师事务所等协助其工作，费用由公司承担。

第五十五条　【监事会的会议制度】监事会每年度至少召开一次会议，监事可以提议召开临时监事会会议。

监事会的议事方式和表决程序，除本法有规定的外，由公司章程规定。

监事会决议应当经半数以上监事通过。

监事会应当对所议事项的决定作成会议记录，出席会议的监事应当在会议记录上签名。

第五十六条　【监事履行职责所需费用的承担】监事会、不设监事会的公司的监事行使职权所必需的费用，由公司承担。

第三节　一人有限责任公司的特别规定

第五十七条　【一人公司的概念】一人有限责任公司的设立和组织机构，适用本节规定；本节没有规定的，适用本章第一节、第二节的规定。

本法所称一人有限责任公司，是指只有一个自然人股东或者一个法人股东的有限责任公司。

第五十八条　【一人公司的特殊要求】一个自然人只能投资设立一个一人有限责任公司。该一人有限责任公司不能投资设立新的一人有限责任公司。

第五十九条　【一人公司的登记注意事项】一人有限责任公司应当在公司登记中注明自然人独资或者法人独资，并在公司营业执照中载明。

第六十条　【一人公司的章程】一人有限责任公司章程由股东制定。

第六十一条　【一人公司的股东决议】一人有限责任公司不设股东会。股东作出本法第三十七条第一款所列决定时，应当采用书面形式，并由股东签名后置备于公司。

第六十二条　【一人公司的财会报告】一人有限责任公司应当在每一会计年度终了时编制财务会计报告，并经会计师事务所审计。

第六十三条　【一人公司的债务承担】一人有限责任公司的股东不能证明公司财产独立于股东自己的财产的，应当对公司债务承担连带责任。

第四节　国有独资公司的特别规定

第六十四条　【国有独资公司的概念】国有独资公司的设立和组织机构，适用本节规定；本节没有规定的，适用本章第一节、第二节的规定。

本法所称国有独资公司，是指国家单独出资、由国务院或者地方人民政府授权本级人民政府国有资产监督管理机构履行出资人职责的有限责任公司。

第六十五条　【国有独资公司的章程】国有独资公司章程由国有资产监督管理机构制定，或者由董事会制订报国有资产监督管理机构批准。

第六十六条　【国有独资公司股东权的行使】国有独资公司不设股东会，由国有资产监督管理机构行使股东会职权。国有资产监督管理机构可以授权公司董事会行使股东会的部分职权，决定公司的重大事项，但公司的合并、分立、解散、增加或者减少注册资本和发行公司债券，必须由国有资产监督管理机构决定；其中，重要的国有独资公司合并、分立、解散、申请破产的，应当由国有资产监督管理机构审核后，报本级人民政府批准。

前款所称重要的国有独资公司，按照国务院的规定确定。

第六十七条　【国有独资公司的董事会】国有独资公司设董事会，依照本法第四十六条、第六十六条的规定行使职权。董事每届任期不得超过三年。董事会成员中应当有公司职工代表。

董事会成员由国有资产监督管理机构委派；但是，董事会成员中的职工代表由公司职工代表大会选举产生。

董事会设董事长一人，可以设副董事长。董事长、副董事长由国有资产监督管理机构从董事会成员中指定。

第六十八条　【国有独资公司的经理】国有独资公司设经理，由董事会聘任或者解聘。经理依照本法第四十九条规定行使职权。

经国有资产监督管理机构同意，董事会成员可以兼任经理。

第六十九条　【国有独资公司高层人员的兼职禁止】国有独资公司的董事长、副董事长、董事、高级管理人员，未经国有资产监督管理机构同意，不得在其他有限责任公司、股份有限公司或者其他经济组织兼职。

第七十条　【国有独资公司的监事会】国有独资公司监事会成员不得少于五人，其中职工代表的比例不得低于三分之一，具体比例由公司章程规定。

监事会成员由国有资产监督管理机构委派；但是，监事会成员中的职工代表由公司职工代表大会选举产生。监事会主席由国有资产监督管理机构从监事会成员中指定。

监事会行使本法第五十三条第（一）项至第（三）项规定的职权和国务院规定的其他职权。

第三章　有限责任公司的股权转让

第七十一条　【股权转让】有限责任公司的股东之间可以相互转让其全部或者部分股权。

股东向股东以外的人转让股权，应当经其他股东过半数同意。股东应就其股权转让事项书面通知其他股东征求同意，其他股东自接到书面通知之日起满三十日未答复的，视为同意转让。其他股东半数以上不同意转让的，不同意的股东应当购买该转让的股权；不购买的，视为同意转让。

经股东同意转让的股权，在同等条件下，其他股东有优先购买权。两个以上股东主张行使优先购买权的，协商确定各自的购买比例；协商不成的，按照转让时各自的出资比例行使优先购买权。

公司章程对股权转让另有规定的，从其规定。

第七十二条　【优先购买权】人民法院依照法律规定的强制执行程序转让股东的股权时，应当通知公司及全体股东，其他股东在同等条件下有优先购买权。其他股东自人民法院通知之日起满二十日不行使优先购买权的，视为放弃优先购买权。

第七十三条　【股权转让的变更记载】依照本法第七十一条、第七十二条转让股权后，公司应当注销原股东的出资证明书，向新股东签发出资证明书，并相应修改公司章程和股东名册中有关股东及其出资额的记载。对公司章程的该项修改不需再由股东会表决。

第七十四条　【异议股东股权收购请求权】有下列情形之一的，对股东会该项决议投反对票的股东可以请求公司按照合理的价格收购其股权：

（一）公司连续五年不向股东分配利润，而公司该五年连续盈利，并且符合本法规定的分配利润条件的；

（二）公司合并、分立、转让主要财产的；

（三）公司章程规定的营业期限届满或者章程规定的其他解散事由出现，股东会会议通过决议修改章程使公司存续的。

自股东会会议决议通过之日起六十日内，股东与公司不能达成股权收购协议的，股东可以自股东会会议决议通过之日起九十日内向人民法院提起诉讼。

第七十五条　【股东资格的继承】自然人股东死亡后，其合法继承人可以继承股东资格；但是，公司章程另有规定的除外。

……

第九章　公司合并、分立、增资、减资

第一百七十二条　【公司的合并】公司合并可以采取吸收合并或者新设合并。

一个公司吸收其他公司为吸收合并，被吸收的公司解散。两个以上公司合并设立一个新的公司为新设合并，合并各方解散。

第一百七十三条　【公司合并的程序】公司合并，应当由合并各方签订合并协议，并编制资产负债表及财产清单。公司应当自作出合并决议之日起十日内通知债权人，并于三十日内在报纸上公告。债权人自接到通知书之日起三十日内，未接到通知书的自公告之日起四十五日内，可以要求公司清偿债务或者提供相应的担保。

第一百七十四条　【公司合并债权债务的承继】公司合并时，合并各方的债权、债务，应当由合并后存续的公司或者新设的公司承继。

第一百七十五条　【公司的分立】公司分立，其财产作相应的分割。

公司分立，应当编制资产负债表及财产清单。公司应当自作出分立决议之日起十日内通知债权人，并于三十日内在报纸上公告。

第一百七十六条　【公司分立前的债务承担】公司分立前的债务由分立后的公司承担连带责任。但是，公司在分立前与债权人就债务清偿达成的书面协议另有约定的除外。

第一百七十七条　【公司减资】公司需要减少注册资本时，必须编制资产负债表及财产清单。

公司应当自作出减少注册资本决议之日起十日内通知债权人，并于三十日内在报纸上公告。债权人自接到通知书之日起三十日内，未接到通知书的自公告之日起四十五日内，有权要求公司清偿债务或者提供相应的担保。

第一百七十八条　【公司增资】有限责任公司增加注册资本时，股东认缴新增资本的出资，依照本法设立有限责任公司缴纳出资的有关规定执行。

股份有限公司为增加注册资本发行新股时，股东认购新股，依照本法设立股份有限公司缴纳股款的有关规定执行。

第一百七十九条　【公司变更的登记】公司合并或者分立，登记事项发生变更的，应当依法向公司登记机关办理变更登记；公司解散的，应当依法办理公司注销登记；设立新公司的，应当依法办理公司设立登记。

公司增加或者减少注册资本，应当依法向公司登记机关办理变更登记。

……

2. 中华人民共和国企业破产法（节选）

（2006年8月27日第十届全国人民代表大会常务委员会第二十三次会议通过　2006年8月27日中华人民共和国主席令第54号公布　自2007年6月1日起施行）

第一章　总　　则

第一条　为规范企业破产程序，公平清理债权债务，保护债权人和债务人的合法权益，维护社会主义市场经济秩序，制定本法。

第二条　企业法人不能清偿到期债务，并且资产不足以清偿全部债务或者明显缺乏清偿能力的，依照本法规定清理债务。

企业法人有前款规定情形，或者有明显丧失清偿能力可能的，可以依照本法规定进行重整。

第三条　破产案件由债务人住所地人民法院管辖。

第四条　破产案件审理程序，本法没有规定的，适用民事诉讼法的有关规定。

第五条　依照本法开始的破产程序，对债务人在中华人民共和国领域外的财产发生效力。

对外国法院作出的发生法律效力的破产案件的判决、裁定，涉及债务人在中华人民共和国领域内的财产，申请或者请求人民法院承认和执行的，人民法院依照中华人民共和国缔结或者参加的国际条约，或者按照互惠原则进行审查，认为不违反中华人民共和国法律的基本原则，不损害国家主权、安全和社会公共利益，不损害中华人民共和国领域内债权人的合法权益的，裁定承认和执行。

第六条　人民法院审理破产案件，应当依法保障企业职工的合法权益，依法追究破产企业经营管理人员的法律责任。

第二章　申请和受理

第一节　申　　请

第七条　债务人有本法第二条规定的情形，可以向人民法院提出重整、和解或者破产清算申请。

债务人不能清偿到期债务，债权人可以向人民法院提出对债务人进行重整或者破产清算的申请。

企业法人已解散但未清算或者未清算完毕，资产不足以清偿债务的，依法负有清算责任的人应当向人民法院申请破产清算。

第八条　向人民法院提出破产申请，应当提交破产申请书和有关证据。

破产申请书应当载明下列事项：

（一）申请人、被申请人的基本情况；

（二）申请目的；

（三）申请的事实和理由；

（四）人民法院认为应当载明的其他事项。

债务人提出申请的，还应当向人民法院提交财产状况说明、债务清册、债权清册、有关财务会计报告、职工安置预案以及职工工资的支付和社会保险费用的缴纳情况。

第九条　人民法院受理破产申请前，申请人可以请求撤回申请。

第二节　受　　理

第十条　债权人提出破产申请的，人民法院应当自收到申请之日起五日内通知债务人。债务人对申请有异议的，应当自收到人民法院的通知之日起七日内向人民法院提出。人民法院应当自异议期满之日起十日内裁定是否受理。

除前款规定的情形外，人民法院应当自收到破产申请之日起十五日内裁定是否受理。

有特殊情况需要延长前两款规定的裁定受理期限的，经上一级人民法院批准，可以延长十五日。

第十一条　人民法院受理破产申请的，应当自裁定作出之日起五日内送达申请人。

债权人提出申请的，人民法院应当自裁定作出之日起五日内送达债务人。债务人应当自裁定送达之日起十五日内，向人民法院提交财产状况说明、债务清册、债权清册、有关财务会计报告以及职工工资的支付和社会保险费用的缴纳情况。

第十二条 人民法院裁定不受理破产申请的，应当自裁定作出之日起五日内送达申请人并说明理由。申请人对裁定不服的，可以自裁定送达之日起十日内向上一级人民法院提起上诉。

人民法院受理破产申请后至破产宣告前，经审查发现债务人不符合本法第二条规定情形的，可以裁定驳回申请。申请人对裁定不服的，可以自裁定送达之日起十日内向上一级人民法院提起上诉。

第十三条 人民法院裁定受理破产申请的，应当同时指定管理人。

第十四条 人民法院应当自裁定受理破产申请之日起二十五日内通知已知债权人，并予以公告。

通知和公告应当载明下列事项：

（一）申请人、被申请人的名称或者姓名；

（二）人民法院受理破产申请的时间；

（三）申报债权的期限、地点和注意事项；

（四）管理人的名称或者姓名及其处理事务的地址；

（五）债务人的债务人或者财产持有人应当向管理人清偿债务或者交付财产的要求；

（六）第一次债权人会议召开的时间和地点；

（七）人民法院认为应当通知和公告的其他事项。

第十五条 自人民法院受理破产申请的裁定送达债务人之日起至破产程序终结之日，债务人的有关人员承担下列义务：

（一）妥善保管其占有和管理的财产、印章和账簿、文书等资料；

（二）根据人民法院、管理人的要求进行工作，并如实回答询问；

（三）列席债权人会议并如实回答债权人的询问；

（四）未经人民法院许可，不得离开住所地；

（五）不得新任其他企业的董事、监事、高级管理人员。

前款所称有关人员，是指企业的法定代表人；经人民法院决定，可以包括企业的财务管理人员和其他经营管理人员。

第十六条 人民法院受理破产申请后，债务人对个别债权人的债务清偿无效。

第十七条 人民法院受理破产申请后，债务人的债务人或者财产持有人应当向管理人清偿债务或者交付财产。

债务人的债务人或者财产持有人故意违反前款规定向债务人清偿债务或者交付财产，使债权人受到损失的，不免除其清偿债务或者交付财产的义务。

第十八条 人民法院受理破产申请后，管理人对破产申请受理前成立而债务人和对方当事人均未履行完毕的合同有权决定解除或者继续履行，并通知对方当事人。管理人自破产申请受理之日起二个月内未通知对方当事人，或者自收到对方当事人催告之日起三十日内未答复的，视为解除合同。

管理人决定继续履行合同的，对方当事人应当履行；但是，对方当事人有权要求管理人提供担保。管理人不提供担保的，视为解除合同。

第十九条 人民法院受理破产申请后，有关债务人财产的保全措施应当解除，执行程序应当中止。

第二十条 人民法院受理破产申请后，已经开始而尚未终结的有关债务人的民事诉讼或者仲裁应当中止；在管理人接管债务人的财产后，该诉讼或者仲裁继续进行。

第二十一条 人民法院受理破产申请后，有关债务人的民事诉讼，只能向受理破产申请的人民法院提起。

第三章 管 理 人

第二十二条 管理人由人民法院指定。

债权人会议认为管理人不能依法、公正执行职务或者有其他不能胜任职务情形的，可以申请人民法院予以更换。

指定管理人和确定管理人报酬的办法，由最高人民法院规定。

第二十三条 管理人依照本法规定执行职务，向人民法院报告工作，并接受债权人会议和债权人委员会的监督。

管理人应当列席债权人会议，向债权人会议报告职务执行情况，并回答询问。

第二十四条 管理人可以由有关部门、机构的人员组成的清算组或者依法设立的律师事务所、会计师事务所、破产清算事务所等社会中介机构担任。

人民法院根据债务人的实际情况，可以在征询有关社会中介机构的意见后，指定该机构具备相关专业知识并取得执业资格的人员担任管理人。

有下列情形之一的，不得担任管理人：

（一）因故意犯罪受过刑事处罚；

（二）曾被吊销相关专业执业证书；

（三）与本案有利害关系；

（四）人民法院认为不宜担任管理人的其他情形。

个人担任管理人的，应当参加执业责任保险。

第二十五条 管理人履行下列职责：

（一）接管债务人的财产、印章和账簿、文书等资料；

（二）调查债务人财产状况，制作财产状况报告；

（三）决定债务人的内部管理事务；

（四）决定债务人的日常开支和其他必要开支；

（五）在第一次债权人会议召开之前，决定继续或者停止债务人的营业；

（六）管理和处分债务人的财产；

（七）代表债务人参加诉讼、仲裁或者其他法律程序；

（八）提议召开债权人会议；

（九）人民法院认为管理人应当履行的其他职责。

本法对管理人的职责另有规定的，适用其规定。

第二十六条 在第一次债权人会议召开之前，管理人决定继续或者停止债务人的营业或者有本法第六十九条规定行为之一的，应当经人民法院许可。

第二十七条 管理人应当勤勉尽责，忠实执行职务。

第二十八条 管理人经人民法院许可，可以聘用必要的工作人员。

管理人的报酬由人民法院确定。债权人会议对管理人的报酬有异议的，有权向人民法院提出。

第二十九条 管理人没有正当理由不得辞去职务。管理人辞去职务应当经人民法院许可。

第四章 债务人财产

第三十条 破产申请受理时属于债务人的全部财产，以及破产申请受理后至破产程序终结前债务人取得的财产，为债务人财产。

第三十一条 人民法院受理破产申请前一年内，涉及债务人财产的下列行为，管理人有权请求人民法院予以撤销：

（一）无偿转让财产的；

（二）以明显不合理的价格进行交易的；

（三）对没有财产担保的债务提供财产担保的；

（四）对未到期的债务提前清偿的；

（五）放弃债权的。

第三十二条 人民法院受理破产申请前六个月内，债务人有本法第二条第一款规定的情形，仍对个别债权人进行清偿的，管理人有权请求人民法院予以撤销。但是，个别清偿使债务人财产受益的除外。

第三十三条 涉及债务人财产的下列行为无效：

（一）为逃避债务而隐匿、转移财产的；

（二）虚构债务或者承认不真实的债务的。

第三十四条 因本法第三十一条、第三十二条或者第三十三条规定的行为而取得的债务人的财产，管理人有权追回。

第三十五条 人民法院受理破产申请后，债务人的出资人尚未完全履行出资义务的，管理人应当要求该出资人缴纳所认缴的出资，而不受出资期限的限制。

第三十六条 债务人的董事、监事和高级管理人员利用职权从企业获取的非正常收入和侵占的企业财产，管理人应当追回。

第三十七条 人民法院受理破产申请后，管理人可以通过清偿债务或者提供为债权人接受的担保，取回质物、留置物。

前款规定的债务清偿或者替代担保，在质物或者留置物的价值低于被担保的债权额时，以该质物或者留置物当时的市场价值为限。

第三十八条 人民法院受理破产申请后，债务人占有的不属于债务人的财产，该财产的权利人可以通过管理人取回。但是，本法另有规定的除外。

第三十九条 人民法院受理破产申请时，出卖人已将买卖标的物向作为买受人的债务人发运，债务人尚未收到且未付清全部价款的，出卖人可以取回在运途中的标的物。但是，管理人可以支付全部价款，请求出卖人交付标的物。

第四十条 债权人在破产申请受理前对债务人负有债务的，可以向管理人主张抵销。但是，有下列情形之一的，不得抵销：

（一）债务人的债务人在破产申请受理后取得他人对债务人的债权的；

（二）债权人已知债务人有不能清偿到期债务或者破产申请的事实，对债务人负担债务的；但是，债权人因为法律规定或者有破产申请一年前所发生的原因而负担债务的除外；

（三）债务人的债务人已知债务人有不能清偿到期债务或者破产申请的事实，对债务人取得债权的；但是，债务人的债务人因为法律规定或者有破产申请一年前所发生的原因而取得债权的除外。

第五章　破产费用和共益债务

第四十一条　人民法院受理破产申请后发生的下列费用，为破产费用：

（一）破产案件的诉讼费用；

（二）管理、变价和分配债务人财产的费用；

（三）管理人执行职务的费用、报酬和聘用工作人员的费用。

第四十二条　人民法院受理破产申请后发生的下列债务，为共益债务：

（一）因管理人或者债务人请求对方当事人履行双方均未履行完毕的合同所产生的债务；

（二）债务人财产受无因管理所产生的债务；

（三）因债务人不当得利所产生的债务；

（四）为债务人继续营业而应支付的劳动报酬和社会保险费用以及由此产生的其他债务；

（五）管理人或者相关人员执行职务致人损害所产生的债务；

（六）债务人财产致人损害所产生的债务。

第四十三条　破产费用和共益债务由债务人财产随时清偿。

债务人财产不足以清偿所有破产费用和共益债务的，先行清偿破产费用。

债务人财产不足以清偿所有破产费用或者共益债务的，按照比例清偿。

债务人财产不足以清偿破产费用的，管理人应当提请人民法院终结破产程序。人民法院应当自收到请求之日起十五日内裁定终结破产程序，并予以公告。

第六章　债 权 申 报

第四十四条　人民法院受理破产申请时对债务人享有债权的债权人，依照本法规定的程序行使权利。

第四十五条　人民法院受理破产申请后，应当确定债权人申报债权的期限。债权申报期限自人民法院发布受理破产申请公告之日起计算，最短不得少于三十日，最长不得超过三个月。

第四十六条 未到期的债权，在破产申请受理时视为到期。

附利息的债权自破产申请受理时起停止计息。

第四十七条 附条件、附期限的债权和诉讼、仲裁未决的债权，债权人可以申报。

第四十八条 债权人应当在人民法院确定的债权申报期限内向管理人申报债权。

债务人所欠职工的工资和医疗、伤残补助、抚恤费用，所欠的应当划入职工个人账户的基本养老保险、基本医疗保险费用，以及法律、行政法规规定应当支付给职工的补偿金，不必申报，由管理人调查后列出清单并予以公示。职工对清单记载有异议的，可以要求管理人更正；管理人不予更正的，职工可以向人民法院提起诉讼。

第四十九条 债权人申报债权时，应当书面说明债权的数额和有无财产担保，并提交有关证据。申报的债权是连带债权的，应当说明。

第五十条 连带债权人可以由其中一人代表全体连带债权人申报债权，也可以共同申报债权。

第五十一条 债务人的保证人或者其他连带债务人已经代替债务人清偿债务的，以其对债务人的求偿权申报债权。

债务人的保证人或者其他连带债务人尚未代替债务人清偿债务的，以其对债务人的将来求偿权申报债权。但是，债权人已经向管理人申报全部债权的除外。

第五十二条 连带债务人数人被裁定适用本法规定的程序的，其债权人有权就全部债权分别在各破产案件中申报债权。

第五十三条 管理人或者债务人依照本法规定解除合同的，对方当事人以因合同解除所产生的损害赔偿请求权申报债权。

第五十四条 债务人是委托合同的委托人，被裁定适用本法规定的程序，受托人不知该事实，继续处理委托事务的，受托人以由此产生的请求权申报债权。

第五十五条 债务人是票据的出票人，被裁定适用本法规定的程序，该票据的付款人继续付款或者承兑的，付款人以由此产生的请求权申报债权。

第五十六条 在人民法院确定的债权申报期限内，债权人未申报债权的，可以在破产财产最后分配前补充申报；但是，此前已进行的分配，不再对其补充分配。为审查和确认补充申报债权的费用，由补充申报人承担。

债权人未依照本法规定申报债权的，不得依照本法规定的程序行使权利。

第五十七条 管理人收到债权申报材料后，应当登记造册，对申报的债权进行审查，并编制债权表。

债权表和债权申报材料由管理人保存，供利害关系人查阅。

第五十八条 依照本法第五十七条规定编制的债权表，应当提交第一次债权人会议核查。

债务人、债权人对债权表记载的债权无异议的，由人民法院裁定确认。

债务人、债权人对债权表记载的债权有异议的，可以向受理破产申请的人民法院提起诉讼。

第七章 债权人会议

第一节 一般规定

第五十九条 依法申报债权的债权人为债权人会议的成员，有权参加债权人会议，享有表决权。

债权尚未确定的债权人，除人民法院能够为其行使表决权而临时确定债权额的外，不得行使表决权。

对债务人的特定财产享有担保权的债权人，未放弃优先受偿权利的，对于本法第六十一条第一款第七项、第十项规定的事项不享有表决权。

债权人可以委托代理人出席债权人会议，行使表决权。代理人出席债权人会议，应当向人民法院或者债权人会议主席提交债权人的授权委托书。

债权人会议应当有债务人的职工和工会的代表参加，对有关事项发表意见。

第六十条 债权人会议设主席一人，由人民法院从有表决权的债权人中指定。

债权人会议主席主持债权人会议。

第六十一条 债权人会议行使下列职权：

（一）核查债权；

（二）申请人民法院更换管理人，审查管理人的费用和报酬；

（三）监督管理人；

（四）选任和更换债权人委员会成员；

（五）决定继续或者停止债务人的营业；

（六）通过重整计划；

（七）通过和解协议；

（八）通过债务人财产的管理方案；

（九）通过破产财产的变价方案；

（十）通过破产财产的分配方案；

（十一）人民法院认为应当由债权人会议行使的其他职权。

债权人会议应当对所议事项的决议作成会议记录。

第六十二条 第一次债权人会议由人民法院召集，自债权申报期限届满之日起十五日内召开。

以后的债权人会议，在人民法院认为必要时，或者管理人、债权人委员会、占债权总额四分之一以上的债权人向债权人会议主席提议时召开。

第六十三条 召开债权人会议，管理人应当提前十五日通知已知的债权人。

第六十四条 债权人会议的决议，由出席会议的有表决权的债权人过半数通过，并且其所代表的债权额占无财产担保债权总额的二分之一以上。但是，本法另有规定的除外。

债权人认为债权人会议的决议违反法律规定，损害其利益的，可以自债权人会议作出决议之日起十五日内，请求人民法院裁定撤销该决议，责令债权人会议依法重新作出决议。

债权人会议的决议，对于全体债权人均有约束力。

第六十五条 本法第六十一条第一款第八项、第九项所列事项，经债权人会议表决未通过的，由人民法院裁定。

本法第六十一条第一款第十项所列事项，经债权人会议二次表决仍未通过的，由人民法院裁定。

对前两款规定的裁定，人民法院可以在债权人会议上宣布或者另行通知债权人。

第六十六条 债权人对人民法院依照本法第六十五条第一款作出的裁定不服的，债权额占无财产担保债权总额二分之一以上的债权人对人民法院依照本法第六十五条第二款作出的裁定不服的，可以自裁定宣布之日或者收到通知之日起十五日内向该人民法院申请复议。复议期间不停止裁定的执行。

第二节 债权人委员会

第六十七条 债权人会议可以决定设立债权人委员会。债权人委员会由债权人会议选任的债权人代表和一名债务人的职工代表或者工会代表组成。债权人委员会成员不得超过九人。

债权人委员会成员应当经人民法院书面决定认可。

第六十八条 债权人委员会行使下列职权：

（一）监督债务人财产的管理和处分；

（二）监督破产财产分配；

（三）提议召开债权人会议；

（四）债权人会议委托的其他职权。

债权人委员会执行职务时，有权要求管理人、债务人的有关人员对其职权范围内的事务作出说明或者提供有关文件。

管理人、债务人的有关人员违反本法规定拒绝接受监督的，债权人委员会有权就监督事项请求人民法院作出决定；人民法院应当在五日内作出决定。

第六十九条 管理人实施下列行为，应当及时报告债权人委员会：

（一）涉及土地、房屋等不动产权益的转让；

（二）探矿权、采矿权、知识产权等财产权的转让；

（三）全部库存或者营业的转让；

（四）借款；

（五）设定财产担保；

（六）债权和有价证券的转让；

（七）履行债务人和对方当事人均未履行完毕的合同；

（八）放弃权利；

（九）担保物的取回；

（十）对债权人利益有重大影响的其他财产处分行为。

未设立债权人委员会的，管理人实施前款规定的行为应当及时报告人民法院。

第八章 重　　整

第一节 重整申请和重整期间

第七十条 债务人或者债权人可以依照本法规定，直接向人民法院申请对债务人进行重整。

债权人申请对债务人进行破产清算的，在人民法院受理破产申请后、宣告债务人破产前，债务人或者出资额占债务人注册资本十分之一以上的出资人，可以向人民法院申请重整。

第七十一条 人民法院经审查认为重整申请符合本法规定的，应当裁定债务人重整，并予以公告。

第七十二条 自人民法院裁定债务人重整之日起至重整程序终止，为重整期间。

第七十三条 在重整期间，经债务人申请，人民法院批准，债务人可以在管理人的监督下自行管理财产和营业事务。

有前款规定情形的，依照本法规定已接管债务人财产和营业事务的管理人应当向债务人移交财产和营业事务，本法规定的管理人的职权由债务人行使。

第七十四条 管理人负责管理财产和营业事务的，可以聘任债务人的经营管理人员负责营业事务。

第七十五条 在重整期间，对债务人的特定财产享有的担保权暂停行使。但是，担保物有损坏或者价值明显减少的可能，足以危害担保权人权利的，担保权人可以向人民法院请求恢复行使担保权。

在重整期间，债务人或者管理人为继续营业而借款的，可以为该借款设定担保。

第七十六条 债务人合法占有的他人财产，该财产的权利人在重整期间要求取回的，应当符合事先约定的条件。

第七十七条 在重整期间，债务人的出资人不得请求投资收益分配。

在重整期间，债务人的董事、监事、高级管理人员不得向第三人转让其持有的债务人的股权。但是，经人民法院同意的除外。

第七十八条 在重整期间，有下列情形之一的，经管理人或者利害关系人请求，人民法院应当裁定终止重整程序，并宣告债务人破产：

（一）债务人的经营状况和财产状况继续恶化，缺乏挽救的可能性；

（二）债务人有欺诈、恶意减少债务人财产或者其他显著不利于债权人的行为；

（三）由于债务人的行为致使管理人无法执行职务。

第二节 重整计划的制定和批准

第七十九条 债务人或者管理人应当自人民法院裁定债务人重整之日起六个月内，同时向人民法院和债权人会议提交重整计划草案。

前款规定的期限届满，经债务人或者管理人请求，有正当理由的，人民法院可以裁定延期三个月。

债务人或者管理人未按期提出重整计划草案的，人民法院应当裁定终止重整程序，并宣告债务人破产。

第八十条 债务人自行管理财产和营业事务的，由债务人制作重整计划草案。

管理人负责管理财产和营业事务的，由管理人制作重整计划草案。

第八十一条 重整计划草案应当包括下列内容：

（一）债务人的经营方案；

（二）债权分类；

（三）债权调整方案；

（四）债权受偿方案；

（五）重整计划的执行期限；

（六）重整计划执行的监督期限；

（七）有利于债务人重整的其他方案。

第八十二条 下列各类债权的债权人参加讨论重整计划草案的债权人会议，依照下列债权分类，分组对重整计划草案进行表决：

（一）对债务人的特定财产享有担保权的债权；

（二）债务人所欠职工的工资和医疗、伤残补助、抚恤费用，所欠的应当划入职工个人账户的基本养老保险、基本医疗保险费用，以及法律、行政法规规定应当支付给职工的补偿金；

（三）债务人所欠税款；

（四）普通债权。

人民法院在必要时可以决定在普通债权组中设小额债权组对重整计划草案进行表决。

第八十三条 重整计划不得规定减免债务人欠缴的本法第八十二条第一款第二项规定以外的社会保险费用；该项费用的债权人不参加重整计划草案的表决。

第八十四条 人民法院应当自收到重整计划草案之日起三十日内召开债权人会议，对重整计划草案进行表决。

出席会议的同一表决组的债权人过半数同意重整计划草案，并且其所代表的债权额占该组债权总额的三分之二以上的，即为该组通过重整计划草案。

债务人或者管理人应当向债权人会议就重整计划草案作出说明，并回答询问。

第八十五条 债务人的出资人代表可以列席讨论重整计划草案的债权人会议。

重整计划草案涉及出资人权益调整事项的，应当设出资人组，对该事项进行表决。

第八十六条 各表决组均通过重整计划草案时，重整计划即为通过。

自重整计划通过之日起十日内，债务人或者管理人应当向人民法院提出批准重整计划的申请。人民法院经审查认为符合本法规定的，应当自收到申请之日起三十日内裁定批准，终止重整程序，并予以公告。

第八十七条 部分表决组未通过重整计划草案的，债务人或者管理人可以同未通过重整计划草案的表决组协商。该表决组可以在协商后再表决一次。双方协商的结果不得损害其他表决组的利益。

未通过重整计划草案的表决组拒绝再次表决或者再次表决仍未通过重整计划草案，但重整计划草案符合下列条件的，债务人或者管理人可以申请人民法院批准重整计划草案：

（一）按照重整计划草案，本法第八十二条第一款第一项所列债权就该特定财产将获得全额清偿，其因延期清偿所受的损失将得到公平补偿，并且其担保权未受到实质性损害，或者该表决组已经通过重整计划草案；

（二）按照重整计划草案，本法第八十二条第一款第二项、第三项所列债权将获得全额清偿，或者相应表决组已经通过重整计划草案；

（三）按照重整计划草案，普通债权所获得的清偿比例，不低于其在重整计划草案被提请批准时依照破产清算程序所能获得的清偿比例，或者该表决组已经通过重整计划草案；

（四）重整计划草案对出资人权益的调整公平、公正，或者出资人组已经通过重整计划草案；

（五）重整计划草案公平对待同一表决组的成员，并且所规定的债权清偿顺序不违反本法第一百一十三条的规定；

（六）债务人的经营方案具有可行性。

人民法院经审查认为重整计划草案符合前款规定的，应当自收到申请之日起三十日内裁定批准，终止重整程序，并予以公告。

第八十八条 重整计划草案未获得通过且未依照本法第八十七条的规定获得批准，或者已通过的重整计划未获得批准的，人民法院应当裁定终止重整程序，并宣告债务人破产。

第三节 重整计划的执行

第八十九条 重整计划由债务人负责执行。

人民法院裁定批准重整计划后，已接管财产和营业事务的管理人应当向债务人移交财产和营业事务。

第九十条 自人民法院裁定批准重整计划之日起，在重整计划规定的监督期内，由管理人监督重整计划的执行。

在监督期内，债务人应当向管理人报告重整计划执行情况和债务人财务状况。

第九十一条 监督期届满时，管理人应当向人民法院提交监督报告。自监督报告提交之日起，管理人的监督职责终止。

管理人向人民法院提交的监督报告，重整计划的利害关系人有权查阅。

经管理人申请，人民法院可以裁定延长重整计划执行的监督期限。

第九十二条 经人民法院裁定批准的重整计划，对债务人和全体债权人均有约束力。

债权人未依照本法规定申报债权的，在重整计划执行期间不得行使权利；在重整计划执行完毕后，可以按照重整计划规定的同类债权的清偿条件行使权利。

债权人对债务人的保证人和其他连带债务人所享有的权利，不受重整计划的影响。

第九十三条 债务人不能执行或者不执行重整计划的，人民法院经管理人或者利害关系人请求，应当裁定终止重整计划的执行，并宣告债务人破产。

人民法院裁定终止重整计划执行的，债权人在重整计划中作出的债权调整的承诺失去效力。债权人因执行重整计划所受的清偿仍然有效，债权未受清偿的部分作为破产债权。

前款规定的债权人，只有在其他同顺位债权人同自己所受的清偿达到同一比例时，才能继续接受分配。

有本条第一款规定情形的，为重整计划的执行提供的担保继续有效。

第九十四条 按照重整计划减免的债务，自重整计划执行完毕时起，债务人不再承担清偿责任。

……

第十一章 法律责任

第一百二十五条 企业董事、监事或者高级管理人员违反忠实义务、勤勉义务，致使所在企业破产的，依法承担民事责任。

有前款规定情形的人员，自破产程序终结之日起三年内不得担任任何企业的董事、监事、高级管理人员。

第一百二十六条 有义务列席债权人会议的债务人的有关人员，经人民法院传唤，无正当理由拒不列席债权人会议的，人民法院可以拘传，并依法处以罚款。债务人的有关人员违反本法规定，拒不陈述、回答，或者作虚假陈述、回答的，人民法院可以依法处以罚款。

第一百二十七条 债务人违反本法规定，拒不向人民法院提交或者提交不真实的财产状况说明、债务清册、债权清册、有关财务会计报告以及职工工资的支付情况和社会保险费用的缴纳情况的，人民法院可以对直接责任人员依法处以罚款。

债务人违反本法规定，拒不向管理人移交财产、印章和账簿、文书等资料的，或者伪造、销毁有关财产证据材料而使财产状况不明的，人民法院可以对直接责任人员依法处以罚款。

第一百二十八条 债务人有本法第三十一条、第三十二条、第三十三条规定的行为，损害债权人利益的，债务人的法定代表人和其他直接责任人员依法承担赔偿责任。

第一百二十九条 债务人的有关人员违反本法规定，擅自离开住所地的，人民法院可以予以训诫、拘留，可以依法并处罚款。

第一百三十条 管理人未依照本法规定勤勉尽责，忠实执行职务的，人民法院可以依法处以罚款；给债权人、债务人或者第三人造成损失的，依法承担赔偿责任。

第一百三十一条 违反本法规定，构成犯罪的，依法追究刑事责任。

第十二章 附 则

第一百三十二条 本法施行后，破产人在本法公布之日前所欠职工的工资和医疗、伤残补助、抚恤费用，所欠的应当划入职工个人账户的基本养老保险、基本医疗保险费用，以及法律、行政法规规定应当支付给职工的补偿金，依照本法第一百一十三条的规定清偿后不足以清偿的部分，以本法第一百零九条规定的特定财产优先于对该特定财产享有担保权的权利人受偿。

第一百三十三条 在本法施行前国务院规定的期限和范围内的国有企业实施破产的特殊事宜，按照国务院有关规定办理。

第一百三十四条 商业银行、证券公司、保险公司等金融机构有本法第二条规定情形的，国务院金融监督管理机构可以向人民法院提出对该金融机构进行重整或者破产清算的申请。国务院金融监督管理机构依法对出现重大经营风险的金融机构采取接管、托管等措施的，可以向人民法院申请中止以该金融机构为被告或者被执行人的民事诉讼程序或者执行程序。

金融机构实施破产的，国务院可以依据本法和其他有关法律的规定制定实施办法。

第一百三十五条 其他法律规定企业法人以外的组织的清算，属于破产清算的，参照适用本法规定的程序。

第一百三十六条 本法自 2007 年 6 月 1 日起施行，《中华人民共和国企业破产法（试行）》同时废止。

3. 最高人民法院关于适用《中华人民共和国公司法》若干问题的规定（三）（2014 修订）

（2010 年 12 月 6 日最高人民法院审判委员会第 1504 次会议通过 根据 2014 年 2 月 17 日最高人民法院审判委员会第 1607 次会议《关于修改关于适用〈中华人民共和国公司法〉若干问题的规定的决定》修正）

为正确适用《中华人民共和国公司法》，结合审判实践，就人民法院审理公司设立、出资、股权确认等纠纷案件适用法律问题作出如下规定。

第一条 为设立公司而签署公司章程、向公司认购出资或者股份并履行公司设立职责的人，应当认定为公司的发起人，包括有限责任公司设立时的股东。

第二条 发起人为设立公司以自己名义对外签订合同，合同相对人请求该发起人承担合同责任的，人民法院应予支持。

公司成立后对前款规定的合同予以确认，或者已经实际享有合同权利或者履行合同义务，合同相对人请求公司承担合同责任的，人民法院应予支持。

第三条 发起人以设立中公司名义对外签订合同，公司成立后合同相对人请求公司承担合同责任的，人民法院应予支持。

公司成立后有证据证明发起人利用设立中公司的名义为自己的利益与相对人签订合同，公司以此为由主张不承担合同责任的，人民法院应予支持，但相对人为善意的除外。

第四条 公司因故未成立，债权人请求全体或者部分发起人对设立公司行为所产生的费用和债务承担连带清偿责任的，人民法院应予支持。

部分发起人依照前款规定承担责任后，请求其他发起人分担的，人民法院应当判令其他发起人按照约定的责任承担比例分担责任；没有约定责任承担比例的，按照约定的出资比例分担责任；没有约定出资比例的，按照均等份额分担责任。

因部分发起人的过错导致公司未成立，其他发起人主张其承担设立行为所产生的费用和债务的，人民法院应当根据过错情况，确定过错一方的责任范围。

第五条 发起人因履行公司设立职责造成他人损害，公司成立后受害人请求公司承担侵权赔偿责任的，人民法院应予支持；公司未成立，受害人请求全体发起人承担连带赔偿责任的，人民法院应予支持。

公司或者无过错的发起人承担赔偿责任后，可以向有过错的发起人追偿。

第六条 股份有限公司的认股人未按期缴纳所认股份的股款，经公司发起人催缴后在合理期间内仍未缴纳，公司发起人对该股份另行募集的，人民法院应当认定该募集行为有效。认股人延期缴纳股款给公司造成损失，公司请求该认股人承担赔偿责任的，人民法院应予支持。

第七条 出资人以不享有处分权的财产出资，当事人之间对于出资行为效力产生争议的，人民法院可以参照物权法第一百零六条的规定予以认定。

以贪污、受贿、侵占、挪用等违法犯罪所得的货币出资后取得股权的，对违法犯罪行为予以追究、处罚时，应当采取拍卖或者变卖的方式处置其股权。

第八条 出资人以划拨土地使用权出资，或者以设定权利负担的土地使用权出资，公司、其他股东或者公司债权人主张认定出资人未履行出资义务的，人民法院应当责令当事人在指定的合理期间内办理土地变更手续或者解除权利负担；逾期未办理或者未解除的，人民法院应当认定出资人未依法全面履行出资义务。

第九条 出资人以非货币财产出资，未依法评估作价，公司、其他股东或者公司债权人请求认定出资人未履行出资义务的，人民法院应当委托具有合法资格的评估机构对该财产评估作价。评估确定的价额显著低于公司章程所定价额的，人民法院应当认定出资人未依法全面履行出资义务。

第十条 出资人以房屋、土地使用权或者需要办理权属登记的知识产权等财产出资，已经交付公司使用但未办理权属变更手续，公司、其他股东或者公司债权人主张认定出资人未履行出资义务的，人民法院应当责令当事人在指定的合理期间内办理权属变更手续；在前述期间内办理了权属变更手续的，人民法院应当认定其已经履行了出资义务；出资人主张自其实际交付财产给公司使用时享有相应股东权利的，人民法院应予支持。

出资人以前款规定的财产出资，已经办理权属变更手续但未交付给公司使用，公司或者其他股东主张其向公司交付、并在实际交付之前不享有相应股东权利的，人民法院应予支持。

第十一条 出资人以其他公司股权出资，符合下列条件的，人民法院应当认定出资人已履行出资义务：

（一）出资的股权由出资人合法持有并依法可以转让；

（二）出资的股权无权利瑕疵或者权利负担；

（三）出资人已履行关于股权转让的法定手续；

（四）出资的股权已依法进行了价值评估。

股权出资不符合前款第（一）、（二）、（三）项的规定，公司、其他股东或者公司债权人请求认定出资人未履行出资义务的，人民法院应当责令该出资人在指定的合理期间内采取补正措施，以符合上述条件；逾期未补正的，人民法院应当认定其未依法全面履行出资义务。

股权出资不符合本条第一款第（四）项的规定，公司、其他股东或者公司债权人请求认定出资人未履行出资义务的，人民法院应当按照本规定第九条的规定处理。

第十二条 公司成立后，公司、股东或者公司债权人以相关股东的行为符合下列情形之一且损害公司权益为由，请求认定该股东抽逃出资的，人民法院应予支持：

（一）制作虚假财务会计报表虚增利润进行分配；

（二）通过虚构债权债务关系将其出资转出；

（三）利用关联交易将出资转出；

（四）其他未经法定程序将出资抽回的行为。

第十三条 股东未履行或者未全面履行出资义务，公司或者其他股东请求其向公司依法全面履行出资义务的，人民法院应予支持。

公司债权人请求未履行或者未全面履行出资义务的股东在未出资本息范围内对公司债务不能清偿的部分承担补充赔偿责任的，人民法院应予支持；未履行或者未全面履行出资义务的股东已经承担上述责任，其他债权人提出相同请求的，人民法院不予支持。

股东在公司设立时未履行或者未全面履行出资义务，依照本条第一款或者第二款提起诉讼的原告，请求公司的发起人与被告股东承担连带责任的，人民法院应予支持；公司的发起人承担责任后，可以向被告股东追偿。

股东在公司增资时未履行或者未全面履行出资义务，依照本条第一款或者第二款提起诉讼的原告，请求未尽公司法第一百四十七条第一款规定的义务而使出资未缴足的董事、高级管理人员承担相应责任的，人民法院应予支持；董事、高级管理人员承担责任后，可以向被告股东追偿。

第十四条 股东抽逃出资，公司或者其他股东请求其向公司返还出资本息、协助抽逃出资的其他股东、董事、高级管理人员或者实际控制人对此承担连带责任的，人民法院应予支持。

公司债权人请求抽逃出资的股东在抽逃出资本息范围内对公司债务不能清偿的部分承担补充赔偿责任、协助抽逃出资的其他股东、董事、高级管理人员或者实际控制人对此承担连带责任的，人民法院应予支持；抽逃出资的股东已经承担上述责任，其他债权人提出相同请求的，人民法院不予支持。

第十五条 出资人以符合法定条件的非货币财产出资后，因市场变化或者其他客观因素导致出资财产贬值，公司、其他股东或者公司债权人请求该出资人承担补足出资责任的，人民法院不予支持。但是，当事人另有约定的除外。

第十六条 股东未履行或者未全面履行出资义务或者抽逃出资，公司根据公司章程或者股东会决议对其利润分配请求权、新股优先认购权、剩余财产分配请求权等股东权利作出相应的合理限制，该股东请求认定该限制无效的，人民法院不予支持。

第十七条 有限责任公司的股东未履行出资义务或者抽逃全部出资，经公司催告缴纳或者返还，其在合理期间内仍未缴纳或者返还出资，公司以股东会决议解除该股东的股东资格，该股东请求确认该解除行为无效的，人民法院不予支持。

在前款规定的情形下，人民法院在判决时应当释明，公司应当及时办理法定减资程序或者由其他股东或者第三人缴纳相应的出资。在办理法定减资程序或者其他股东或者第三人缴纳相应的出资之前，公司债权人依照本规定第十三条或者第十四条请求相关当事人承担相应责任的，人民法院应予支持。

第十八条 有限责任公司的股东未履行或者未全面履行出资义务即转让股权，受让人对此知道或者应当知道，公司请求该股东履行出资义务、受让人对此承担连带责任的，人民法院应予支持；公司债权人依照本规定第十三条第二款向该股东提起诉讼，同时请求前述受让人对此承担连带责任的，人民法院应予支持。

受让人根据前款规定承担责任后，向该未履行或者未全面履行出资义务的股东追偿的，人民法院应予支持。但是，当事人另有约定的除外。

第十九条 公司股东未履行或者未全面履行出资义务或者抽逃出资，公司或者其他股东请求其向公司全面履行出资义务或者返还出资，被告股东以诉讼时效为由进行抗辩的，人民法院不予支持。

公司债权人的债权未过诉讼时效期间，其依照本规定第十三条第二款、第十四条第二款的规定请求未履行或者未全面履行出资义务或者抽逃出资的股东承担赔偿责任，被告股东以出资义务或者返还出资义务超过诉讼时效期间为由进行抗辩的，人民法院不予支持。

第二十条 当事人之间对是否已履行出资义务发生争议，原告提供对股东履行出资义务产生合理怀疑证据的，被告股东应当就其已履行出资义务承担举证责任。

第二十一条 当事人向人民法院起诉请求确认其股东资格的，应当以公司为被告，与案件争议股权有利害关系的人作为第三人参加诉讼。

第二十二条 当事人之间对股权归属发生争议，一方请求人民法院确认其享有股权的，应当证明以下事实之一：

（一）已经依法向公司出资或者认缴出资，且不违反法律法规强制性规定；

（二）已经受让或者以其他形式继受公司股权，且不违反法律法规强制性规定。

第二十三条 当事人依法履行出资义务或者依法继受取得股权后，公司未根据公司法第三十一条、第三十二条的规定签发出资证明书、记载于股东名册并办理公司登记机关登记，当事人请求公司履行上述义务的，人民法院应予支持。

第二十四条 有限责任公司的实际出资人与名义出资人订立合同，约定由实际出资人出资并享有投资权益，以名义出资人为名义股东，实际出资人与名义股东对该合同效力发生争议的，如无合同法第五十二条规定的情形，人民法院应当认定该合同有效。

前款规定的实际出资人与名义股东因投资权益的归属发生争议，实际出资人以其实际履行了出资义务为由向名义股东主张权利的，人民法院应予支持。名义股东以公司股东名册记载、公司登记机关登记为由否认实际出资人权利的，人民法院不予支持。

实际出资人未经公司其他股东半数以上同意，请求公司变更股东、签发出资证明书、记载于股东名册、记载于公司章程并办理公司登记机关登记的，人民法院不予支持。

第二十五条 名义股东将登记于其名下的股权转让、质押或者以其他方式处分，实际出资人以其对于股权享有实际权利为由，请求认定处分股权行为无效的，人民法院可以参照物权法第一百零六条的规定处理。

名义股东处分股权造成实际出资人损失，实际出资人请求名义股东承担赔偿责任的，人民法院应予支持。

第二十六条 公司债权人以登记于公司登记机关的股东未履行出资义务为由，请求其对公司债务不能清偿的部分在未出资本息范围内承担补充赔偿责任，股东以其仅为名义股东而非实际出资人为由进行抗辩的，人民法院不予支持。

名义股东根据前款规定承担赔偿责任后，向实际出资人追偿的，人民法院应予支持。

第二十七条 股权转让后尚未向公司登记机关办理变更登记，原股东将仍登记于其名下的股权转让、质押或者以其他方式处分，受让股东以其对于股权享有实际权利为由，请求认定处分股权行为无效的，人民法院可以参照物权法第一百零六条的规定处理。

原股东处分股权造成受让股东损失，受让股东请求原股东承担赔偿责任、对于未及时办理变更登记有过错的董事、高级管理人员或者实际控制人承担相应责任的，人民法院应予支持；受让股东对于未及时办理变更登记也有过错的，可以适当减轻上述董事、高级管理人员或者实际控制人的责任。

第二十八条 冒用他人名义出资并将该他人作为股东在公司登记机关登记的，冒名登记行为人应当承担相应责任；公司、其他股东或者公司债权人以未履行出资义务为由，请求被冒名登记为股东的承担补足出资责任或者对公司债务不能清偿部分的赔偿责任的，人民法院不予支持。

4. 最高人民法院关于适用《中华人民共和国公司法》若干问题的规定（四）

（2016年12月5日最高人民法院审判委员会第1702次会议通过
2017年8月25日最高人民法院公告公布　自2017年9月1日起施行
法释〔2017〕16号）

为正确适用《中华人民共和国公司法》，结合人民法院审判实践，现就公司决议效力、股东知情权、利润分配权、优先购买权和股东代表诉讼等案件适用法律问题作出如下规定。

第一条 公司股东、董事、监事等请求确认股东会或者股东大会、董事会决议无效或者不成立的，人民法院应当依法予以受理。

第二条 依据公司法第二十二条第二款请求撤销股东会或者股东大会、董事会决议的原告，应当在起诉时具有公司股东资格。

第三条 原告请求确认股东会或者股东大会、董事会决议不成立、无效或者撤销决议的案件，应当列公司为被告。对决议涉及的其他利害关系人，可以依法列为第三人。

一审法庭辩论终结前，其他有原告资格的人以相同的诉讼请求申请参加前款规定诉讼的，可以列为共同原告。

第四条 股东请求撤销股东会或者股东大会、董事会决议，符合公司法第二十二条第二款规定的，人民法院应当予以支持，但会议召集程序或者表决方式仅有轻微瑕疵，且对决议未产生实质影响的，人民法院不予支持。

第五条 股东会或者股东大会、董事会决议存在下列情形之一，当事人主张决议不成立的，人民法院应当予以支持：

（一）公司未召开会议的，但依据公司法第三十七条第二款或者公司章程规定可以不召开股东会或者股东大会而直接作出决定，并由全体股东在决定文件上签名、盖章的除外；

（二）会议未对决议事项进行表决的；

（三）出席会议的人数或者股东所持表决权不符合公司法或者公司章程规定的；

（四）会议的表决结果未达到公司法或者公司章程规定的通过比例的；

（五）导致决议不成立的其他情形。

第六条 股东会或者股东大会、董事会决议被人民法院判决确认无效或者撤销的，公司依据该决议与善意相对人形成的民事法律关系不受影响。

第七条 股东依据公司法第三十三条、第九十七条或者公司章程的规定，起诉请求查阅或者复制公司特定文件材料的，人民法院应当依法予以受理。

公司有证据证明前款规定的原告在起诉时不具有公司股东资格的，人民法院应当驳回起诉，但原告有初步证据证明在持股期间其合法权益受到损害，请求依法查阅或者复制其持股期间的公司特定文件材料的除外。

第八条 有限责任公司有证据证明股东存在下列情形之一的，人民法院应当认定股东有公司法第三十三条第二款规定的“不正当目的”：

（一）股东自营或者为他人经营与公司主营业务有实质性竞争关系业务的，但公司章程另有规定或者全体股东另有约定的除外；

（二）股东为了向他人通报有关信息查阅公司会计账簿，可能损害公司合法利益的；

（三）股东在向公司提出查阅请求之日前的三年内，曾通过查阅公司会计账簿，向他人通报有关信息损害公司合法利益的；

（四）股东有不正当目的的其他情形。

第九条 公司章程、股东之间的协议等实质性剥夺股东依据公司法第三十三条、第九十七条规定查阅或者复制公司文件材料的权利，公司以此为由拒绝股东查阅或者复制的，人民法院不予支持。

第十条 人民法院审理股东请求查阅或者复制公司特定文件材料的案件，

对原告诉讼请求予以支持的，应当在判决中明确查阅或者复制公司特定文件材料的时间、地点和特定文件材料的名录。

股东依据人民法院生效判决查阅公司文件材料的，在该股东在场的情况下，可以由会计师、律师等依法或者依据执业行为规范负有保密义务的中介机构执业人员辅助进行。

第十一条 股东行使知情权后泄露公司商业秘密导致公司合法利益受到损害，公司请求该股东赔偿相关损失的，人民法院应当予以支持。

根据本规定第十条辅助股东查阅公司文件材料的会计师、律师等泄露公司商业秘密导致公司合法利益受到损害，公司请求其赔偿相关损失的，人民法院应当予以支持。

第十二条 公司董事、高级管理人员等未依法履行职责，导致公司未依法制作或者保存公司法第三十三条、第九十七条规定的公司文件材料，给股东造成损失，股东依法请求负有相应责任的公司董事、高级管理人员承担民事赔偿责任的，人民法院应当予以支持。

第十三条 股东请求公司分配利润案件，应当列公司为被告。

一审法庭辩论终结前，其他股东基于同一分配方案请求分配利润并申请参加诉讼的，应当列为共同原告。

第十四条 股东提交载明具体分配方案的股东会或者股东大会的有效决议，请求公司分配利润，公司拒绝分配利润且其关于无法执行决议的抗辩理由不成立的，人民法院应当判决公司按照决议载明的具体分配方案向股东分配利润。

第十五条 股东未提交载明具体分配方案的股东会或者股东大会决议，请求公司分配利润的，人民法院应当驳回其诉讼请求，但违反法律规定滥用股东权利导致公司不分配利润，给其他股东造成损失的除外。

第十六条 有限责任公司的自然人股东因继承发生变化时，其他股东主张依据公司法第七十一条第三款规定行使优先购买权的，人民法院不予支持，但公司章程另有规定或者全体股东另有约定的除外。

第十七条 有限责任公司的股东向股东以外的人转让股权，应就其股权转让事项以书面或者其他能够确认收悉的合理方式通知其他股东征求同意。其他股东半数以上不同意转让，不同意的股东不购买的，人民法院应当认定视为同意转让。

经股东同意转让的股权，其他股东主张转让股东应当向其以书面或者其他能够确认收悉的合理方式通知转让股权的同等条件的，人民法院应当予以支持。

经股东同意转让的股权，在同等条件下，转让股东以外的其他股东主张优先购买的，人民法院应当予以支持，但转让股东依据本规定第二十条放弃转让的除外。

第十八条 人民法院在判断是否符合公司法第七十一条第三款及本规定所称的“同等条件”时，应当考虑转让股权的数量、价格、支付方式及期限等因素。

第十九条 有限责任公司的股东主张优先购买转让股权的，应当在收到通知后，在公司章程规定的行使期间内提出购买请求。公司章程没有规定行使期间或者规定不明确的，以通知确定的期间为准，通知确定的期间短于三十日或者未明确行使期间的，行使期间为三十日。

第二十条 有限责任公司的转让股东，在其他股东主张优先购买后又不同意转让股权的，对其他股东优先购买的主张，人民法院不予支持，但公司章程另有规定或者全体股东另有约定的除外。其他股东主张转让股东赔偿其损失合理的，人民法院应当予以支持。

第二十一条 有限责任公司的股东向股东以外的人转让股权，未就其股权转让事项征求其他股东意见，或者以欺诈、恶意串通等手段，损害其他股东优先购买权，其他股东主张按照同等条件购买该转让股权的，人民法院应当予以支持，但其他股东自知道或者应当知道行使优先购买权的同等条件之日起三十日内没有主张，或者自股权变更登记之日起超过一年的除外。

前款规定的其他股东仅提出确认股权转让合同及股权变动效力等请求，未同时主张按照同等条件购买转让股权的，人民法院不予支持，但其他股东非因自身原因导致无法行使优先购买权，请求损害赔偿的除外。

股东以外的股权受让人，因股东行使优先购买权而不能实现合同目的的，可以依法请求转让股东承担相应民事责任。

第二十二条 通过拍卖向股东以外的人转让有限责任公司股权的，适用公司法第七十一条第二款、第三款或者第七十二条规定的“书面通知”“通知”“同等条件”时，根据相关法律、司法解释确定。

在依法设立的产权交易场所转让有限责任公司国有股权的，适用公司法第七十一条第二款、第三款或者第七十二条规定的“书面通知”“通知”“同等条件”时，可以参照产权交易场所的交易规则。

第二十三条 监事会或者不设监事会的有限责任公司的监事依据公司法第一百五十一条第一款规定对董事、高级管理人员提起诉讼的，应当列公司为原告，依法由监事会主席或者不设监事会的有限责任公司的监事代表公司进行诉讼。

董事会或者不设董事会的有限责任公司的执行董事依据公司法第一百五十一条第一款规定对监事提起诉讼的，或者依据公司法第一百五十一条第三款规定对他人提起诉讼的，应当列公司为原告，依法由董事长或者执行董事代表公司进行诉讼。

第二十四条 符合公司法第一百五十一条第一款规定条件的股东，依据公司法第一百五十一条第二款、第三款规定，直接对董事、监事、高级管理人员或者他人提起诉讼的，应当列公司为第三人参加诉讼。

一审法庭辩论终结前，符合公司法第一百五十一条第一款规定条件的其他股东，以相同的诉讼请求申请参加诉讼的，应当列为共同原告。

第二十五条 股东依据公司法第一百五十一条第二款、第三款规定直接提起诉讼的案件，胜诉利益归属于公司。股东请求被告直接向其承担民事责任的，人民法院不予支持。

第二十六条 股东依据公司法第一百五十一条第二款、第三款规定直接提起诉讼的案件，其诉讼请求部分或者全部得到人民法院支持的，公司应当承担股东因参加诉讼支付的合理费用。

第二十七条 本规定自2017年9月1日起施行。

本规定施行后尚未终审的案件，适用本规定；本规定施行前已经终审的案件，或者适用审判监督程序再审的案件，不适用本规定。

5. 最高人民法院关于审理涉及金融资产管理公司收购、管理、处置国有银行不良贷款形成的资产的案件适用法律若干问题的规定

(2001 年 4 月 3 日最高人民法院审判委员会第 1167 次会议通过
2001 年 4 月 11 日最高人民法院公告公布　自 2001 年 4 月 23 日起施行
法释〔2001〕12 号)

为深化金融改革，规范金融秩序，根据有关法律规定，现对人民法院审理涉及金融资产管理公司收购、管理、处置国有银行不良贷款形成的资产的案件适用法律若干问题作如下规定：

第一条　金融资产管理公司办事处领取中国人民银行颁发的《金融机构营业许可证》，并向工商行政管理部门依法办理登记的，可以作为诉讼主体参加诉讼。

第二条　金融资产管理公司受让国有银行债权后，人民法院对于债权转让前原债权银行已经提起诉讼尚未审结的案件，可以根据原债权银行或者金融资产管理公司的申请将诉讼主体变更为受让债权的金融资产管理公司。

第三条　金融资产管理公司向债务人提起诉讼的，应当由被告人住所地人民法院管辖。

原债权银行与债务人有协议管辖约定的，如不违反法律规定，该约定继续有效。

第四条　人民法院对金融资产管理公司申请支付令的，应当依法受理。债务人提出异议的，依照《中华人民共和国民事诉讼法》第十七条的规定处理。

第五条　人民法院对金融资产管理公司申请财产保全的，如金融资产管理公司与债务人之间债权债务关系明确，根据《中华人民共和国民事诉讼法》第九十二条第二款的规定，可以不要求金融资产管理公司提供担保。

第六条　金融资产管理公司受让国有银行债权后，原债权银行在全国或者省级有影响的报纸上发布债权转让公告或通知的，人民法院可以认定债权人履行了《中华人民共和国合同法》第八十条第一款规定的通知义务。

在案件审理中，债务人以原债权银行转让债权未履行通知义务为由进行抗辩的，人民法院可以将原债权银行传唤到庭调查债权转让事实，并责令原债权银行告知债务人债权转让的事实。

第七条 债务人逾期归还贷款，原借款合同约定的利息计算方法不违反法律法规规定的，该约定有效。没有约定或者不明的，依照中国人民银行《人民币利率管理规定》计算利息和复息。

第八条 人民法院对最高额抵押所担保的不特定债权特定后，原债权银行转让主债权的，可以认定转让债权的行为有效。

第九条 金融资产管理公司受让有抵押担保的债权后，可以依法取得对债权的抵押权，原抵押权登记继续有效。

第十条 债务人在债权转让协议，债权转让通知上签章或者签收债务催收通知的，诉讼时效中断。原债权银行在全国或者省级有影响的报纸上发布的债权转让公告或通知中，有催收债务内容的，该公告或通知可以作为诉讼时效中断证据。

第十一条 本规定所称金融资产管理公司包括其依法设立在各地的办事处。

第十二条 本规定仅适用于审理涉及金融资产管理公司收购、管理、处置国有银行不良贷款形成的资产的有关案件。

6. 最高人民法院关于审理涉及金融不良债权转让案件工作座谈会纪要（节选）

（2009年3月30日　法发〔2009〕19号）

……

二、关于案件的受理

会议认为，为确保此类案件得到公正妥善的处理，凡符合民事诉讼法规定的受理条件及《纪要》有关规定精神涉及的此类案件，人民法院应予受理。不良债权已经剥离至金融资产管理公司又被转让给受让人后，国有企业债务人知道或者应当知道不良债权已经转让而仍向原国有银行清偿的，不得对抗受让人对其提起的追索之诉，国有企业债务人在对受让人清偿后向原国有银行提起返还不当得利之诉的，人民法院应予受理；国有企业债务人不知道不良债权已经转让而向原国有银行清偿的，可以对抗受让人对其提起的追索之诉，受让人向国有银行提起返还不当得利之诉的，人民法院应予受理。

受让人在对国有企业债务人的追索诉讼中，主张追加原国有银行为第三人的，人民法院不予支持；在《纪要》发布前已经终审或者根据《纪要》做出终审的，当事人根据《纪要》认为生效裁判存在错误而申请再审的，人民法院不予支持。

案件存在下列情形之一的，人民法院不予受理：

（一）金融资产管理公司与国有银行就政策性金融资产转让协议发生纠纷起诉到人民法院的；

（二）债权人向国家政策性关闭破产的国有企业债务人主张清偿债务的；

（三）债权人向已列入经国务院批准的全国企业政策性关闭破产总体规划并拟实施关闭破产的国有企业债务人主张清偿债务的；

（四）《纪要》发布前，受让人与国有企业债务人之间的债权债务关系已经履行完毕，优先购买权人或国有企业债务人提起不良债权转让合同无效诉讼的；

（五）受让人自金融资产管理公司受让不良债权后，以不良债权存在瑕疵为由起诉原国有银行的；

（六）国有银行或金融资产管理公司转让享受天然林资源保护工程政策的国有森工企业不良债权而引发受让人向森工企业主张债权的（具体详见《天然林资源保护区森工企业金融机构债务免除申请表》名录）；

（七）在不良债权转让合同无效之诉中，国有企业债务人不能提供相应担保或者优先购买权人放弃优先购买权的。

三、关于债权转让生效条件的法律适用和自行约定的效力

会议认为，不良债权成立在合同法施行之前，转让于合同法施行之后的，该债权转让对债务人生效的条件应适用合同法第八十条第一款的规定。

金融资产管理公司受让不良债权后，自行与债务人约定或重新约定诉讼管辖的，如不违反法律规定，人民法院应当认定该约定有效。金融资产管理公司在不良债权转让合同中订有禁止转售、禁止向国有银行、各级人民政府、国家机构等追偿、禁止转让给特定第三人等要求受让人放弃部分权利条款的，人民法院应认定该条款有效。国有银行向金融资产管理公司转让不良债权，或者金融资产管理公司收购、处置不良债权的，担保债权同时转让，无须征得担保人的同意，担保人仍应在原担保范围内对受让人继续承担担保责任。担保合同中关于合同变更需经担保人同意或者禁止转让主债权的约定，对主债权和担保权利转让没有约束力。

四、关于地方政府等的优先购买权

会议认为，为了防止在通过债权转让方式处置不良债权过程中发生国有资产流失，相关地方人民政府或者代表本级人民政府履行出资人职责的机构、部门或者持有国有企业债务人国有资本的集团公司可以对不良债权行使优先购买权。

金融资产管理公司向非国有金融机构法人转让不良债权的处置方案、交易条件以及处置程序、方式确定后，单笔（单户）转让不良债权的，金融资产管理公司应当通知国有企业债务人注册登记地的优先购买权人。以整体“资产包”的形式转让不良债权的，如资产包中主要债务人注册登记地属同一辖区，应当通知该辖区的优先购买权人；如资产包中主要债务人注册登记地属不同辖区，应当通知主要债务人共同的上级行政区域的优先购买权人。

按照确定的处置方案、交易条件以及处置程序、方式，上述优先购买权人在同等条件下享有优先购买权。优先购买权人收到通知后明确表示不予购买或者在收到通知之日起三十日内未就是否行使优先购买权做出书面答复，或者未在公告确定的拍卖、招标日之前做出书面答复或者未按拍卖公告、招标公告的规定时间和条件参加竞拍、竞标的，视为放弃优先购买权。

金融资产管理公司在《纪要》发布之前已经完成不良债权转让，上述优先购买权人主张行使优先购买权的，人民法院不予支持。

债务人主张优先购买不良债权的，人民法院不予支持。

五、关于国有企业的诉权及相关诉讼程序

会议认为，为避免当事人滥用诉权，在受让人向国有企业债务人主张债权的诉讼中，国有企业债务人以不良债权转让行为损害国有资产等为由，提出不良债权转让合同无效抗辩的，人民法院应告知其向同一人民法院另行提起不良债权转让合同无效的诉讼；国有企业债务人不另行起诉的，人民法院对其抗辩不予支持。国有企业债务人另行提起不良债权转让合同无效诉讼的，人民法院应中止审理受让人向国有企业债务人主张债权的诉讼，在不良债权转让合同无效诉讼被受理后，两案合并审理。国有企业债务人在二审期间另行提起不良债权转让合同无效诉讼的，人民法院应中止审理受让人向国有企业债务人主张债权的诉讼，在不良债权转让合同无效诉讼被受理且做出一审裁判后再行审理。

国有企业债务人提出的不良债权转让合同无效诉讼被受理后，对于受让人的债权系直接从金融资产管理公司处受让的，人民法院应当将金融资产管理公司和受让人列为案件当事人；如果受让人的债权系金融资产管理公司转让给其他受让人后，因该受让人再次转让或多次转让而取得的，人民法院应当将金融资产管理公司和该转让人以及后手受让人列为案件当事人。

六、关于不良债权转让合同无效和可撤销事由的认定

会议认为，在审理不良债权转让合同效力的诉讼中，人民法院应当根据合同法和《金融资产管理公司条例》等法律法规，并参照国家相关政策规定，重点审查不良债权的可转让性、受让人的适格性以及转让程序的公正性和合法性。金融资产管理公司转让不良债权存在下列情形的，人民法院应当认定转让合同损害国家利益或社会公共利益或者违反法律、行政法规强制性规定而无效。

（一）债务人或者担保人为国家机关的；

（二）被有关国家机关依法认定为涉及国防、军工等国家安全和敏感信息的以及其他依法禁止转让或限制转让情形的；

（三）与受让人恶意串通转让不良债权的；

（四）转让不良债权公告违反《金融资产管理公司资产处置公告管理办法（修订)》规定，对依照公开、公平、公正和竞争、择优原则处置不良资产造成实质性影响的；

（五）实际转让的资产包与转让前公告的资产包内容严重不符，且不符合《金融资产管理公司资产处置公告管理办法（修订)》规定的；

（六）根据有关规定应经合法、独立的评估机构评估，但未经评估的；或者金融资产管理公司与评估机构、评估机构与债务人、金融资产管理公司和债务人、以及三方之间恶意串通，低估、漏估不良债权的；

（七）根据有关规定应当采取公开招标、拍卖等方式处置，但未公开招标、拍卖的；或者公开招标中的投标人少于三家（不含三家）的；或者以拍卖方式转让不良债权时，未公开选择有资质的拍卖中介机构的；或者未依照《中华人民共和国拍卖法》的规定进行拍卖的；

（八）根据有关规定应当向行政主管部门办理相关报批或者备案、登记手续而未办理，且在一审法庭辩论终结前仍未能办理的；

（九）受让人为国家公务员、金融监管机构工作人员、政法干警、金融资产管理公司工作人员、国有企业债务人管理人员、参与资产处置工作的律师、会计师、评估师等中介机构等关联人或者上述关联人参与的非金融机构法人的；

（十）受让人与参与不良债权转让的金融资产管理公司工作人员、国有企业债务人或者受托资产评估机构负责人员等有直系亲属关系的；

（十一）存在其他损害国家利益或社会公共利益的转让情形的。

在金融资产管理公司转让不良债权后，国有企业债务人有证据证明不良债权根本不存在或者已经全部或部分归还而主张撤销不良债权转让合同的，人民法院应当撤销或者部分撤销不良债权转让合同；不良债权转让合同被撤销或者部分撤销后，受让人可以请求金融资产管理公司承担相应的缔约过失责任。

七、关于不良债权转让无效合同的处理

会议认为，人民法院认定金融不良债权转让合同无效后，对于受让人直接从金融资产管理公司受让不良债权的，人民法院应当判决金融资产管理公司与受让人之间的债权转让合同无效；受让人通过再次转让而取得债权的，人民法院应当判决金融资产管理公司与转让人、转让人与后手受让人之间的系列债权转让合同无效。债权转让合同被认定无效后，人民法院应当按照合同法的相关规定处理；受让人要求转让人赔偿损失，赔偿损失数额应以受让人实际支付的价金之利息损失为限。相关不良债权的诉讼时效自金融不良债权转让合同被认定无效之日起重新计算。

金融资产管理公司以整体“资产包”的形式转让不良债权中出现单笔或者数笔债权无效情形、或者单笔或数笔不良债权的债务人为非国有企业，受让人请求认定合同全部无效的，人民法院应当判令金融资产管理公司与转让人之间的资产包债权转让合同无效；受让人请求认定已履行或已清结部分有效的，人民法院应当认定尚未履行或尚未清结部分无效，并判令受让人将尚未履行部分或尚未清结部分返还给金融资产管理公司，金融资产管理公司不再向受让人返还相应价金。

八、关于举证责任分配和相关证据的审查

会议认为，人民法院在审查不良债权转让合同效力时，要加强对不良债权转让合同、转让标的、转让程序、以及相关证据的审查，尤其是对受让人权利范围、受让人身份合法性以及证据真实性的审查。不良债权转让合同中经常存在诸多限制受让人权利范围的条款，人民法院应当要求受让人向法庭披露不良债权转让合同以证明其权利合法性和权利范围。受让人不予提供的，人民法院应当责令其提供；受让人拒不提供的，应当承担举证不能的法律后果。人民法院在对受让人身份的合法性以及是否存在恶意串通等方面存在合理怀疑时，应当根据最高人民法院《关于民事诉讼证据的若干规定》及时合理地分配举证责任；但人民法院不得仅以不良债权出让价格与资产账面额之间的差额幅度作为引起怀疑的证据，而应当综合判断。对当事人伪造或变造借款合同、担保合同、借款借据、修改缔约时间和债务人还贷时间以及产生诉讼时效中断证据等情形的，人民法院应当严格依据相关法律规定予以制裁。

九、关于受让人收取利息的问题

会议认为，受让人向国有企业债务人主张利息的计算基数应以原借款合同本金为准；受让人向国有企业债务人主张不良债权受让日之后发生的利息的，人民法院不予支持。但不良债权转让合同被认定无效的，出让人在向受让人返还受让款本金的同时，应当按照中国人民银行规定的同期定期存款利率支付利息。

十、关于诉讼或执行主体的变更

会议认为，金融资产管理公司转让已经涉及诉讼、执行或者破产等程序的不良债权的，人民法院应当根据债权转让合同以及受让人或者转让人的申请，裁定变更诉讼主体或者执行主体。在不良债权转让合同被认定无效后，金融资产管理公司请求变更受让人为金融资产管理公司以通过诉讼继续追索国有企业债务人的，人民法院应予支持。人民法院裁判金融不良债权转让合同无效后当事人履行相互返还义务时，应从不良债权最终受让人开始逐一与前手相互返还，直至完成第一受让人与金融资产管理公司的相互返还。后手受让人直接对金融资产管理公司主张不良债权转让合同无效并请求赔偿的，人民法院不予支持。

十一、关于既有规定的适用

会议认为，国有银行向金融资产管理公司转让不良债权，或者金融资产管理公司受让不良债权后，通过债权转让方式处置不良资产的，可以适用最高人民法院《关于审理金融资产管理公司收购、管理、处置国有银行不良贷款形成的资产的案件适用法律若干问题的规定》、《关于贯彻执行最高人民法院“十二条”司法解释有关问题的函的答复》、《关于金融资产管理公司收购、管理、处置银行不良资产有关问题的补充通知》和《关于国有金融资产管理公司处置国有商业银行不良资产案件交纳诉讼费用的通知》。受让人受让不良债权后再行转让的，不适用上述规定，但受让人为相关地方人民政府或者代表本级人民政府履行出资人职责的机构、部门或者持有国有企业债务人国有资本的集团公司除外。

国有银行或者金融资产管理公司根据《关于贯彻执行最高人民法院“十二条”司法解释有关问题的函的答复》的规定，在全国或省级有影响的报纸上发布有催收内容的债权转让通知或公告的，该公告或通知之日应为诉讼时效的实际中断日，新的诉讼时效应自此起算。上述公告或者通知对保证合同诉讼时效发生同等效力。

十二、关于《纪要》的适用范围

会议认为，在《纪要》中，国有银行包括国有独资商业银行、国有控股商业银行以及国有政策性银行；金融资产管理公司包括华融、长城、东方和信达等金融资产管理公司和资产管理公司通过组建或参股等方式成立的资产处置联合体。国有企业债务人包括国有独资和国有控股的企业法人。受让人是指非金融资产管理公司法人、自然人。不良债权转让包括金融资产管理公司政策性和商业性不良债权的转让。政策性不良债权是指1999年、2000年上述四家金融资产管理公司在国家统一安排下通过再贷款或者财政担保的商业票据形式支付收购成本从中国银行、中国农业银行、中国建设银行、中国工商银行以及国家开发银行收购的不良债权；商业性不良债权是指2004年至2005年上述四家金融资产管理公司在政府主管部门主导下从交通银行、中国银行、中国建设银行和中国工商银行收购的不良债权。

《纪要》的内容和精神仅适用于在《纪要》发布之后尚在一审或者二审阶段的涉及最初转让方为国有银行、金融资产管理公司通过债权转让方式处置不良资产形成的相关案件。人民法院依照审判监督程序决定再审的案件，不适用《纪要》。

会议还认为，鉴于此类纠纷案件具有较强政策性，人民法院在案件审理过程中，遇到难度大、涉及面广或者涉及社会稳定的案件，要紧紧依靠党委领导，自觉接受人大监督，必要时也可以请示上级人民法院。在不良债权处置工作中发现违规现象的，要及时与财政、金融监管部门联系或者向金融监管部门提出司法建议；对存在经济犯罪嫌疑、发现犯罪线索的，要及时向有关侦查机关移送案件或者案件线索。上级人民法院要加强审理此类纠纷案件的监督指导，及时总结审判经验，发布案件指导，依法妥善公正地审理好此类案件。

7. 最高人民法院　国土资源部　建设部
关于依法规范人民法院执行和国土资源房地产
管理部门协助执行若干问题的通知

（2004年2月10日　法发〔2004〕5号）

各省、自治区、直辖市高级人民法院，解放军军事法院，新疆维吾尔自治区高级人民法院生产建设兵团分院；各省、自治区、直辖市国土资源厅（国土环境资源厅、国土资源和房屋管理局、房屋土地资源管理局、规划和国土资源局），新疆生产建设兵团国土资源局；各省、自治区建设厅，新疆生产建设兵团建设局，各直辖市房地产管理局：

为保证人民法院生效判决、裁定及其他生效法律文书依法及时执行，保护当事人的合法权益，根据《中华人民共和国民事诉讼法》、《中华人民共和国土地管理法》、《中华人民共和国城市房地产管理法》等有关法律规定，现就规范人民法院执行和国土资源、房地产管理部门协助执行的有关问题通知如下：

一、人民法院在办理案件时，需要国土资源、房地产管理部门协助执行的，国土资源、房地产管理部门应当按照人民法院的生效法律文书和协助执行通知书办理协助执行事项。

国土资源、房地产管理部门依法协助人民法院执行时，除复制有关材料所必需的工本费外，不得向人民法院收取其他费用。登记过户的费用按照国家有关规定收取。

二、人民法院对土地使用权、房屋实施查封或者进行实体处理前，应当向国土资源、房地产管理部门查询该土地、房屋的权属。

人民法院执行人员到国土资源、房地产管理部门查询土地、房屋权属情况时，应当出示本人工作证和执行公务证，并出具协助查询通知书。

人民法院执行人员到国土资源、房地产管理部门办理土地使用权或者房屋查封、预查封登记手续时，应当出示本人工作证和执行公务证，并出具查封、预查封裁定书和协助执行通知书。

三、对人民法院查封或者预查封的土地使用权、房屋，国土资源、房地产管理部门应当及时办理查封或者预查封登记。

国土资源、房地产管理部门在协助人民法院执行土地使用权、房屋时，不对生效法律文书和协助执行通知书进行实体审查。国土资源、房地产管理部门认为人民法院查封、预查封或者处理的土地、房屋权属错误的，可以向人民法院提出审查建议，但不应当停止办理协助执行事项。

四、人民法院在国土资源、房地产管理部门查询并复制或者抄录的书面材料，由土地、房屋权属的登记机构或者其所属的档案室（馆）加盖印章。无法查询或者查询无结果的，国土资源、房地产管理部门应当书面告知人民法院。

五、人民法院查封时，土地、房屋权属的确认以国土资源、房地产管理部门的登记或者出具的权属证明为准。权属证明与权属登记不一致的，以权属登记为准。

在执行人民法院确认土地、房屋权属的生效法律文书时，应当按照人民法院生效法律文书所确认的权利人办理土地、房屋权属变更、转移登记手续。

六、土地使用权和房屋所有权归属同一权利人的，人民法院应当同时查封；土地使用权和房屋所有权归属不一致的，查封被执行人名下的土地使用权或者房屋。

七、登记在案外人名下的土地使用权、房屋，登记名义人（案外人）书面认可该土地、房屋实际属于被执行人时，执行法院可以采取查封措施。

如果登记名义人否认该土地、房屋属于被执行人，而执行法院、申请执行人认为登记为虚假时，须经当事人另行提起诉讼或者通过其他程序，撤销该登记并登记在被执行人名下之后，才可以采取查封措施。

八、对被执行人因继承、判决或者强制执行取得，但尚未办理过户登记的土地使用权、房屋的查封，执行法院应当向国土资源、房地产管理部门提交被执行人取得财产所依据的继承证明、生效判决书或者执行裁定书及协助执行通知书，由国土资源、房地产管理部门办理过户登记手续后，办理查封登记。

九、对国土资源、房地产管理部门已经受理被执行人转让土地使用权、房屋的过户登记申请，尚未核准登记的，人民法院可以进行查封，已核准登记的，不得进行查封。

十、人民法院对可以分割处分的房屋应当在执行标的额的范围内分割查封，不可分割的房屋可以整体查封。

分割查封的，应当在协助执行通知书中明确查封房屋的具体部位。

十一、人民法院对土地使用权、房屋的查封期限不得超过二年。期限届满可以续封一次，续封时应当重新制作查封裁定书和协助执行通知书，续封的期限不得超过一年。确有特殊情况需要再续封的，应当经过所属高级人民法院批准，且每次再续封的期限不得超过一年。

查封期限届满，人民法院未办理继续查封手续的，查封的效力消灭。

十二、人民法院在案件执行完毕后，对未处理的土地使用权、房屋需要解除查封的，应当及时作出裁定解除查封，并将解除查封裁定书和协助执行通知书送达国土资源、房地产管理部门。

十三、被执行人全部缴纳土地使用权出让金但尚未办理土地使用权登记的，人民法院可以对该土地使用权进行预查封。

十四、被执行人部分缴纳土地使用权出让金但尚未办理土地使用权登记的，对可以分割的土地使用权，按已缴付的土地使用权出让金，由国土资源管理部门确认被执行人的土地使用权，人民法院可以对确认后的土地使用权裁定预查封。对不可以分割的土地使用权，可以全部进行预查封。

被执行人在规定的期限内仍未全部缴纳土地出让金的，在人民政府收回土地使用权的同时，应当将被执行人缴纳的按照有关规定应当退还的土地出让金交由人民法院处理，预查封自动解除。

十五、下列房屋虽未进行房屋所有权登记，人民法院也可以进行预查封：

（一）作为被执行人的房地产开发企业，已办理了商品房预售许可证且尚未出售的房屋；

（二）被执行人购买的已由房地产开发企业办理了房屋权属初始登记的房屋；

（三）被执行人购买的办理了商品房预售合同登记备案手续或者商品房预告登记的房屋。

十六、国土资源、房地产管理部门应当依据人民法院的协助执行通知书和所附的裁定书办理预查封登记。土地、房屋权属在预查封期间登记在被执行人名下的，预查封登记自动转为查封登记，预查封转为正式查封后，查封期限从预查封之日起开始计算。

十七、预查封的期限为二年。期限届满可以续封一次，续封时应当重新制作预查封裁定书和协助执行通知书，预查封的续封期限为一年。确有特殊情况需要再续封的，应当经过所属高级人民法院批准，且每次再续封的期限不得超过一年。

十八、预查封的效力等同于正式查封。预查封期限届满之日，人民法院未办理预查封续封手续的，预查封的效力消灭。

十九、两个以上人民法院对同一宗土地使用权、房屋进行查封的，国土资源、房地产管理部门为首先送达协助执行通知书的人民法院办理查封登记手续后，对后来办理查封登记的人民法院作轮候查封登记，并书面告知该土地使用权、房屋已被其他人民法院查封的事实及查封的有关情况。

二十、轮候查封登记的顺序按照人民法院送达协助执行通知书的时间先后进行排列。查封法院依法解除查封的，排列在先的轮候查封自动转为查封；查封法院对查封的土地使用权、房屋全部处理的，排列在后的轮候查封自动失效；查封法院对查封的土地使用权、房屋部分处理的，对剩余部分，排列在后的轮候查封自动转为查封。

预查封的轮候登记参照第十九条和本条第一款的规定办理。

二十一、已被人民法院查封、预查封并在国土资源、房地产管理部门办理了查封、预查封登记手续的土地使用权、房屋，被执行人隐瞒真实情况，到国土资源、房地产管理部门办理抵押、转让等手续的，人民法院应当依法确认其行为无效，并可视情节轻重，依法追究有关人员的法律责任。国土资源、房地产管理部门应当按照人民法院的生效法律文书撤销不合法的抵押、转让等登记，并注销所颁发的证照。

二十二、国土资源、房地产管理部门对被人民法院依法查封、预查封的土地使用权、房屋，在查封、预查封期间不得办理抵押、转让等权属变更、转移登记手续。

国土资源、房地产管理部门明知土地使用权、房屋已被人民法院查封、预查封，仍然办理抵押、转让等权属变更、转移登记手续的，对有关的国土资源、房地产管理部门和直接责任人可以依照民事诉讼法第一百零二条的规定处理。

二十三、在变价处理土地使用权、房屋时，土地使用权、房屋所有权同时转移；土地使用权与房屋所有权归属不一致的，受让人继受原权利人的合法权利。

二十四、人民法院执行集体土地使用权时，经与国土资源管理部门取得一致意见后，可以裁定予以处理，但应当告知权利受让人到国土资源管理部门办理土地征用和国有土地使用权出让手续，缴纳土地使用权出让金及有关税费。

对处理农村房屋涉及集体土地的，人民法院应当与国土资源管理部门协商一致后再行处理。

二十五、人民法院执行土地使用权时，不得改变原土地用途和出让年限。

二十六、经申请执行人和被执行人协商同意，可以不经拍卖、变卖，直接裁定将被执行人以出让方式取得的国有土地使用权及其地上房屋经评估作价后交由申请执行人抵偿债务，但应当依法向国土资源和房地产管理部门办理土地、房屋权属变更、转移登记手续。

二十七、人民法院制作的土地使用权、房屋所有权转移裁定送达权利受让人时即发生法律效力，人民法院应当明确告知权利受让人及时到国土资源、房地产管理部门申请土地、房屋权属变更、转移登记。

国土资源、房地产管理部门依据生效法律文书进行权属登记时，当事人的土地、房屋权利应当追溯到相关法律文书生效之时。

二十八、人民法院进行财产保全和先予执行时适用本通知。

二十九、本通知下发前已经进行的查封，自本通知实施之日起计算期限。

三十、本通知自 2004 年 3 月 1 日起实施。

8. 最高人民法院关于人民法院民事执行中查封、扣押、冻结财产的规定

（2004 年 10 月 26 日最高人民法院审判委员会第 1330 次会议通过 2004 年 11 月 4 日最高人民法院公告公布　自 2005 年 1 月 1 日起施行　法释〔2004〕15 号）

为了进一步规范民事执行中的查封、扣押、冻结措施，维护当事人的合法权益，根据《中华人民共和国民事诉讼法》等法律的规定，结合人民法院民事执行工作的实践经验，制定本规定。

第一条　人民法院查封、扣押、冻结被执行人的动产、不动产及其他财产权，应当作出裁定，并送达被执行人和申请执行人。

采取查封、扣押、冻结措施需要有关单位或者个人协助的，人民法院应当制作协助执行通知书，连同裁定书副本一并送达协助执行人。查封、扣押、冻

结裁定书和协助执行通知书送达时发生法律效力。

第二条 人民法院可以查封、扣押、冻结被执行人占有的动产、登记在被执行人名下的不动产、特定动产及其他财产权。

未登记的建筑物和土地使用权，依据土地使用权的审批文件和其他相关证据确定权属。

对于第三人占有的动产或者登记在第三人名下的不动产、特定动产及其他财产权，第三人书面确认该财产属于被执行人的，人民法院可以查封、扣押、冻结。

第三条 作为执行依据的法律文书生效后至申请执行前，债权人可以向有执行管辖权的人民法院申请保全债务人的财产。人民法院可以参照民事诉讼法第九十二条的规定作出保全裁定，保全裁定应当立即执行。

第四条 诉讼前、诉讼中及仲裁中采取财产保全措施的，进入执行程序后，自动转为执行中的查封、扣押、冻结措施，并适用本规定第二十九条关于查封、扣押、冻结期限的规定。

第五条 人民法院对被执行人下列的财产不得查封、扣押、冻结：

（一）被执行人及其所扶养家属生活所必需的衣服、家具、炊具、餐具及其他家庭生活必需的物品；

（二）被执行人及其所扶养家属所必需的生活费用。当地有最低生活保障标准的，必需的生活费用依照该标准确定；

（三）被执行人及其所扶养家属完成义务教育所必需的物品；

（四）未公开的发明或者未发表的著作；

（五）被执行人及其所扶养家属用于身体缺陷所必需的辅助工具、医疗物品；

（六）被执行人所得的勋章及其他荣誉表彰的物品；

（七）根据《中华人民共和国缔结条约程序法》，以中华人民共和国、中华人民共和国政府或者中华人民共和国政府部门名义同外国、国际组织缔结的条约、协定和其他具有条约、协定性质的文件中规定免于查封、扣押、冻结的财产；

（八）法律或者司法解释规定的其他不得查封、扣押、冻结的财产。

第六条 对被执行人及其所扶养家属生活所必需的居住房屋，人民法院可以查封，但不得拍卖、变卖或者抵债。

第七条 对于超过被执行人及其所扶养家属生活所必需的房屋和生活用品，人民法院根据申请执行人的申请，在保障被执行人及其所扶养家属最低生活标准所必需的居住房屋和普通生活必需品后，可予以执行。

第八条 查封、扣押动产的，人民法院可以直接控制该项财产。人民法院将查封、扣押的动产交付其他人控制的，应当在该动产上加贴封条或者采取其他足以公示查封、扣押的适当方式。

第九条 查封不动产的，人民法院应当张贴封条或者公告，并可以提取保存有关财产权证照。

查封、扣押、冻结已登记的不动产、特定动产及其他财产权，应当通知有关登记机关办理登记手续。未办理登记手续的，不得对抗其他已经办理了登记手续的查封、扣押、冻结行为。

第十条 查封尚未进行权属登记的建筑物时，人民法院应当通知其管理人或者该建筑物的实际占有人，并在显著位置张贴公告。

第十一条 扣押尚未进行权属登记的机动车辆时，人民法院应当在扣押清单上记载该机动车辆的发动机编号。该车辆在扣押期间权利人要求办理权属登记手续的，人民法院应当准许并及时办理相应的扣押登记手续。

第十二条 查封、扣押的财产不宜由人民法院保管的，人民法院可以指定被执行人负责保管；不宜由被执行人保管的，可以委托第三人或者申请执行人保管。

由人民法院指定被执行人保管的财产，如果继续使用对该财产的价值无重大影响，可以允许被执行人继续使用；由人民法院保管或者委托第三人、申请执行人保管的，保管人不得使用。

第十三条 查封、扣押、冻结担保物权人占有的担保财产，一般应当指定该担保物权人作为保管人；该财产由人民法院保管的，质权、留置权不因转移占有而消灭。

第十四条 对被执行人与其他人共有的财产，人民法院可以查封、扣押、冻结，并及时通知共有人。

共有人协议分割共有财产，并经债权人认可的，人民法院可以认定有效。查封、扣押、冻结的效力及于协议分割后被执行人享有份额内的财产；对其他共有人享有份额内的财产的查封、扣押、冻结，人民法院应当裁定予以解除。

共有人提起析产诉讼或者申请执行人代位提起析产诉讼的，人民法院应当准许。诉讼期间中止对该财产的执行。

第十五条 对第三人为被执行人的利益占有的被执行人的财产，人民法院可以查封、扣押、冻结；该财产被指定给第三人继续保管的，第三人不得将其交付给被执行人。

对第三人为自己的利益依法占有的被执行人的财产，人民法院可以查封、扣押、冻结，第三人可以继续占有和使用该财产，但不得将其交付给被执行人。

第三人无偿借用被执行人的财产的，不受前款规定的限制。

第十六条 被执行人将其财产出卖给第三人，第三人已经支付部分价款并实际占有该财产，但根据合同约定被执行人保留所有权的，人民法院可以查封、扣押、冻结；第三人要求继续履行合同的，应当由第三人在合理期限内向人民法院交付全部余款后，裁定解除查封、扣押、冻结。

第十七条 被执行人将其所有的需要办理过户登记的财产出卖给第三人，第三人已经支付部分或者全部价款并实际占有该财产，但尚未办理产权过户登记手续的，人民法院可以查封、扣押、冻结；第三人已经支付全部价款并实际占有，但未办理过户登记手续的，如果第三人对此没有过错，人民法院不得查封、扣押、冻结。

第十八条 被执行人购买第三人的财产，已经支付部分价款并实际占有该财产，但第三人依合同约定保留所有权，申请执行人已向第三人支付剩余价款或者第三人书面同意剩余价款从该财产变价款中优先支付的，人民法院可以查封、扣押、冻结。

第三人依法解除合同的，人民法院应当准许，已经采取的查封、扣押、冻结措施应当解除，但人民法院可以依据申请执行人的申请，执行被执行人因支付价款而形成的对该第三人的债权。

第十九条 被执行人购买需要办理过户登记的第三人的财产，已经支付部分或者全部价款并实际占有该财产，虽未办理产权过户登记手续，但申请执行人已向第三人支付剩余价款或者第三人同意剩余价款从该财产变价款中优先支付的，人民法院可以查封、扣押、冻结。

第二十条 查封、扣押、冻结被执行人的财产时，执行人员应当制作笔录，载明下列内容：

（一）执行措施开始及完成的时间；

（二）财产的所在地、种类、数量；

（三）财产的保管人；

（四）其他应当记明的事项。

执行人员及保管人应当在笔录上签名，有民事诉讼法第二百二十一条规定的人员到场的，到场人员也应当在笔录上签名。①

第二十一条 查封、扣押、冻结被执行人的财产，以其价额足以清偿法律文书确定的债权额及执行费用为限，不得明显超标的额查封、扣押、冻结。

发现超标的额查封、扣押、冻结的，人民法院应当根据被执行人的申请或者依职权，及时解除对超标的额部分财产的查封、扣押、冻结，但该财产为不可分物且被执行人无其他可供执行的财产或者其他财产不足以清偿债务的除外。

第二十二条 查封、扣押的效力及于查封、扣押物的从物和天然孳息。

第二十三条 查封地上建筑物的效力及于该地上建筑物使用范围内的土地使用权，查封土地使用权的效力及于地上建筑物，但土地使用权与地上建筑物的所有权分属被执行人与他人的除外。

地上建筑物和土地使用权的登记机关不是同一机关的，应当分别办理查封登记。

第二十四条 查封、扣押、冻结的财产灭失或者毁损的，查封、扣押、冻结的效力及于该财产的替代物、赔偿款。人民法院应当及时作出查封、扣押、冻结该替代物、赔偿款的裁定。

第二十五条 查封、扣押、冻结协助执行通知书在送达登记机关时，登记机关已经受理被执行人转让不动产、特定动产及其他财产的过户登记申请，尚未核准登记的，应当协助人民法院执行。人民法院不得对登记机关已经核准登记的被执行人已转让的财产实施查封、扣押、冻结措施。

查封、扣押、冻结协助执行通知书在送达登记机关时，其他人民法院已向该登记机关送达了过户登记协助执行通知书的，应当优先办理过户登记。

第二十六条 被执行人就已经查封、扣押、冻结的财产所作的移转、设定权利负担或者其他有碍执行的行为，不得对抗申请执行人。

第三人未经人民法院准许占有查封、扣押、冻结的财产或者实施其他有碍执行的行为的，人民法院可以依据申请执行人的申请或者依职权解除其占有或者排除其妨害。

---

① 本条第二款根据法释〔2008〕18号第七十四条调整。

人民法院的查封、扣押、冻结没有公示的，其效力不得对抗善意第三人。

第二十七条 人民法院查封、扣押被执行人设定最高额抵押权的抵押物的，应当通知抵押权人。抵押权人受抵押担保的债权数额自收到人民法院通知时起不再增加。

人民法院虽然没有通知抵押权人，但有证据证明抵押权人知道查封、扣押事实的，受抵押担保的债权数额从其知道该事实时起不再增加。

第二十八条 对已被人民法院查封、扣押、冻结的财产，其他人民法院可以进行轮候查封、扣押、冻结。查封、扣押、冻结解除的，登记在先的轮候查封、扣押、冻结即自动生效。

其他人民法院对已登记的财产进行轮候查封、扣押、冻结的，应当通知有关登记机关协助进行轮候登记，实施查封、扣押、冻结的人民法院应当允许其他人民法院查阅有关文书和记录。

其他人民法院对没有登记的财产进行轮候查封、扣押、冻结的，应当制作笔录，并经实施查封、扣押、冻结的人民法院执行人员及被执行人签字，或者书面通知实施查封、扣押、冻结的人民法院。

第二十九条 人民法院冻结被执行人的银行存款及其他资金的期限不得超过六个月，查封、扣押动产的期限不得超过一年，查封不动产、冻结其他财产权的期限不得超过二年。法律、司法解释另有规定的除外。

申请执行人申请延长期限的，人民法院应当在查封、扣押、冻结期限届满前办理续行查封、扣押、冻结手续，续行期限不得超过前款规定期限的二分之一。

第三十条 查封、扣押、冻结期限届满，人民法院未办理延期手续的，查封、扣押、冻结的效力消灭。

查封、扣押、冻结的财产已经被执行拍卖、变卖或者抵债的，查封、扣押、冻结的效力消灭。

第三十一条 有下列情形之一的，人民法院应当作出解除查封、扣押、冻结裁定，并送达申请执行人、被执行人或者案外人：

（一）查封、扣押、冻结案外人财产的；

（二）申请执行人撤回执行申请或者放弃债权的；

（三）查封、扣押、冻结的财产流拍或者变卖不成，申请执行人和其他执行债权人又不同意接受抵债的；

（四）债务已经清偿的；

（五）被执行人提供担保且申请执行人同意解除查封、扣押、冻结的；

（六）人民法院认为应当解除查封、扣押、冻结的其他情形。

解除以登记方式实施的查封、扣押、冻结的，应当向登记机关发出协助执行通知书。

第三十二条 财产保全裁定和先予执行裁定的执行适用本规定。

第三十三条 本规定自2005年1月1日起施行。施行前本院公布的司法解释与本规定不一致的，以本规定为准。

9. 最高人民法院关于人民法院网络司法拍卖若干问题的规定

（2016年5月30日最高人民法院审判委员会第1685次会议通过
2016年8月2日最高人民法院公告公布 自2017年1月1日起施行
法释〔2016〕18号）

为了规范网络司法拍卖行为，保障网络司法拍卖公开、公平、公正、安全、高效，维护当事人的合法权益，根据《中华人民共和国民事诉讼法》等法律的规定，结合人民法院执行工作的实际，制定本规定。

第一条 本规定所称的网络司法拍卖，是指人民法院依法通过互联网拍卖平台，以网络电子竞价方式公开处置财产的行为。

第二条 人民法院以拍卖方式处置财产的，应当采取网络司法拍卖方式，但法律、行政法规和司法解释规定必须通过其他途径处置，或者不宜采用网络拍卖方式处置的除外。

第三条 网络司法拍卖应当在互联网拍卖平台上向社会全程公开，接受社会监督。

第四条 最高人民法院建立全国性网络服务提供者名单库。网络服务提供者申请纳入名单库的，其提供的网络司法拍卖平台应当符合下列条件：

（一）具备全面展示司法拍卖信息的界面；

（二）具备本规定要求的信息公示、网上报名、竞价、结算等功能；

（三）具有信息共享、功能齐全、技术拓展等功能的独立系统；

（四）程序运作规范、系统安全高效、服务优质价廉；

（五）在全国具有较高的知名度和广泛的社会参与度。

最高人民法院组成专门的评审委员会，负责网络服务提供者的选定、评审和除名。最高人民法院每年引入第三方评估机构对已纳入和新申请纳入名单库的网络服务提供者予以评审并公布结果。

第五条 网络服务提供者由申请执行人从名单库中选择；未选择或者多个申请执行人的选择不一致的，由人民法院指定。

第六条 实施网络司法拍卖的，人民法院应当履行下列职责：

（一）制作、发布拍卖公告；

（二）查明拍卖财产现状、权利负担等内容，并予以说明；

（三）确定拍卖保留价、保证金的数额、税费负担等；

（四）确定保证金、拍卖款项等支付方式；

（五）通知当事人和优先购买权人；

（六）制作拍卖成交裁定；

（七）办理财产交付和出具财产权证照转移协助执行通知书；

（八）开设网络司法拍卖专用账户；

（九）其他依法由人民法院履行的职责。

第七条 实施网络司法拍卖的，人民法院可以将下列拍卖辅助工作委托社会机构或者组织承担：

（一）制作拍卖财产的文字说明及视频或者照片等资料；

（二）展示拍卖财产，接受咨询，引领查看，封存样品等；

（三）拍卖财产的鉴定、检验、评估、审计、仓储、保管、运输等；

（四）其他可以委托的拍卖辅助工作。

社会机构或者组织承担网络司法拍卖辅助工作所支出的必要费用由被执行人承担。

第八条 实施网络司法拍卖的，下列事项应当由网络服务提供者承担：

（一）提供符合法律、行政法规和司法解释规定的网络司法拍卖平台，并保障安全正常运行；

（二）提供安全便捷配套的电子支付对接系统；

（三）全面、及时展示人民法院及其委托的社会机构或者组织提供的拍卖信息；

（四）保证拍卖全程的信息数据真实、准确、完整和安全；

（五）其他应当由网络服务提供者承担的工作。

网络服务提供者不得在拍卖程序中设置阻碍适格竞买人报名、参拍、竞价以及监视竞买人信息等后台操控功能。

网络服务提供者提供的服务无正当理由不得中断。

第九条 网络司法拍卖服务提供者从事与网络司法拍卖相关的行为，应当接受人民法院的管理、监督和指导。

第十条 网络司法拍卖应当确定保留价，拍卖保留价即为起拍价。

起拍价由人民法院参照评估价确定；未作评估的，参照市价确定，并征询当事人意见。起拍价不得低于评估价或者市价的百分之七十。

第十一条 网络司法拍卖不限制竞买人数量。一人参与竞拍，出价不低于起拍价的，拍卖成交。

第十二条 网络司法拍卖应当先期公告，拍卖公告除通过法定途径发布外，还应同时在网络司法拍卖平台发布。拍卖动产的，应当在拍卖十五日前公告；拍卖不动产或者其他财产权的，应当在拍卖三十日前公告。

拍卖公告应当包括拍卖财产、价格、保证金、竞买人条件、拍卖财产已知瑕疵、相关权利义务、法律责任、拍卖时间、网络平台和拍卖法院等信息。

第十三条 实施网络司法拍卖的，人民法院应当在拍卖公告发布当日通过网络司法拍卖平台公示下列信息：

（一）拍卖公告；

（二）执行所依据的法律文书，但法律规定不得公开的除外；

（三）评估报告副本，或者未经评估的定价依据；

（四）拍卖时间、起拍价以及竞价规则；

（五）拍卖财产权属、占有使用、附随义务等现状的文字说明、视频或者照片等；

（六）优先购买权主体以及权利性质；

（七）通知或者无法通知当事人、已知优先购买权人的情况；

（八）拍卖保证金、拍卖款项支付方式和账户；

（九）拍卖财产产权转移可能产生的税费及承担方式；

（十）执行法院名称，联系、监督方式等；

（十一）其他应当公示的信息。

第十四条 实施网络司法拍卖的，人民法院应当在拍卖公告发布当日通过网络司法拍卖平台对下列事项予以特别提示：

（一）竞买人应当具备完全民事行为能力，法律、行政法规和司法解释对买受人资格或者条件有特殊规定的，竞买人应当具备规定的资格或者条件；

（二）委托他人代为竞买的，应当在竞价程序开始前经人民法院确认，并通知网络服务提供者；

（三）拍卖财产已知瑕疵和权利负担；

（四）拍卖财产以实物现状为准，竞买人可以申请实地看样；

（五）竞买人决定参与竞买的，视为对拍卖财产完全了解，并接受拍卖财产一切已知和未知瑕疵；

（六）载明买受人真实身份的拍卖成交确认书在网络司法拍卖平台上公示；

（七）买受人悔拍后保证金不予退还。

第十五条 被执行人应当提供拍卖财产品质的有关资料和说明。

人民法院已按本规定第十三条、第十四条的要求予以公示和特别提示，且在拍卖公告中声明不能保证拍卖财产真伪或者品质的，不承担瑕疵担保责任。

第十六条 网络司法拍卖的事项应当在拍卖公告发布三日前以书面或者其他能够确认收悉的合理方式，通知当事人、已知优先购买权人。权利人书面明确放弃权利的，可以不通知。无法通知的，应当在网络司法拍卖平台公示并说明无法通知的理由，公示满五日视为已经通知。

优先购买权人经通知未参与竞买的，视为放弃优先购买权。

第十七条 保证金数额由人民法院在起拍价的百分之五至百分之二十范围内确定。

竞买人应当在参加拍卖前以实名交纳保证金，未交纳的，不得参加竞买。申请执行人参加竞买的，可以不交保证金；但债权数额小于保证金数额的按差额部分交纳。

交纳保证金，竞买人可以向人民法院指定的账户交纳，也可以由网络服务提供者在其提供的支付系统中对竞买人的相应款项予以冻结。

第十八条 竞买人在拍卖竞价程序结束前交纳保证金经人民法院或者网络服务提供者确认后，取得竞买资格。网络服务提供者应当向取得资格的竞买人赋予竞买代码、参拍密码；竞买人以该代码参与竞买。

网络司法拍卖竞价程序结束前，人民法院及网络服务提供者对竞买人以及其他能够确认竞买人真实身份的信息、密码等，应当予以保密。

第十九条 优先购买权人经人民法院确认后，取得优先竞买资格以及优先竞买代码、参拍密码，并以优先竞买代码参与竞买；未经确认的，不得以优先购买权人身份参与竞买。

顺序不同的优先购买权人申请参与竞买的，人民法院应当确认其顺序，赋予不同顺序的优先竞买代码。

第二十条 网络司法拍卖从起拍价开始以递增出价方式竞价，增价幅度由人民法院确定。竞买人以低于起拍价出价的无效。

网络司法拍卖的竞价时间应当不少于二十四小时。竞价程序结束前五分钟内无人出价的，最后出价即为成交价；有出价的，竞价时间自该出价时点顺延五分钟。竞买人的出价时间以进入网络司法拍卖平台服务系统的时间为准。

竞买代码及其出价信息应当在网络竞买页面实时显示，并储存、显示竞价全程。

第二十一条 优先购买权人参与竞买的，可以与其他竞买人以相同的价格出价，没有更高出价的，拍卖财产由优先购买权人竞得。

顺序不同的优先购买权人以相同价格出价的，拍卖财产由顺序在先的优先购买权人竞得。

顺序相同的优先购买权人以相同价格出价的，拍卖财产由出价在先的优先购买权人竞得。

第二十二条 网络司法拍卖成交的，由网络司法拍卖平台以买受人的真实身份自动生成确认书并公示。

拍卖财产所有权自拍卖成交裁定送达买受人时转移。

第二十三条 拍卖成交后，买受人交纳的保证金可以充抵价款；其他竞买人交纳的保证金应当在竞价程序结束后二十四小时内退还或者解冻。拍卖未成交的，竞买人交纳的保证金应当在竞价程序结束后二十四小时内退还或者解冻。

第二十四条 拍卖成交后买受人悔拍的，交纳的保证金不予退还，依次用于支付拍卖产生的费用损失、弥补重新拍卖价款低于原拍卖价款的差价、冲抵本案被执行人的债务以及与拍卖财产相关的被执行人的债务。

悔拍后重新拍卖的，原买受人不得参加竞买。

第二十五条 拍卖成交后，买受人应当在拍卖公告确定的期限内将剩余价款交付人民法院指定账户。拍卖成交后二十四小时内，网络服务提供者应当将冻结的买受人交纳的保证金划入人民法院指定账户。

第二十六条 网络司法拍卖竞价期间无人出价的，本次拍卖流拍。流拍后应当在三十日内在同一网络司法拍卖平台再次拍卖，拍卖动产的应当在拍卖七日前公告；拍卖不动产或者其他财产权的应当在拍卖十五日前公告。再次拍卖的起拍价降价幅度不得超过前次起拍价的百分之二十。

再次拍卖流拍的，可以依法在同一网络司法拍卖平台变卖。

第二十七条 起拍价及其降价幅度、竞价增价幅度、保证金数额和优先购买权人竞买资格及其顺序等事项，应当由人民法院依法组成合议庭评议确定。

第二十八条 网络司法拍卖竞价程序中，有依法应当暂缓、中止执行等情形的，人民法院应当决定暂缓或者裁定中止拍卖；人民法院可以自行或者通知网络服务提供者停止拍卖。

网络服务提供者发现系统故障、安全隐患等紧急情况的，可以先行暂缓拍卖，并立即报告人民法院。

暂缓或者中止拍卖的，应当及时在网络司法拍卖平台公告原因或者理由。

暂缓拍卖期限届满或者中止拍卖的事由消失后，需要继续拍卖的，应当在五日内恢复拍卖。

第二十九条 网络服务提供者对拍卖形成的电子数据，应当完整保存不少于十年，但法律、行政法规另有规定的除外。

第三十条 因网络司法拍卖本身形成的税费，应当依照相关法律、行政法规的规定，由相应主体承担；没有规定或者规定不明的，人民法院可以根据法律原则和案件实际情况确定税费承担的相关主体、数额。

第三十一条 当事人、利害关系人提出异议请求撤销网络司法拍卖，符合下列情形之一的，人民法院应当支持：

（一）由于拍卖财产的文字说明、视频或者照片展示以及瑕疵说明严重失实，致使买受人产生重大误解，购买目的无法实现的，但拍卖时的技术水平不能发现或者已经就相关瑕疵以及责任承担予以公示说明的除外；

（二）由于系统故障、病毒入侵、黑客攻击、数据错误等原因致使拍卖结果错误，严重损害当事人或者其他竞买人利益的；

（三）竞买人之间，竞买人与网络司法拍卖服务提供者之间恶意串通，损害当事人或者其他竞买人利益的；

（四）买受人不具备法律、行政法规和司法解释规定的竞买资格的；

（五）违法限制竞买人参加竞买或者对享有同等权利的竞买人规定不同竞买条件的；

（六）其他严重违反网络司法拍卖程序且损害当事人或者竞买人利益的情形。

第三十二条 网络司法拍卖被人民法院撤销，当事人、利害关系人、案外人认为人民法院的拍卖行为违法致使其合法权益遭受损害的，可以依法申请国家赔偿；认为其他主体的行为违法致使其合法权益遭受损害的，可以另行提起诉讼。

第三十三条 当事人、利害关系人、案外人认为网络司法拍卖服务提供者的行为违法致使其合法权益遭受损害的，可以另行提起诉讼；理由成立的，人民法院应当支持，但具有法定免责事由的除外。

第三十四条 实施网络司法拍卖的，下列机构和人员不得竞买并不得委托他人代为竞买与其行为相关的拍卖财产：

（一）负责执行的人民法院；

（二）网络服务提供者；

（三）承担拍卖辅助工作的社会机构或者组织；

（四）第（一）至（三）项规定主体的工作人员及其近亲属。

第三十五条 网络服务提供者有下列情形之一的，应当将其从名单库中除名：

（一）存在违反本规定第八条第二款规定操控拍卖程序、修改拍卖信息等行为的；

（二）存在恶意串通、弄虚作假、泄漏保密信息等行为的；

（三）因违反法律、行政法规和司法解释等规定受到处罚，不适于继续从事网络司法拍卖的；

（四）存在违反本规定第三十四条规定行为的；

（五）其他应当除名的情形。

网络服务提供者有前款规定情形之一，人民法院可以依照《中华人民共和国民事诉讼法》的相关规定予以处理。

第三十六条 当事人、利害关系人认为网络司法拍卖行为违法侵害其合法权益的，可以提出执行异议。异议、复议期间，人民法院可以决定暂缓或者裁定中止拍卖。

案外人对网络司法拍卖的标的提出异议的，人民法院应当依据《中华人民共和国民事诉讼法》第二百二十七条及相关司法解释的规定处理，并决定暂缓或者裁定中止拍卖。

第三十七条 人民法院通过互联网平台以变卖方式处置财产的，参照本规定执行。

执行程序中委托拍卖机构通过互联网平台实施网络拍卖的，参照本规定执行。

本规定对网络司法拍卖行为没有规定的，适用其他有关司法拍卖的规定。

第三十八条 本规定自2017年1月1日起施行。施行前最高人民法院公布的司法解释和规范性文件与本规定不一致的，以本规定为准。

10. 最高人民法院关于人民法院民事执行中拍卖、变卖财产的规定

（2004年10月26日最高人民法院审判委员会第1330次会议通过 2004年11月15日最高人民法院公告公布 自2005年1月1日起施行 法释〔2004〕16号）

为了进一步规范民事执行中的拍卖、变卖措施，维护当事人的合法权益，根据《中华人民共和国民事诉讼法》等法律的规定，结合人民法院民事执行工作的实践经验，制定本规定。

第一条 在执行程序中，被执行人的财产被查封、扣押、冻结后，人民法院应当及时进行拍卖、变卖或者采取其他执行措施。

第二条 人民法院对查封、扣押、冻结的财产进行变价处理时，应当首先采取拍卖的方式，但法律、司法解释另有规定的除外。

第三条 人民法院拍卖被执行人财产，应当委托具有相应资质的拍卖机构进行，并对拍卖机构的拍卖进行监督，但法律、司法解释另有规定的除外。

第四条 对拟拍卖的财产，人民法院应当委托具有相应资质的评估机构进行价格评估。对于财产价值较低或者价格依照通常方法容易确定的，可以不进

行评估。

当事人双方及其他执行债权人申请不进行评估的，人民法院应当准许。

对被执行人的股权进行评估时，人民法院可以责令有关企业提供会计报表等资料；有关企业拒不提供的，可以强制提取。

第五条 评估机构由当事人协商一致后经人民法院审查确定；协商不成的，从负责执行的人民法院或者被执行人财产所在地的人民法院确定的评估机构名册中，采取随机的方式确定；当事人双方申请通过公开招标方式确定评估机构的，人民法院应当准许。

第六条 人民法院收到评估机构作出的评估报告后，应当在五日内将评估报告发送当事人及其他利害关系人。当事人或者其他利害关系人对评估报告有异议的，可以在收到评估报告后十日内以书面形式向人民法院提出。

当事人或者其他利害关系人有证据证明评估机构、评估人员不具备相应的评估资质或者评估程序严重违法而申请重新评估的，人民法院应当准许。

第七条 拍卖机构由当事人协商一致后经人民法院审查确定；协商不成的，从负责执行的人民法院或者被执行人财产所在地的人民法院确定的拍卖机构名册中，采取随机的方式确定；当事人双方申请通过公开招标方式确定拍卖机构的，人民法院应当准许。

第八条 拍卖应当确定保留价。

拍卖保留价由人民法院参照评估价确定；未作评估的，参照市价确定，并应当征询有关当事人的意见。

人民法院确定的保留价，第一次拍卖时，不得低于评估价或者市价的百分之八十；如果出现流拍，再行拍卖时，可以酌情降低保留价，但每次降低的数额不得超过前次保留价的百分之二十。

第九条 保留价确定后，依据本次拍卖保留价计算，拍卖所得价款在清偿优先债权和强制执行费用后无剩余可能的，应当在实施拍卖前将有关情况通知申请执行人。申请执行人于收到通知后五日内申请继续拍卖的，人民法院应当准许，但应当重新确定保留价；重新确定的保留价应当大于该优先债权及强制执行费用的总额。

依照前款规定流拍的，拍卖费用由申请执行人负担。

第十条 执行人员应当对拍卖财产的权属状况、占有使用情况等进行必要的调查，制作拍卖财产现状的调查笔录或者收集其他有关资料。

第十一条 拍卖应当先期公告。

拍卖动产的，应当在拍卖七日前公告；拍卖不动产或者其他财产权的，应当在拍卖十五日前公告。

第十二条 拍卖公告的范围及媒体由当事人双方协商确定；协商不成的，由人民法院确定。拍卖财产具有专业属性的，应当同时在专业性报纸上进行公告。

当事人申请在其他新闻媒体上公告或者要求扩大公告范围的，应当准许，但该部分的公告费用由其自行承担。

第十三条 拍卖不动产、其他财产权或者价值较高的动产的，竞买人应当于拍卖前向人民法院预交保证金。申请执行人参加竞买的，可以不预交保证金。保证金的数额由人民法院确定，但不得低于评估价或者市价的百分之五。

应当预交保证金而未交纳的，不得参加竞买。拍卖成交后，买受人预交的保证金充抵价款，其他竞买人预交的保证金应当在三日内退还；拍卖未成交的，保证金应当于三日内退还竞买人。

第十四条 人民法院应当在拍卖五日前以书面或者其他能够确认收悉的适当方式，通知当事人和已知的担保物权人、优先购买权人或者其他优先权人于拍卖日到场。

优先购买权人经通知未到场的，视为放弃优先购买权。

第十五条 法律、行政法规对买受人的资格或者条件有特殊规定的，竞买人应当具备规定的资格或者条件。

申请执行人、被执行人可以参加竞买。

第十六条 拍卖过程中，有最高应价时，优先购买权人可以表示以该最高价买受，如无更高应价，则拍归优先购买权人；如有更高应价，而优先购买权人不作表示的，则拍归该应价最高的竞买人。

顺序相同的多个优先购买权人同时表示买受的，以抽签方式决定买受人。

第十七条 拍卖多项财产时，其中部分财产卖得的价款足以清偿债务和支付被执行人应当负担的费用的，对剩余的财产应当停止拍卖，但被执行人同意全部拍卖的除外。

第十八条 拍卖的多项财产在使用上不可分，或者分别拍卖可能严重减损其价值的，应当合并拍卖。

第十九条 拍卖时无人竞买或者竞买人的最高应价低于保留价，到场的申请执行人或者其他执行债权人申请或者同意以该次拍卖所定的保留价接受拍卖财产的，应当将该财产交其抵债。

有两个以上执行债权人申请以拍卖财产抵债的，由法定受偿顺位在先的债权人优先承受；受偿顺位相同的，以抽签方式决定承受人。承受人应受清偿的债权额低于抵债财产的价额的，人民法院应当责令其在指定的期间内补交差额。

第二十条 在拍卖开始前，有下列情形之一的，人民法院应当撤回拍卖委托：

（一）据以执行的生效法律文书被撤销的；

（二）申请执行人及其他执行债权人撤回执行申请的；

（三）被执行人全部履行了法律文书确定的金钱债务的；

（四）当事人达成了执行和解协议，不需要拍卖财产的；

（五）案外人对拍卖财产提出确有理由的异议的；

（六）拍卖机构与竞买人恶意串通的；

（七）其他应当撤回拍卖委托的情形。

第二十一条 人民法院委托拍卖后，遇有依法应当暂缓执行或者中止执行的情形的，应当决定暂缓执行或者裁定中止执行，并及时通知拍卖机构和当事人。拍卖机构收到通知后，应当立即停止拍卖，并通知竞买人。

暂缓执行期限届满或者中止执行的事由消失后，需要继续拍卖的，人民法院应当在十五日内通知拍卖机构恢复拍卖。

第二十二条 被执行人在拍卖日之前向人民法院提交足额金钱清偿债务，要求停止拍卖的，人民法院应当准许，但被执行人应当负担因拍卖支出的必要费用。

第二十三条 拍卖成交或者以流拍的财产抵债的，人民法院应当作出裁定，并于价款或者需要补交的差价全额交付后十日内，送达买受人或者承受人。

第二十四条 拍卖成交后，买受人应当在拍卖公告确定的期限或者人民法院指定的期限内将价款交付到人民法院或者汇入人民法院指定的账户。

第二十五条 拍卖成交或者以流拍的财产抵债后，买受人逾期未支付价款或者承受人逾期未补交差价而使拍卖、抵债的目的难以实现的，人民法院可以裁定重新拍卖。重新拍卖时，原买受人不得参加竞买。

重新拍卖的价款低于原拍卖价款造成的差价、费用损失及原拍卖中的佣金，由原买受人承担。人民法院可以直接从其预交的保证金中扣除。扣除后保证金有剩余的，应当退还原买受人；保证金数额不足的，可以责令原买受人补交；拒不补交的，强制执行。

第二十六条 拍卖时无人竞买或者竞买人的最高应价低于保留价，到场的申请执行人或者其他执行债权人不申请以该次拍卖所定的保留价抵债的，应当在六十日内再行拍卖。

第二十七条 对于第二次拍卖仍流拍的动产，人民法院可以依照本规定第十九条的规定将其作价交申请执行人或者其他执行债权人抵债。申请执行人或者其他执行债权人拒绝接受或者依法不能交付其抵债的，人民法院应当解除查封、扣押，并将该动产退还被执行人。

第二十八条 对于第二次拍卖仍流拍的不动产或者其他财产权，人民法院可以依照本规定第十九条的规定将其作价交申请执行人或者其他执行债权人抵债。申请执行人或者其他执行债权人拒绝接受或者依法不能交付其抵债的，应当在六十日内进行第三次拍卖。

第三次拍卖流拍且申请执行人或者其他执行债权人拒绝接受或者依法不能接受该不动产或者其他财产权抵债的，人民法院应当于第三次拍卖终结之日起七日内发出变卖公告。自公告之日起六十日内没有买受人愿意以第三次拍卖的保留价买受该财产，且申请执行人、其他执行债权人仍不表示接受该财产抵债的，应当解除查封、冻结，将该财产退还被执行人，但对该财产可以采取其他执行措施的除外。

第二十九条 动产拍卖成交或者抵债后，其所有权自该动产交付时起转移给买受人或者承受人。

不动产、有登记的特定动产或者其他财产权拍卖成交或者抵债后，该不动产、特定动产的所有权、其他财产权自拍卖成交或者抵债裁定送达买受人或者承受人时起转移。

第三十条 人民法院裁定拍卖成交或者以流拍的财产抵债后，除有依法不能移交的情形外，应当于裁定送达后十五日内，将拍卖的财产移交买受人或者承受人。被执行人或者第三人占有拍卖财产应当移交而拒不移交的，强制执行。

第三十一条 拍卖财产上原有的担保物权及其他优先受偿权，因拍卖而消灭，拍卖所得价款，应当优先清偿担保物权人及其他优先受偿权人的债权，但当事人另有约定的除外。

拍卖财产上原有的租赁权及其他用益物权，不因拍卖而消灭，但该权利继续存在于拍卖财产上，对在先的担保物权或者其他优先受偿权的实现有影响的，人民法院应当依法将其除去后进行拍卖。

第三十二条 拍卖成交的，拍卖机构可以按照下列比例向买受人收取佣金：

拍卖成交价200万元以下的，收取佣金的比例不得超过5%；超过200万元至1000万元的部分，不得超过3%；超过1000万元至5000万元的部分，不得超过2%；超过5000万元至1亿元的部分，不得超过1%；超过1亿元的部分，不得超过0.5%。

采取公开招标方式确定拍卖机构的，按照中标方案确定的数额收取佣金。

拍卖未成交或者非因拍卖机构的原因撤回拍卖委托的，拍卖机构为本次拍卖已经支出的合理费用，应当由被执行人负担。

第三十三条 在执行程序中拍卖上市公司国有股和社会法人股的，适用最高人民法院《关于冻结、拍卖上市公司国有股和社会法人股若干问题的规定》。

第三十四条 对查封、扣押、冻结的财产，当事人双方及有关权利人同意变卖的，可以变卖。

金银及其制品、当地市场有公开交易价格的动产、易腐烂变质的物品、季节性商品、保管困难或者保管费用过高的物品，人民法院可以决定变卖。

第三十五条 当事人双方及有关权利人对变卖财产的价格有约定的，按照其约定价格变卖；无约定价格但有市价的，变卖价格不得低于市价；无市价但价值较大、价格不易确定的，应当委托评估机构进行评估，并按照评估价格进行变卖。

按照评估价格变卖不成的，可以降低价格变卖，但最低的变卖价不得低于评估价的二分之一。

变卖的财产无人应买的，适用本规定第十九条的规定将该财产交申请执行人或者其他执行债权人抵债；申请执行人或者其他执行债权人拒绝接受或者依法不能交付其抵债的，人民法院应当解除查封、扣押，并将该财产退还被执行人。

第三十六条 本规定自2005年1月1日起施行。施行前本院公布的司法解释与本规定不一致的，以本规定为准。

11. 最高人民法院关于人民法院执行设定抵押的房屋的规定

（2005年11月14日最高人民法院审判委员会第1371次会议通过 2005年12月14日最高人民法院公告公布 自2005年12月21日起施行 法释〔2005〕14号）

根据《中华人民共和国民事诉讼法》等法律的规定，结合人民法院民事执行工作的实践，对人民法院根据抵押权人的申请，执行设定抵押的房屋的问题规定如下：

第一条 对于被执行人所有的已经依法设定抵押的房屋，人民法院可以查封，并可以根据抵押权人的申请，依法拍卖、变卖或者抵债。

第二条 人民法院对已经依法设定抵押的被执行人及其所扶养家属居住的房屋，在裁定拍卖、变卖或者抵债后，应当给予被执行人六个月的宽限期。在此期限内，被执行人应当主动腾空房屋，人民法院不得强制被执行人及其所扶养家属迁出该房屋。

第三条 上述宽限期届满后，被执行人仍未迁出的，人民法院可以作出强制迁出裁定，并按照民事诉讼法第二百二十六条的规定执行。①

强制迁出时，被执行人无法自行解决居住问题的，经人民法院审查属实，可以由申请执行人为被执行人及其所扶养家属提供临时住房。

第四条 申请执行人提供的临时住房，其房屋品质、地段可以不同于被执行人原住房，面积参照建设部、财政部、民政部、国土资源部和国家税务总局联合发布的《城镇最低收入家属廉租住房管理办法》所规定的人均廉租住房面积标准确定。

第五条 申请执行人提供的临时住房，应当计收租金。租金标准由申请执行人和被执行人双方协商确定；协商不成的，由人民法院参照当地同类房屋租金标准确定，当地无同类房屋租金标准可以参照的，参照当地房屋租赁市场平

① 本条第一款根据法释〔2008〕18号第七十六条调整。

均租金标准确定。

已经产生的租金，可以从房屋拍卖或者变卖价款中优先扣除。

第六条 被执行人属于低保对象且无法自行解决居住问题的，人民法院不应强制迁出。

第七条 本规定自2005年12月21日起施行。施行前本院已公布的司法解释与本规定不一致的，以本规定为准。

12. 最高人民法院关于适用《中华人民共和国民事诉讼法》执行程序若干问题的解释（节选）

（2008年9月8日最高人民法院审判委员会第1452次会议通过
2008年11月3日最高人民法院公告公布 自2009年1月1日起施行
法释〔2008〕13号）

为了依法及时有效地执行生效法律文书，维护当事人的合法权益，根据2007年10月修改后的《中华人民共和国民事诉讼法》（以下简称民事诉讼法），结合人民法院执行工作实际，对执行程序中适用法律的若干问题作出如下解释：

第一条 申请执行人向被执行的财产所在地人民法院申请执行的，应当提供该人民法院辖区有可供执行财产的证明材料。

第二条 对两个以上人民法院都有管辖权的执行案件，人民法院在立案前发现其他有管辖权的人民法院已经立案的，不得重复立案。

立案后发现其他有管辖权的人民法院已经立案的，应当撤销案件；已经采取执行措施的，应当将控制的财产交先立案的执行法院处理。

第三条 人民法院受理执行申请后，当事人对管辖权有异议的，应当自收到执行通知书之日起十日内提出。

人民法院对当事人提出的异议，应当审查。异议成立的，应当撤销执行案件，并告知当事人向有管辖权的人民法院申请执行；异议不成立的，裁定驳回。当事人对裁定不服的，可以向上一级人民法院申请复议。

管辖权异议审查和复议期间，不停止执行。

第四条 对人民法院采取财产保全措施的案件，申请执行人向采取保全措施的人民法院以外的其他有管辖权的人民法院申请执行的，采取保全措施的人民法院应当将保全的财产交执行法院处理。

第五条 执行过程中，当事人、利害关系人认为执行法院的执行行为违反法律规定的，可以依照民事诉讼法第二百零二条的规定提出异议。

执行法院审查处理执行异议，应当自收到书面异议之日起十五日内作出裁定。

第六条 当事人、利害关系人依照民事诉讼法第二百零二条规定申请复议的，应当采取书面形式。

第七条 当事人、利害关系人申请复议的书面材料，可以通过执行法院转交，也可以直接向执行法院的上一级人民法院提交。

执行法院收到复议申请后，应当在五日内将复议所需的案卷材料报送上一级人民法院；上一级人民法院收到复议申请后，应当通知执行法院在五日内报送复议所需的案卷材料。

第八条 上一级人民法院对当事人、利害关系人的复议申请，应当组成合议庭进行审查。

第九条 当事人、利害关系人依照民事诉讼法第二百零二条规定申请复议的，上一级人民法院应当自收到复议申请之日起三十日内审查完毕，并作出裁定。有特殊情况需要延长的，经本院院长批准，可以延长，延长的期限不得超过三十日。

第十条 执行异议审查和复议期间，不停止执行。

被执行人、利害关系人提供充分、有效的担保请求停止相应处分措施的，人民法院可以准许；申请执行人提供充分、有效的担保请求继续执行的，应当继续执行。

第十一条 依照民事诉讼法第二百零三条的规定，有下列情形之一的，上一级人民法院可以根据申请执行人的申请，责令执行法院限期执行或者变更执行法院：

（一）债权人申请执行时被执行人有可供执行的财产，执行法院自收到申请执行书之日起超过六个月对该财产未执行完结的；

（二）执行过程中发现被执行人可供执行的财产，执行法院自发现财产之日起超过六个月对该财产未执行完结的；

（三）对法律文书确定的行为义务的执行，执行法院自收到申请执行书之日起超过六个月未依法采取相应执行措施的；

（四）其他有条件执行超过六个月未执行的。

第十二条 上一级人民法院依照民事诉讼法第二百零三条规定责令执行法院限期执行的，应当向其发出督促执行令，并将有关情况书面通知申请执行人。

上一级人民法院决定由本院执行或者指令本辖区其他人民法院执行的，应当作出裁定，送达当事人并通知有关人民法院。

……

13. 财政部关于进一步规范金融资产管理公司不良债权转让有关问题的通知

（2005 年 7 月 4 日 财金〔2005〕74 号）

中国华融资产管理公司，中国长城资产管理公司，中国东方资产管理公司，中国信达资产管理公司：

为进一步规范金融资产管理公司（以下简称“资产公司”）债权转让工作，有效处置不良资产，防范国有资产流失，现将有关事宜通知如下：

一、资产公司应严格执行《金融资产管理公司条例》、《金融资产管理公司资产处置管理办法（修订）》（财金［2004］41 号）、《财政部关于金融资产管理公司债权资产打包转让有关问题的通知》（财金［2005］12 号）、《金融资产管理公司资产处置公告管理办法》（财金［2005］47 号）等有关规定，充分论证采取转让方式处置资产的可行性和必要性，合理确定能够提升处置回收价值的有效方式，确保处置程序的规范性和处置信息的公开透明，并高度重视和积极防范不良债权转让中的国有资产流失问题。

二、下列资产不得对外公开转让：债务人或担保人为国家机关的不良债权；经国务院批准列入全国企业政策性关闭破产计划的国有企业债权；国防、军工等涉及国家安全和敏感信息的债权以及其他限制转让的债权。

三、下列人员不得购买或变相购买不良资产：国家公务员、金融监管机构工作人员、政法干警、资产公司工作人员、原债务企业管理层以及参与资产处置工作的律师、会计师等中介机构人员等关联人。

四、除上述限制转让的债权和限制参与购买的人员外，资产公司应采取公开招标、拍卖等市场化方式，吸引国内外各类合格投资者参与不良资产市场交易，引入市场竞争机制，提高处置回收率，并慎重确定债权买受人，防止借机炒作资产和逃废债务。

五、资产公司应进一步加强内部控制建设，全面梳理、修改和完善现有规章制度，规范债权转让程序和转让过程中评估、定价、处置信息公告、招标拍卖、中介机构选用等各个环节的操作，采取职责分离、岗位轮换、责任追究等措施，严格控制和防范债权转让中的道德风险和操作风险，防止国有资产流失。

14. 金融资产管理公司资产处置管理办法（修订）（节选）

（2008 年 7 月 9 日　财金〔2008〕85 号）

……

第二章　处置审核机构

第六条　资产公司必须设置资产处置专门审核机构，负责对资产处置方案进行审查。资产公司资产处置专门审核机构，由资产处置相关部门人员组成，对资产公司总裁负责。资产公司可建立资产处置专门审核机构后备成员库。资产处置专门审核机构成员和后备成员应具备一定资质，熟悉资产处置工作和相关领域业务，且责任心强。

资产公司分支机构也应健全处置程序，成立相应的资产处置专门审核机构，对分支机构负责人负责。

第七条　资产公司及其分支机构必须完善资产处置内部控制制度和制衡机制，明确参与资产处置各部门的职责，强化资产处置内部监督。

第三章　处 置 审 批

第八条　资产处置方案未经资产处置专门审核机构审核通过，资产公司一律不得进行处置，经人民法院或仲裁机构作出已生效的判决、裁定、裁决的资产处置项目除外。资产处置无论金额大小和损益大小，资产公司任何个人无权单独决定。

第九条 资产处置方案审批工作程序。

（一）分支机构资产管理和处置部门制定处置方案，如有必要，经征询相关部门意见后，将在授权范围内的处置方案及相关资料（如评估报告、法律意见书等）提交分支机构资产处置专门审核机构审查通过后，由分支机构负责人批准实施。对超出授权范围的，上报资产公司审批。

（二）资产公司指定归口部门对分支机构上报的处置方案进行初审，将处置方案及初审意见提交资产公司资产处置专门审核机构审查通过后，由资产公司总裁批准实施。分支机构上报的处置方案提交资产公司资产处置专门审核机构审查前，如有必要，应征询资产评估、资金财务、法律等部门意见。

（三）资产公司资产处置专门审核机构召开资产处置审核会议必须通知全体成员，7 人以上（含 7 人）成员到会，会议审议事项方为有效；分支机构召开资产处置审核会议必须 5 人以上（含 5 人）成员到会，会议审议事项方为有效。全体到会人员以记名投票方式对处置方案进行表决，实行一人一票制，获到会人员总数 2/3（含 2/3）以上票数方可通过。

第十条 审查依据和审查重点。

（一）资产处置方案的审查依据是资产收购成本、评估价值、尽职调查和估值结果、同类资产的市价和国家有关资产管理、资产处置、资产评估、价值认证及商品（产权）交易等方面的法律法规。

（二）资产处置方案的审查重点是处置方案的成本效益性、必要性及可行性、风险的可控性、评估方法的合规性、资产定价和处置费用的合理性、处置行为和程序的公开性和合规性。

第十一条 资产公司法定代表人及分支机构负责人对资产处置的过程和结果负责。

资产公司法定代表人及分支机构负责人不参加资产处置专门审核机构，可以列席资产处置审核会议，不得对审议事项发表意见，但对资产处置专门审核机构审核通过的资产处置方案拥有否决权。如调整处置方案，调整后的处置方案如劣于原处置方案，需按资产处置程序由资产处置专门审核机构重新审核。

资产公司副总裁和分支机构副总经理（副主任）参加资产处置专门审核机构的，出席会议时不得事先对审议事项发表同意与否的个人意见。

直接参与资产处置的部门负责人及有关人员可以列席资产处置专门审核机构资产处置审核会议，介绍资产处置方案的有关情况。

资产公司和分支机构审计与纪检、监察人员应列席资产处置审核会议。

第十二条 资产公司资产处置必须实行回避制度，资产公司任何个人与被处置资产方、资产受让（受托）方、受托资产评估机构等有直系亲属关系的，在整个资产处置过程中必须予以回避。

第十三条 经人民法院或仲裁机构作出已生效的判决、裁定、裁决的资产处置项目，不再经资产处置专门审核机构审核通过。但是，该项目在诉讼或执行中通过调解、和解需放弃全部或部分诉讼权利、申请执行终结、申请破产等方式进行处置时，应事先经资产处置专门审核机构审核通过。

第十四条 分支机构不得向内设机构和项目组转授资产处置审批权。

第十五条 资产公司和分支机构应按规定，逐月分别向财政部和财政部驻各地财政监察专员办事处（以下简称专员办）报告资产处置进度。报告内容包括资产处置项目、全部债权金额、处置方式、回收非现金资产、回收现金等内容。分支机构对单项资产处置项目收购本金在1000万元以上（含1000万元）和单个资产包收购本金在1亿元以上（含1亿元）的项目，终结处置完成后报专员办备案。

第四章 处置实施

第十六条 资产公司可通过追偿债务、租赁、转让、重组、资产置换、委托处置、债权转股权、资产证券化等多种方式处置资产。资产公司应在金融监管部门批准的业务许可范围内，探索处置方式，以实现处置收益最大化的目标。

第十七条 资产公司可依法通过公告、诉讼等方式维权和向债务人和担保人追偿债务，加强诉讼时效管理，防止各种因素导致时效丧失而形成损失。

资产公司采用诉讼方式应考虑资产处置项目的具体情况，避免盲目性，最大限度降低处置成本。

第十八条 资产公司在资产处置过程中，根据每一个资产处置项目的具体情况，按照公正合理原则、成本效益原则和效率原则确定是否评估和具体评估方式。

资产公司对债权资产进行处置时，可由外部独立评估机构进行偿债能力分析，或采取尽职调查、内部估值方式确定资产价值，不需向财政部办理资产评估的备案手续。

资产公司以债转股、出售股权资产（含国务院批准的债转股项目股权资产，下同）或出售不动产的方式处置资产时，除上市公司可流通股权资产外，均应由外部独立评估机构对资产进行评估。国务院批准的债转股项目股权资产，按照国家国有资产评估项目管理的有关规定进行备案；其他股权资产和不动产处置项目不需报财政部备案，由资产公司办理内部备案手续。

资产公司应参照评估价值或内部估值确定拟处置资产的折股价或底价。

第十九条 资产公司转让资产原则上应采取公开竞价方式，包括但不限于招投标、拍卖、要约邀请公开竞价、公开询价等方式。其中，以招投标方式处置不良资产时，应按照《中华人民共和国招标投标法》的规定组织实施。以拍卖方式处置资产，应选择有资质的拍卖中介机构，按照《中华人民共和国拍卖法》的规定组织实施。招标和拍卖的底价确定按资产处置程序办理。

以要约邀请公开竞价、公开询价等方式处置时，至少要有两人以上参加竞价，当只有一人竞价时，需按照公告程序补登公告，公告 7 个工作日后，如确定没有新的竞价者参加竞价才能成交。

资产公司未经公开竞价处置程序，不得采取协议转让方式向非国有受让人转让资产。

第二十条 资产公司对持有国有企业（包括国有全资和国有控股企业）的债权资产进行出售时，应提前 15 天书面告知国有企业及其出资人或国有资产管理部门。

第二十一条 资产公司以出售方式处置股权资产时，非上市公司股权资产（含国务院批准的债转股项目非上市股权，下同）的转让符合以下条件的，资产公司可采取直接协议转让的方式转让给原国有出资人或国资部门指定的企业：

（一）因国家法律、行政法规对受让方有特殊要求的；

（二）从事战略武器生产、关系国家战略安全和涉及国家核心机密的核心重点保军企业的股权资产；

（三）资源型、垄断型等关系国家经济安全和国计民生行业的股权资产；

（四）经相关政府部门认定的其他不宜公开转让的股权资产。

第二十二条 资产公司直接协议转让非上市公司股权资产的，除以下情形外，转让价格不得低于资产评估结果：

（一）资产公司向国务院批准的债转股项目原国有出资人转让股权的，经财政部商国资委审核后，可不进行资产评估，以审计的每股资产净值为基础，由双方依商业原则协商确定收购价格，不得低于最近一期经审计的资产净值。

（二）国务院批准的债转股项目原股东用债转股企业所得税返还购买资产公司持有的债转股企业股权，无须经过处置公告和资产评估，双方应根据企业经审计的每股净资产在协商的基础上确定转让价格，不得低于最近一期经审计的资产净值。

第二十三条 资产公司以出售方式处置股权资产时，除本办法第二十一条、第二十二条规定的情形外，国务院批准的债转股项目股权资产及评估价值在1000万元以上的其他非上市公司股权资产的转让均应按照国家有关规定的程序，在依法设立的省级以上产权交易市场公开进行。首次挂牌价格不得低于资产评估结果。当交易价格低于评估结果的90%时，应当暂停交易，重新履行资产公司内部处置审批程序。

第二十四条 资产公司以出售方式处置股权资产时，上市公司股权资产的转让应按照金融类企业国有资产转让管理的有关规定，通过依法设立的证券交易系统进行，并根据证券交易的相关规定披露转让信息。

第二十五条 除向政府、政府主管部门、出资人及其指定机构、资产公司转让外，资产公司不得对外转让下列资产：债务人或担保人为国家机关的债权；经国务院批准列入全国企业政策性关闭破产计划的国有企业债权；国防军工等涉及国家安全和敏感信息的债权；国家法律法规限制转让的其他债权。

第二十六条 资产公司不得向下列人员转让不良资产：国家公务员、金融监管机构工作人员、政法干警、资产公司工作人员、国有企业债务人管理层以及参与资产处置工作的律师、会计师、评估师等中介机构人员等关联人。资产公司在处置公告中有义务提示以上人员不得购买资产。

第二十七条 资产公司可按资产处置程序自行确定打包转让资产。对于打包处置项目，可采用抽样方式，通过对抽样项目的评估或内部估值，推断资产包的总体价值，确定打包转让的底价。

对于将商业化收购资产与政策性资产混合处置的资产（包），资产公司必须合理确定各类资产的分摊成本，据实分配收益，不得人为调剂。

第二十八条 资产公司必须按规定的范围、内容、程序和时间等要求进行资产处置公告，国家有关政策另有规定除外。特殊情况不宜公告的需由相关政府部门出具证明。

第二十九条 资产公司委托处置资产时，必须遵守回收价值大于处置成本的原则，即回收的价值应足以支付代理处置手续费和代理处置过程中发生的诉讼费、公证费、资产保全费和拍卖佣金等直接费用，并应有结余。

第三十条 资产公司可通过吸收外资对其所拥有的资产进行重组和处置，严格执行我国外商投资的法律和有关法规，处置方案按资产处置程序确定。

资产公司利用外资处置资产应注重引进国外先进技术和管理经验，促进现代企业制度的建设，提升资产价值。

第三十一条 资产公司在资产处置过程中，需注入部分资金提升处置回收价值的，在业务许可范围内，按市场原则和资产处置程序办理。

第三十二条 为避免竞相压价，最大限度地回收资产，减少资产损失，资产公司处置资产中，凡涉及两家或两家以上资产公司的共同资产，应加强沟通和协调，共同做好维权和回收工作，不得相互之间发生恶性竞争。

第三十三条 资产公司应建立资产保全和追收制度，对未处置和未终结处置的资产继续保留追索的权利，并对这部分资产（包括应计利息、表外应收利息等）应得权益继续催收。

资产公司接受抵债资产后，必须保障资产安全，应尽可能及时办理过户手续，并按资产处置程序和回收最大化原则，择机变现，不得故意拖延或违规自用。资产公司应加强抵债资产的维护，建立定期清理制度，避免因管理不当导致资产减值。

……

第六章　处置权限划分

第三十九条 资产公司以打包形式收购的资产，应将整包资产的收购成本按照适当的方法分摊至包内的每户单项资产，作为该户单项资产的收购成本入账。

第四十条 资产公司应采取合理、审慎的方法确定资产处置的盈亏平衡点。计算盈亏平衡点时，应考虑资产收购成本、融资成本以及资产收购、管理和处置过程中发生的相关成本和各项税费等因素。资产处置项目的预计回收价值可以弥补或超过上述各项成本及税费的，视为达到或超过盈亏平衡点；不足以弥补各项成本及税费的，视为未达到盈亏平衡点，差额为预计亏损。

第四十一条 对达到或超过盈亏平衡点的资产处置项目，资产公司可按照资产收购成本的一定金额，根据实际情况确定对分支机构的授权额度。授权额度之内的资产处置项目，必须经分支机构资产处置专门审核机构审核通过后，由分支机构负责人批准；超出授权额度的资产处置项目，必须经资产公司资产处置专门审核机构审核通过后，由资产公司总裁批准。

第四十二条 对未达到盈亏平衡点的资产处置项目，资产公司可按照预计亏损的一定金额，根据实际情况确定对分支机构的授权额度。授权额度之内的资产处置项目，必须经分支机构资产处置专门审核机构审核通过后，由分支机构负责人批准；超出授权额度的资产处置项目，必须经资产公司资产处置专门审核机构审核通过后，由资产公司总裁批准。

第四十三条 资产处置过程中，对列入全国企业兼并破产领导小组计划内的兼并、破产等政策性核销债权的处置，资产公司应严格按规定进行审核并出具意见，从相关部门批准或通知之日起，资产公司对相关债权予以处理。

15. 金融企业不良资产批量转让管理办法（节选）

（2012 年 1 月 18 日　财金〔2012〕6 号）

……

第二章　转让范围

第七条 金融企业批量转让不良资产的范围包括金融企业在经营中形成的以下不良信贷资产和非信贷资产：

（一）按规定程序和标准认定为次级、可疑、损失类的贷款；

（二）已核销的账销案存资产；

（三）抵债资产；

（四）其他不良资产。

第八条 下列不良资产不得进行批量转让：

（一）债务人或担保人为国家机关的资产；

（二）经国务院批准列入全国企业政策性关闭破产计划的资产；

（三）国防军工等涉及国家安全和敏感信息的资产；

（四）个人贷款（包括向个人发放的购房贷款、购车贷款、教育助学贷款、信用卡透支、其他消费贷款等以个人为借款主体的各类贷款）；

（五）在借款合同或担保合同中有限制转让条款的资产；

（六）国家法律法规限制转让的其他资产。

第三章　转让程序

第九条　资产组包。金融企业应确定拟批量转让不良资产的范围和标准，对资产进行分类整理，对一定户数和金额的不良资产进行组包，根据资产分布和市场行情，合理确定批量转让资产的规模。

第十条　卖方尽职调查。金融企业应按照国家有关规定和要求，认真做好批量转让不良资产的卖方尽职调查工作。

（一）通过审阅不良资产档案和现场调查等方式，客观、公正地反映不良资产状况，充分披露资产风险。

（二）金融企业应按照地域、行业、金额等特点确定样本资产，并对样本资产（其中债权资产应包括抵质押物）开展现场调查，样本资产金额（债权为本金金额）应不低于每批次资产的80%。

（三）金融企业应真实记录卖方尽职调查过程，建立卖方尽职调查数据库，撰写卖方尽职调查报告。

第十一条　资产估值。金融企业应在卖方尽职调查的基础上，采取科学的估值方法，逐户预测不良资产的回收情况，合理估算资产价值，作为资产转让定价的依据。

第十二条　制定转让方案。金融企业制定转让方案应对资产状况、尽职调查情况、估值的方法和结果、转让方式、邀请或公告情况、受让方的确定过程、履约保证和风险控制措施、预计处置回收和损失、费用支出等进行阐述和论证。转让方案应附卖方尽职调查报告和转让协议文本。

第十三条　方案审批。金融企业不良资产批量转让方案须履行相应的内部审批程序。

第十四条　发出要约邀请。金融企业可选择招标、竞价、拍卖等公开转让方式，根据不同的转让方式向资产管理公司发出邀请函或进行公告。邀请函或公告内容应包括资产金额、交易基准日、五级分类、资产分布、转让方式、交易对象资格和条件、报价日、邀请或公告日期、有效期限、联系人和联系方式及其他需要说明的问题。通过公开转让方式只产生1个符合条件的意向受让方时，可采取协议转让方式。

第十五条 组织买方尽职调查。金融企业应组织接受邀请并注册竞买的资产管理公司进行买方尽职调查。

（一）金融企业应在买方尽职调查前，向已注册竞买的资产管理公司提供必要的资产权属文件、档案资料和相应电子信息数据，至少应包括不良资产重要档案复印件或扫描文件、贷款五级分类结果等。

（二）金融企业应对资产管理公司的买方尽职调查提供必要的条件，保证合理的现场尽职调查时间，对于资产金额和户数较大的资产包，应适当延长尽职调查时间。

（三）资产管理公司通过买方尽职调查，补充完善资产信息，对资产状况、权属关系、市场前景等进行评价分析，科学估算资产价值，合理预测风险。对拟收购资产进行量本利分析，认真测算收购资产的预期收入和成本，根据资产管理公司自身的风险承受能力，理性报价。

第十六条 确定受让方。金融企业根据不同的转让方式，按照市场化原则和国家有关规定，确定受让资产管理公司。金融企业应将确定受让方的原则提前告知已注册的资产管理公司。采取竞价方式转让资产，应组成评价委员会，负责转让资产的评价工作，评价委员会可邀请外部专家参加；采取招标方式应遵守国家有关招标的法律法规；采取拍卖方式应遵守国家有关拍卖的法律法规。

第十七条 签订转让协议。金融企业应与受让资产管理公司签订资产转让协议，转让协议应明确约定交易基准日、转让标的、转让价格、付款方式、付款时间、收款账户、资产清单、资产交割日、资产交接方式、违约责任等条款，以及有关资产权利的维护、担保权利的变更、已起诉和执行项目主体资格的变更等具体事项。转让协议经双方签署后生效。

第十八条 组织实施。金融企业和受让资产管理公司根据签署的资产转让协议组织实施。

第十九条 发布转让公告。转让债权资产的，金融企业和受让资产管理公司要在约定时间内在全国或者省级有影响的报纸上发布债权转让通知暨债务催收公告，通知债务人和相应的担保人，公告费用由双方承担。双方约定采取其他方式通知债务人的除外。

第二十条 转让协议生效后，受让资产管理公司应在规定时间内将交易价款划至金融企业指定账户。原则上采取一次性付款方式，确需采取分期付款方式的，应将付款期限和次数等条件作为确定转让对象和价格的因素，首次支付比例不低于全部价款的30%。

采取分期付款的，资产权证移交受让资产管理公司前应落实有效履约保障措施。

第二十一条 金融企业应按照资产转让协议约定，及时完成资产档案的整理、组卷和移交工作。

（一）金融企业移交的档案资料原则上应为原件（电子信息资料除外），其中证明债权债务关系和产权关系的法律文件资料必须移交原件。

（二）金融企业将资产转让给资产管理公司时，对双方共有债权的档案资料，由双方协商确定档案资料原件的保管方，并在协议中进行约定，确保其他方需要使用原件时，原件保管方及时提供。

（三）金融企业应确保移交档案资料和信息披露资料（债权利息除外）的一致性，严格按照转让协议的约定向受让资产管理公司移交不良资产的档案资料。

第二十二条 自交易基准日至资产交割日的过渡期内，金融企业应继续负责转让资产的管理和维护，避免出现管理真空，丧失诉讼时效等相关法律权利。

过渡期内由于金融企业原因造成债权诉讼时效丧失所形成的损失，应由金融企业承担。签订资产转让协议后，金融企业对不良资产进行处置或签署委托处置代理协议的方案，应征得受让资产管理公司同意。

第二十三条 金融企业应按照国家有关规定，对资产转让成交价格与账面价值的差额进行核销，并按规定进行税前扣除。

第四章 转让管理

第二十四条 金融企业应建立健全不良资产批量转让管理制度，设立或确定专门的审核机构，完善授权机制，明确股东大会、董事会、经营管理层的职责。

资产管理公司应制定不良资产收购管理制度，设立收购业务审议决策机构，建立科学的决策机制，有效防范经营风险。

第二十五条 金融企业和资产管理公司负责不良资产批量转让或收购的有关部门应遵循岗位分离、人员独立、职能制衡的原则。

第二十六条 金融企业根据本办法规定，按照公司章程和内部管理权限，履行批量转让不良资产的内部审批程序，自主批量转让不良资产。

第二十七条 金融企业应在每批次不良资产转让工作结束后（即金融企业向受让资产管理公司完成档案移交）30个工作日内，向同级财政部门和银监会或属地银监局报告转让方案及处置结果，其中中央管理的金融企业报告财政部和银监会，地方管理的金融企业报告同级财政部门和属地银监局。同一报价日发生的批量转让行为作为一个批次。

第二十八条 金融企业应于每年2月20日前向同级财政部门和银监会或属地银监局报送上年度批量转让不良资产情况报告。省级财政部门和银监局于每年3月30日前分别将辖区内金融企业上年度批量转让不良资产汇总情况报财政部和银监会。

第二十九条 金融企业和资产管理公司的相关人员与债务人、担保人、受托中介机构等存在直接或间接利益关系的，或经认定对不复资产形成有直接责任的，在不良资产转让和收购工作中应予以回避。

第三十条 金融企业应在法律法规允许的范围内及时披露资产转让的有关信息，同时充分披露参与不良资产转让关联方的相关信息，提高转让工作的透明度。

上市金融企业应严格遵守证券交易所有关信息披露的规定，及时充分披露不良资产成因与处置结果等信息，以强化市场约束机制。

第三十一条 金融企业应做好不良资产批量转让工作的内部检查和审计，认真分析不良资产的形成原因，及时纠正存在的问题，总结经验教训，提出改进措施，强化信贷管理和风险防控。

第三十二条 金融企业应严格遵守国家法律法规，严禁以下违法违规行为：

（一）自交易基准日至资产交割日期间，擅自放弃与批量转让资产相关的权益；

（二）违反规定程序擅自转让不良资产；

（三）与债务人串通，转移资产，逃废债务；

（四）抽调、隐匿原始不良资产档案资料，编造、伪造档案资料或其他数据、资料；

（五）其他违法违规的行为。

第三十三条 金融企业和资产管理公司应建立健全责任追究制度，对违反相关法律、法规的行为进行责任认定，视情节轻重和损失大小对相关责任人进行处罚；违反党纪、政纪的，移交纪检、监察部门处理；涉嫌犯罪的，移交司法机关处理。

第三十四条 财政部和银监会依照相关法律法规，对金融企业的不良资产批量转让工作和资产管理公司的资产收购工作进行监督和管理，具体办法由财政部和银监会另行制定。对检查中发现的问题，责令有关单位或部门进行整改，并追究相关人员责任。

……

16. 国家税务总局关于人民法院强制执行被执行人财产有关税收问题的复函

（2005 年 9 月 12 日　国税函〔2005〕869 号）

最高人民法院：

你院《关于人民法院依法强制执行拍卖、变卖被执行人财产后，税务部门能否直接向人民法院征收营业税的征求意见稿》（〔2005〕执他字第 12 号）收悉。经研究，函复如下：

一、人民法院的强制执行活动属司法活动，不具有经营性质，不属于应税行为，税务部门不能向人民法院的强制执行活动征税。

二、无论拍卖、变卖财产的行为是纳税人的自主行为，还是人民法院实施的强制执行活动，对拍卖、变卖财产的全部收入，纳税人均应依法申报缴纳税款。

三、税收具有优先权。《中华人民共和国税收征收管理法》第四十五条规定，税务机关征收税款，税收优先于无担保债权，法律另有规定的除外；纳税人欠缴的税款发生在纳税人以其财产设定抵押、质押或者纳税人的财产被留置之前的，税收应当先于抵押权、质权、留置权执行。

四、鉴于人民法院实际控制纳税人因强制执行活动而被拍卖、变卖财产的收入，根据《中华人民共和国税收征收管理法》第五条的规定，人民法院应当协助税务机关依法优先从该收入中征收税款。

后　记

2020年注定是不平凡的一年。

房地产投资并购业务一直是本团队的核心业务；而就该方面的法律实务形成一部专著，一直是我们的夙愿。新冠疫情让春节假期变得悠长，也让我们从喧嚣的生活回归内心的思索，对原有业务进行更为深入的思考和总结。为此，继2016年10月《房地产案件办案策略与技巧》一书后，本团队与中国法制出版社再度结缘；经过半年多的筹备，本书终于付梓。

本书创作思路首先由团队带头人周海燕律师提出，由团队各位律师结合自己的业务特点和专长，发挥团队优势不断协同深化，最终形成目前的体例。本书以具体案例为媒介，旨在总结实操经验，实现理论与实践的统一，并就实务中有争议的问题进行探讨，进而提出相应的解决思路。我们希望通过本书的出版，回馈长期支持我们的客户单位，更希望能够借此与同行就房地产投资并购业务进行更为深入的交流，为行业发展尽自己的绵薄之力。

让我们共同以本书中所凝结的思考、探索、创新和勇气，来纪念这不平凡的一年。

本书创作团队
2020年9月29日

图书在版编目（CIP）数据

房地产项目收购操作指南与实例评析／周海燕主编
．—北京：中国法制出版社，2020.10（2021.11 重印）
ISBN 978-7-5216-1303-2

Ⅰ.①房… Ⅱ.①周… Ⅲ.①房地产企业-企业兼并
-房地产法-研究-中国 Ⅳ.①D922.384

中国版本图书馆 CIP 数据核字（2020）第 185636 号

策划编辑/责任编辑　韩璐玮（hanluwei666@163.com）　　封面设计　杨泽江

房地产项目收购操作指南与实例评析
FANGDICHAN XIANGMU SHOUGOU CAOZUO ZHINAN YU SHILI PINGXI

主编/周海燕
经销/新华书店
印刷/北京虎彩文化传播有限公司
开本/710 毫米×1000 毫米　16 开　　印张/20　字数/261 千
版次/2020 年 10 月第 1 版　　2021 年 11 月第 4 次印刷

中国法制出版社出版
书号 ISBN 978-7-5216-1303-2　　定价：70.00 元

北京市西城区西便门西里甲 16 号西便门办公区
邮政编码：100053　　传真：010-63141852
网址：http：//www.zgfzs.com　　编辑部电话：010-63141790
市场营销部电话：010-63141612　　印务部电话：010-63141606

（如有印装质量问题，请与本社印务部联系。）